Knaur.

Der Autor:
Christian Lukas, geboren 1970, ist Journalist und erfolgreicher Sachbuchautor. Seit 1996 ist er Redakteur für die Zeitschrift *Space View*. Er lebt mit seiner Frau und seinen Kindern im Ruhrgebiet. www.christianlukas.de

Christian Lukas

ANGELUS
entschlüsselt

DAS GEHEIMNIS DER
NEPHILIM VON A BIS Z

Knaur Taschenbuch Verlag

Besuchen Sie uns im Internet:
www.knaur.de

Originalausgabe Mai 2010
Knaur Taschenbuch.
Copyright © 2010 by Knaur Taschenbuch
Ein Unternehmen der Droemerschen Verlagsanstalt
Th. Knaur Nachf. GmbH & Co. KG, München.
Redaktion: Katja Gabriel
Umschlaggestaltung: ZERO Werbeagentur, München
Umschlagabbildung: FinePic®, München
Satz: Adobe InDesign im Verlag
Druck und Bindung: CPI – Clausen & Bosse, Leck
Printed in Germany
ISBN 978-3-426-78394-8

2 4 5 3 1

INHALTSVERZEICHNIS

AKTE 3:
EIN ABSTECHER INS
ANTIKE GRIECHENLAND

AKTE 4:
VOM ROCKEFELLER CENTER
NACH THRAKIEN

ANHANG:
LITERATUR / QUELLEN

VORWORT

Kennen Sie den Engel, der über Sie wacht? Ihren Schutzengel? Können Sie sich wirklich sicher sein, dass ihm Ihr Wohlergehen am Herzen liegt? Sind Sie der Meinung, dass alle Engel nur Gutes im Schilde führen?

In dieser Hinsicht ist Danielle Trussonis Roman »Angelus« irritierend, ja sogar verstörend. Sie hat eine Mär über einen Mythos erschaffen, mit dem wir zumeist etwas Gutes, ja Göttliches verbinden: eine Mär über Engel. Doch ihre Erzählung ist dunkel und voller Abgründe. Danielle Trussonis Engel sind keine weiß leuchtenden, von Gnade durchdrungenen Schutzengel, die den Menschen in Momenten der Gefahr zur Seite stehen und bedrohte Leben zum Guten wenden. Sie sind auch keine Berichterstatter, die frohe Botschaften verkünden. Natürlich kennen wir alle die Geschichte des einen himmlischen Boten, der sich der Order Gottes widersetzte und daher aus dem Himmelreich verstoßen wurde. Die Legenden gaben ihm den Namen Luzifer, im Reich der Engel nannte man ihn Satanael. Doch Satanael, Satan, der Fürst der Finsternis, der Teufel, findet in »Angelus« nur in einem einzigen Nebensatz Erwähnung. Die Engel der Danielle Trussoni tragen andere, menschliche Namen. Streng genommen sind sie nicht einmal wirkliche Engel. Sie sind die Nephilim, die Kinder und Kindeskinder jener zweihundert Himmelsgeschöpfe, die sich gegen eine ausdrückliche Anweisung des Herrn mit menschlichen Frauen einließen – welche dann über die Menschheit Tod und Verderben brachten. Kinder ohne Gewissen, brutal, hemmungslos, eine Anomalie in Gottes Plan.

Keine Frage: Das ist harter Tobak. Vor allem, da die Geschichte der gefallenen Engel nur als Prolog für Danielle Trussonis Roman dient, auf dem sie ihre gesamte Handlung aufbaut. Zweihundert Engel, die mit Menschenfrauen Kinder zeugen? Eine Sintflut, die über die Erde hereinbricht, nur um die Kinder der Engel zu vernichten?

Die Autorin bedient sich hier eines gigantischen Glaubens-, Legenden- und Ideenschatzes, der in einem Zeitraum von Jahrhunderten, ja Jahrtausenden entstanden ist. Die Geschichte der Engel, die mit Menschenfrauen Kinder zeugen, steht bereits im Alten Testament: im 1. Buch Mose. Die Söhne Gottes stiegen einst aus dem Himmelreich hinab, da ihnen die Frauen der Menschen überaus gut gefielen.

Söhne Gottes? So steht es geschrieben. Aber zweihundert von ihnen? Das Buch Enoch nennt diese Zahl ebenso wie eine Reihe von Engelsnamen, den des Anführers Samjaza inklusive.

Das Buch Enoch?

Danielle Trussoni verleugnet ihre Quellen nicht. Ganz im Gegenteil: »Angelus« steckt voller Hinweise auf die Quellen, aus denen sie geschöpft hat. Die amerikanische Autorin führt uns nicht nur durch einen Parcours himmlischer Hierarchien und Sphären, sie nennt darüber hinaus Namen von Heiligen, Orten und Konzilen, die den Engelsglauben forcierten und ausbildeten, und auch die Titel der Schriften, aus denen sie zitiert, verschweigt sie nicht.

Doch was ist eigentlich das Buch Enoch? Was hat der heilige Augustinus mit dem Engelsglauben zu tun? Woher stammt der Begriff Nephilim? Welche Rolle spielten die Erzengel im Kampf gegen jene zweihundert ihrer Brüder, die sich Gottes Wort verweigerten? Warum werden manche Engel Seraphim genannt, andere wiederum kennt man mit ihren persönlichen Namen?

Dieses Buch möchte Ihnen als Begleiter durch die Engelswelten der Danielle Trussoni dienen. Es liefert Fakten über die historischen Personen, die Danielle Trussoni in ihrem Roman erwähnt, es erklärt, welche Daten und Ereignisse von Bedeutung sind, es blickt hinter die Kulissen der Fiktion.

Vor allem aber geht es dabei um ein Thema: Engel! Um sie dreht sich alles. Jede Zeile, jeder Moment, jeder Gedanke. Engel, Nephilim, gefallene Engel ...

Woher aber kommt überhaupt der Glaube an die Engel? Wie unterscheiden sich die Ansichten des jüdischen Engelsglaubens von denen der Katholiken, wie stehen Protestanten zur Engelskunde und wie orthodoxe Christen? Und wo finden wir die Geschichten, die unseren Engelsglauben geprägt haben? Diese Fragen werden in der ersten Akte des vorliegenden Nachschlagewerkes beantwortet. Eine kleine Einführung in die Engelskunde liefert einen historischen und einen theologischen Einblick in die Geschichte des Engelsglaubens von seinen Ursprüngen bis zur Gegenwart.

Die zweite Akte besteht aus dem großen »Angelus«-Lexikon: Von A wie *Anakim* bis Z wie *Zweites Vatikanisches Konzil* werden Namen erläutert, Mythen erklärt und Ereignisse durchleuchtet.

Die dritte Akte widmet sich ganz kurz und knapp den griechischen Mythen, die Danielle Trussoni ganz unauffällig in die Handlung ihres Romans einfließen lässt, während die vierte Akte weitere Persönlichkeiten oder Ereignisse auflistet, die in »Angelus« von Belang sind: Wer war beispielsweise Abigail Aldrich Rockefeller, die in der Romanwelt der Danielle Trussoni fast wie eine Heilige verehrt wird? Und wieso fror 1814 die Themse zu?

AKTE 1:
Engelskunde

EINE KLEINE GESCHICHTE
DER ENGELSKUNDE

PRÄAMBEL

Engelskunde ist keine Wissenschaft wie Chemie, Physik oder Biologie. Engelskunde ist eine Geschichte des Glaubens, der Interpretation, des Wissens, des Vermutens und des Ratens. Sie erstreckt sich über einen Zeitraum von Jahrtausenden, wird in ein Korsett theologisch-wissenschaftlicher Erklärungs- und Deutungsmodelle gezwängt, sie verbrüdert sich mit der Geschichte der Menschheit, beeinflusste politische Entscheidungen der Vergangenheit und weckt Hoffnungen in der Gegenwart. Eine vollständige Geschichte der Engelskunde – sie würde den Umfang dieses Buches nicht nur sprengen, selbst eine Bücherwand reichte nicht aus, um all die Ansichten, Interpretationen und Begebenheiten aufführen zu wollen, die – je nach persönlichem Standpunkt – von Belang sein mögen. So ist jeder Versuch, einen Exkurs in die Geschichte der Engelskunde zu unternehmen, von der subjektiven Sicht des Autors geprägt – so auch dieser.

EINE EINFÜHRUNG

»Vielen Menschen unserer Tage sind Engel, ja die ganze, bis in unsere Gegenwart hineinreichende Überlieferung von helfenden oder auch Unheil bringenden Mächten und Gewalten, innerpsychische, erklärbare Gegebenheiten. Den gläubigen Menschen aller Religionen sind diese Engel, Mächte, Throne und Gewalten, von denen die Bibel spricht, erfahrbare Wirklichkeit«, schreiben Dorothea Forstner und Renate Becker in ihrem »Neuen Lexikon christlicher Symbole« aus dem Jahre 1991. Und besser kann man es eigentlich nicht ausdrücken.

Engel sind nicht nur Teil des christlichen, jüdischen oder islamischen Glaubens. Man findet sie in den unterschiedlichsten Religionen auf vielfältige Weise. In einem Punkt aber ähneln sie sich frappierend: Sie sind die Boten von Gottes Wort.

Direkte Begegnungen von Menschen und Engeln werden nur selten überliefert. Derartige Zusammenkünfte, von denen die Bibel berichtet, kann man an einer Hand abzählen. Die Bibel ist ein Werk der Bezeugung Gottes, und Engel als Teil der göttlichen Sphären sind ein Beweis seiner Existenz. Sie sind es, die seine Botschaften überbringen. So überbrachte zum Beispiel der → Erzengel Gabriel Maria die Verkündigung, sie werde einen Sohn gebären.

Was aber sind Engel? Sind sie die netten kleinen Putten, die zu Weihnachten festliche Dekorationen schmücken? Oder eher Kinder mit weißen Flügeln, wie man sie aus der Gemäldekunst der Renaissance kennt? Was ist mit den Schutzengeln, die angeblich über uns wachen? Und ist nicht auch der Teufel ein gefallener Engel? Was sind die → Seraphim, die → Cherubim und all die anderen Engelschöre, die in verschiedensten Schriften Erwähnung finden?

Schon diese kurze Einleitung zeigt eines recht deutlich auf: Es gibt kein einheitliches Bild der Engel.

Der Volksglaube manifestiert den Engel möglicherweise als ein durch und durch gutes Wesen, eben weil ein Engel namens Gabriel einst die Geburt des Herrn verkündete und weil Engel in unseren Gedanken für das Gute stehen, für Reinheit, Aufrichtigkeit und Frieden.

Wer sich jedoch etwas ausführlicher mit der Materie auseinandersetzt, wird auf ein faszinierendes Gebilde aus Geschichten, Legenden, Überlieferungen und Glaubensedikten stoßen – ein Gebilde, das ein weitaus komplexeres Bild des Engelswesens entwirft, als dies für gewöhnlich in unseren Vorstellungswelten existiert.

Da sich Danielle Trussonis Geschichte explizit auf christliche und jüdische Engelsvorstellungen und -legenden bezieht, sollen diese im Folgenden im Mittelpunkt des Interesses stehen.

DER GÖTTERHIMMEL DER ELAM

Wer behauptet, der Kult der Engel habe hier oder dort seinen Anfang gefunden, wird garantiert einen Fachmann mit einer konträren Meinung treffen. Engelsvorstellungen gab und gibt es auf jedem Kontinent, und nahezu jede Kultur kennt seine eigenen Mythen von göttlichen Mittlern, Boten oder Halbgöttern. Man findet diesen Glauben in den Regionen des Mittelmeers und des Nahen Ostens, also Regionen, die letztlich seit Jahrtausenden in einem kulturellen Austausch miteinander stehen. Aber auch die Maya in Mesoamerika, die in einer Region lebten, die sich in etwa vom südlichen Mexiko bis nach Nicaragua erstreckte, kannten Chak Mo'ol, einen Botengott, der zwischen den Welten der Menschen und der Götter in deren Auftrag pendelte.

Für das christliche und jüdische Engelsbild sind verschiedene Einflüsse erkennbar. Über einen besonders reichen Götterhimmel verfügte das heute jenseits von Fachkreisen fast vergessene Elam. Das klassische Elam lag östlich des Flusses Tigris: Als Hauptsiedlungsgebiet der Elamiter galten die heutigen iranischen Provinzen Chusistan und Luristan im Südwesten des Landes, Ausläufer der elamitischen Kultur lassen sich bis heute aber auch im nördlich gelegenen Bergland des Irans, Anzan, oder im Osten in der Provinz Fars finden.

Diese Kultur muss über eine äußerst umfangreiche Götterwelt verfügt haben. Darauf lassen viele Kunstwerke schließen, die die Elamiter der Nachwelt hinterließen. Auch in einigen Schriften wie denen des Königs Puzur-Inšušinak, der um 2240 vor Christus herrschte, finden sich entsprechende Hinweise. Sein Volk baute zu dieser Zeit bereits Kanäle und verfügte über außergewöhnliche Schmiedefähigkeiten. Aus diesem Grund schauten auch Sumerer, Assyrer oder Babylonier (also Bewohner des Zweistromlandes, Mesopotamier) gerne einmal in Elam vorbei. Meist kamen sie allerdings nicht als Kaufleute oder Wissenschaftler, sondern als Eroberer. Was nicht bedeutet, dass nicht auch die Elamiter ihrerseits zum Schwert griffen, um Assyrer oder Babylonier anzugreifen. Warum eine vergleichsweise hochentwickelte Kultur wie die Elams heute weitestgehend in Vergessenheit geraten ist, ist schwer zu erklären – immerhin lassen sich erste Spuren einer eigenständigen Kultur bis auf das Jahr 3200 vor Christus zurückdatieren. Als Anfang vom Ende Elams betrachten Historiker den Überfall des Assyrerkönigs Assurbanipal um 640 vor Christus, der das Reich eroberte. Diesem Überfall folgte ein Niedergang bis hin zum Vergessen.

Es finden sich Hinweise darauf, dass Elams Götterwelt andere Völker beeinflusst haben könnte. Zumindest glaubten die Elamiter, dass es nicht nur Götter gab, sondern auch ihnen dienende Wesen, die quasi zwischen verschiedenen Sphären verkehrten. Bildliche Überlieferungen dieser Wesen gibt es keine, der stete kulturelle Austausch aber mit Sumerern und Babyloniern, sei er friedlich verlaufen oder im Rahmen kriegerischer Auseinandersetzungen, hat auf die eher jungen Völker an Euphrat und Tigris mit Sicherheit einen bleibenden

Eindruck hinterlassen. Zwar lassen sich Spuren der Sumerer ebenso weit zurückverfolgen wie die der Elamiter, doch entwickelten sich die Völker in sehr unterschiedlichen Geschwindigkeiten – und die Elamiter hatten über Jahrhunderte hinweg einen gewaltigen Vorsprung.

Durch den kulturellen Austausch haben die Elamiter auch den Götterglauben der Menschen an Euphrat und Tigris beeinflusst. Die babylonische Hauptgöttin Ischtar ist definitiv identisch mit der weitaus älteren elamitischen Muttergottheit Pinikir, deren zentrale Bedeutung von den Anfängen der Geschichte bis zum Niedergang des Reiches reichte.

Wie bereits erwähnt, gibt es keine bildlichen Darstellungen der dienenden Gottheiten, so dass auch niemand genau sagen kann, wie sie in der Vorstellungswelt der Elamiter ausgesehen haben mögen. Waren sie menschlicher Natur? Verfügten sie über Flügel? Waren sie astrale Wesen? Niemand kann es mit Sicherheit sagen. Man weiß nur, dass sie in der Mythologie der Menschen Elams existierten. Und so lässt sich schließlich die erste bildliche Engelsdarstellung auf eine Zeit um das Jahr 2250 vor Christus im Zeitalter der Sumerer auf einem sogenannten Rollsiegel, das die Jahrtausende überdauert hat, nachweisen (→ Engel: Eine Zeitreise von Mesopotamien nach Griechenland).

ENGEL IM ZOROASTRISMUS

Nicht zu leugnen ist der Einfluss der Elamiter auf den Zoroastrismus. Dieser Glaube entstand vermutlich um 1800 vor Christus im heutigen Iran und verbreitete sich von dort aus vor allem gen Osten. Obschon viele Ideen von späteren Religionen absorbiert und die Anhänger des Glaubens assimiliert wurden, existiert der Glaube des Religionsstifters Zarathustra bis heute. Etwa 150 000 Menschen hängen den unterschiedlichen Richtungen im heutigen Iran, Pakistan, Indien und den USA an. Seine 50 000 indischen Anhänger nennen sich Parsen. Obwohl sie nur eine kleine Gemeinde darstellen, gehören Parsen zu den einflussreichsten Industriellen und Wissenschaftlern Indiens, auch wenn der berühmteste Parse der jüngeren Vergangenheit wohl eher der 1991 verstorbene Farrokh Bulsara gewesen sein dürfte, besser bekannt unter seinem Künstlernamen Freddy Mercury und als solcher Frontmann der legendären Band »Queen«.

Über den Entstehungszeitraum des Zoroastrismus (auch Zarathustrismus genannt) streiten sich die Gelehrten. Man weiß schlicht und ergreifend nicht, wann der Religionsstifter Zarathustra lebte. Die Schätzungen variieren zwischen einem Zeitraum von 1800 bis 600 vor Christus! Die Griechen zumindest sahen in Zarathustra bereits einen Weisen und diskutierten gerne über seine philosophischen Ansichten. Es kann auch niemand bestreiten, dass der Zoroastrismus einen immensen Einfluss auf das Judentum, das Christentum und den Islam ausgeübt hat. Da die zeitlichen Abläufe oft jedoch nur auf Spekulationen beruhen, ist es zum Beispiel für ein sehr spezielles Thema wie den Engelskult schwer zu sagen, wann welche Einflüsse des Zoroastrismus das Judentum erreicht haben. Dass es Einflüsse des Zoroastrismus auf den jüdischen Engelsglauben gegeben hat, steht für die seriöse Religionswissenschaft außer Frage.

Der Zoroastrismus ist eine monotheistische Religion. Zwar kennt er durchaus mehrere Gottheiten, im Zentrum des Glaubens aber steht der Schöpfergott Ahura Mazda. Er befindet sich in einem Dualismus mit dem Dämon Angra Mainyu (auch Ahriman genannt). Das Heilige Buch der Gläubigen, die Avesta, beschreibt, wie Ahura Mazda erst eine geistige Welt namens Menok und im Anschluss daran die Geti, die materielle Welt, erschuf. Er ist Schöpfer und Erhalter der Welt, weshalb er im Mittelpunkt aller Anbetung steht. So ist der Zoroastrismus eine monotheistische Religion, denn letztlich wurde alles, was existiert, von Ahura Mazda erschaffen. Die Avesta besteht ebenso wie etwa das Alte Testament aus einer Reihe von prophetischen Offenbarungen und Gathas – Liedern, die etwa dem entsprechen, was der Christ einen Psalm nennt. Und hier, in der Avesta, werden auch die Malakhim erwähnt – die Engel, denen die Daeva, die Dämonen, gegenüberstehen. Sie sind die Boten zwischen Himmel und Erde.

MALAKHIM UND MAL'ACH

Dem jüdischen Glauben waren in seinen Ursprüngen Begrifflichkeiten wie Himmel und Hölle fremd. Es gilt als gesichert, dass das Judentum während des Babylonischen Exils von 598 bis 539 vor Christus mit den Lehren Zarathustras in Kontakt kam und dass diese Lehre eine Inspiration für die weitere Entwicklung des eigenen Glaubens darstellte. Einen deutlichen Hinweis auf diese Inspiration findet sich in der Bezeichnung des Boten Gottes. Im Hebräischen heißt Engel »Mal'ach« (auch Mal'akh; weitere Übertragungen aus dem hebräischen ins lateinische Alphabet sind möglich). Man muss kein Sprachwissenschaftler sein, um gewisse Ähnlichkeiten mit dem zoroastristischen Begriff zu erkennen.
Engelsdarstellungen, wie wir sie heute kennen, waren dem Zoroastrismus fremd. Daher konnte dieser Glaube zwar Ideen vermitteln, die von anderen Kulturen aufgenommen wurden,

wie diese Kulturen diese Ideen dann aber umsetzten, darauf hatten die Anhänger Zarathustras keinen Einfluss mehr.

Auf jeden Fall haben die Malakhim die Gedanken der Juden beflügelt. Sie werden etwa 120-mal im Alten Testament genannt – woraus sich ein Problem ergibt: ein Mal'ach (Mehrzahl Mal'achim) muss keinesfalls ein Engel sein, wie folgende Erklärung verdeutlicht.

Das Buch, das wir heute das Alte Testament nennen, ist in einem über Jahrhunderte andauernden Zeitraum entstanden. Die Gelehrten streiten über den genauen Zeitraum (siehe auch im Kapitel → Apokryphen den Absatz »Die Entstehung der Bibel«). Die Propheten deuteten Visionen und Erlebnisse oft sehr unterschiedlich, nutzten aber das gleiche Vokabular. Das Problem: Mal'ach heißt übersetzt nichts anderes als Bote, das heißt, wer immer sich hinter diesem überlieferten Wort verbirgt, übt »nur« eine Botenfunktion aus. Ein Bote kann ein Engel sein, wie im achten Kapitel des Buches Daniel, in dem der → Erzengel Gabriel auf den Propheten zutritt und ihn an einer Vision teilhaben lässt; der Bote kann aber auch nur ein Prediger sein, der Gottes Wort ehrenhaft und überzeugend verkündet. Möglicherweise werden daher im Alten Testament → Seraphim oder → Cherubim bewusst als Engel bestimmter Triaden genannt (→ Drei Sphären der Engel). Aber auch diese Nennungen sind nicht frei von möglichen Fehldeutungen. So werden verschiedentlich Engel als Elohim bezeichnet. Dies aber ist eigentlich eine Bezeichnung für »Gott«, allerdings aus einer Zeit vor der Entstehung des Judentums, um ganz genau zu sein aus der polytheistischen Götterwelt Kanaans. Die korrekte Bezeichnung für Gott wäre Jahwe (JHWE), jedoch: Selbst im Pentateuch, den fünf Büchern des Buches Mose, wird nicht nur der Begriff Jahwe benutzt, wenn Gott gemeint ist, auch der Begriff Elohim taucht in den hebräischen Originaltexten mehrfach auf. Dies führte bereits im 19. Jahrhundert zu der Vermutung, dass selbst diese Originaltexte aus verschiedenen Quellschriften zusammengefügt sein müssen. Diese unterschiedlichen Bezeichnungen aber stellen nicht die einzige Problematik dar, mit der sich Engelskundler auseinandersetzen müssen, wenn es um biblische Begegnungen mit Engeln geht.

DER ENGEL UND DER MAL'ACH

Das Neue Testament entstand in einem Prozess: Zunächst waren einzelne Schriften im Umlauf; vermutlich wurde im 1. Jahrhundert eine erste Textsammlung zusammengestellt. Es gab Schriften in aramäischer oder hebräischer Sprache, bald aber dominierte Griechisch die Texte. Ein Evangelist wie Lukas etwa entstammte einem hellenistischen Umfeld. Bereits im 1. Jahrhundert machten sich griechische Gelehrte daran, alle Texte, die wir heute als Altes und Neues Testament kennen, in ihre Sprache zu übertragen. Engel heißt auf Griechisch *ángelos*.

In der ersten vollständigen Übersetzung des Alten und des Neuen Testaments ins Griechische, der sogenannten Septuaginta, kam es zu ersten Übertragungs- und Übersetzungsfehlern. So wurden beispielsweise aus gewöhnlichen Priestern, die die Urtexte als Mal'achim bezeichneten, Engel, die zu den Menschen sprachen. Der Septuaginta folgte als erste vollständige lateinische Übersetzung die Vulgata. Und so wurde aus dem Mal'ach endgültig *Angelus,* wie der Engel auf Lateinisch heißt.

Man kann sich vorstellen, dass es ganze wissenschaftliche Abhandlungen über dieses Thema gibt. Die Übersetzung der Bibel ist eine wissenschaftliche Disziplin für sich, mit vielen Fallstricken, vielen Überraschungen und letztlich auch Fehlern, die vor allem in früheren Zeiten entstanden sind.

ANFÄNGE DER ANGELOLOGIE IM JUDENTUM

Das Judentum kennt im Gegensatz zum Christentum keinen Katechismus. Selbst der Glaube an eine Existenz Gottes, wie er in anderen Religionen selbstverständlich ist, ist im Judentum nicht dogmatisch festgelegt. Die lange Tradition der jüdischen Philosophie ist sicher diesem Umstand geschuldet.

Der jüdische Glaube entstand nicht über Nacht, auch er musste wachsen. Der Name Jude stammt vom Königreich Juda ab, das zwischen 926 und 840 vor Christus entstand. Die Menschen nannte man Judäer. Sie gehörten, wie viele andere kleine Völker auch, einem Stammesverbund an, der im 2. Buch Mose als Volk Israel bezeichnet wird. Die erste nicht aus der Bibel stammende Erwähnung der Kinder Israels findet sich auf einer Stele des Pharaos Merenptah, die vermutlich um 1210 vor Christus gefertigt wurde.

Dem monotheistischen, von Stammvater Abraham vertretenen Glauben standen in der Frühphase des Judentums durchaus polytheistische Götterwelten wie die Kanaans gegenüber. Aber auch fremden Einflüssen entzogen sich die verschiedenen Stämme nicht, vor allem während des Babylonischen Exils kam es zu einem durchaus regen Austausch mit fremden Kulturen (→ Engel: Eine Zeitreise von Mesopotamien nach Griechenland).

Wenn man nun überlegt, dass das Alte Testament über einen Zeitraum von mehreren Jahrhunderten entstand, spiegeln sich in der Heiligen Schrift durchaus verschiedene Entwicklungen wider – auch und gerade in Bezug auf den Glauben an die Engel.

Der frühe jüdische Engelsglaube ist dabei noch von polytheistischen Vorstellungen geprägt, von der Existenz verschiedener Götter und Geister. Das Verschwinden der Götter zu Ehren des einen Gottes vertrieb jedoch keinesfalls die Geister der Vergangenheit. In den frühen Vorstellungen der Menschen im heutigen Israel erkannten diese in Jahwe Gott als Herrn der Welt. »Seine Diener«, heißt es im neunten Band der »Theologischen Realenzyklopädie«, »herrschten über die Gestirne und garantierten die dort sichtbare Ordnung.« Diese Diener – Engel – waren in der Vorstellung der Menschen astrale Wesen, als Elementargeister herrschte Gott »in allen Elementen, geographischen Formationen, Witterungsphänomenen, Gewächsen und Wesen«.

Aus diesem Urglauben erwuchs eine komplexe Engelskunde, die sich nicht nur aus kanonisierten Schriften speist, welche heute in der Heiligen Schrift des Judentums nachzulesen sind. Auch das Judentum kennt → Apokryphen, dazu kommen mystische Traktate, → Pseudepigraphien und mehr. Ebenso, wie es viele verschiedene Strömungen in jeder Religion gibt, gilt dies auch für die Engelskunde. Die jüdische Engelskunde ist kein in Zement gemeißelter Katalog, sondern ein dynamisches Gebilde. Und vieles von ihm findet sich auch im christlichen Engelsglauben wieder, wie sich noch zeigen wird.

So ist auch der jüdischen Engelslehre der Gedanke an einen Gott nicht fremd, dem ein in verschiedene Hierarchien gegliedertes Engelsheer untersteht, ganz so, wie es → Dionysius Areopagita fürs Christentum festlegte. Allerdings unterscheiden sich ihre Auslegungen oft gravierend voneinander. Manche Schriften kennen eine herausragende Gruppe von sieben Engeln (Uriel, Raphael, Raguel, Michael, Sarien, Gabriel und

Remiel), andere Schriften berichten von einer Sechsergruppe, und wieder andere Interpretationen gehen davon aus, dass die Heerscharen von vier → Erzengeln, in diesem Fall Michael, Gabriel, Raphael und Phanuel, angeführt werden. Diese vier Erzengel sollen auch den Thron Gottes umstellen.

Wieder andere Deutungen des Engelschores unterteilen die Welt der Engel in verschiedene Klassen, dazu gehören die → Cherubim, → Seraphim und Ophanim. Die Zahl der Klassen variiert zwischen drei und sieben verschiedenen, je nach Quellen und Interpretationen derselben. Die möglicherweise bekannteste, auf verschiedenen Quellen basierende jüdische Engelshierarchie verfasste übrigens erst im 12. Jahrhundert ein Arzt namens Moses Maimonides in Cordoba (→ Jüdische Engelshierarchie).

Eine ebenfalls jüdische Überlieferung ist die des Gottkönigs, der seinen Hofstaat (die Engel) zur Beratung um sich schart.

Die Fülle jüdischer Engelinterpretationen sind von einer faszinierenden Vielfältigkeit. Ebendie Tatsache, dass das Judentum keinen Katechismus kennt und stattdessen eine ausgeprägte philosophische Diskussionskultur bevorzugt, macht es zu einer Freude, all die Interpretationen, Ansichten und Deutungen miteinander zu vergleichen.

»Zentral«, heißt es im neunten Band der »Theologischen Realenzyklopädie«, »für alle Vorstellungen [in der Angelologie des Judentums] ist der Gedanke, daß die Engel in Gottes Dienst an ihm, am Kosmos und an der Menschheit stehen.« Auf diesem Fundament bauen alle Überlegungen auf, problematisch wird es allerdings, sie systematisch ordnen und in ein festes Korsett pressen zu wollen.

DIE ENGEL ALS MAL'ACHIM

Der Engel als Bote basiert auf einem Gottesverständnis, das Gott nicht als einen Schöpfer betrachtet, der sein Werk – die Schöpfung – nach getaner Arbeit sich selbst überlässt, sondern auf einem Verständnis, nach dem Gott in den Gang der Geschichte eingreift. Der Mal'ach wäre demnach der Botschafter des göttlichen Wortes und sein Überbringer. So etwa im Fall Daniels, den der → Erzengel Gabriel an seinen Visionen teilhaben lässt.

Auch Schutzengel sind im jüdischen Engelsglauben verbreitet, wer den Sabbat heiligt, darf gar auf einen ganz besonderen Beistand zählen.

SATAN IM JÜDISCHEN ENGELSGLAUBEN

Die christliche Angelologie sieht in Satan oder Luzifer, welchen Namen der Herr der Finsternis auch immer tragen mag, einen gefallenen Engel und Gottes Gegenspieler. Auch der jüdische Engelsglaube kennt ein dualistisches System, in dem ein Engel namens Belial seine Heerscharen um sich versammelt, um das Gute und Göttliche zu bekämpfen. Dieser Glaube jedoch stammt aus → apokryphen Schriften, nicht aus dem Tanach, der Heiligen Schrift des Judentums, auch wenn der Begriff im Tanach mehrfach genannt wird. Was Belial heißt, konnte bis heute nicht mit Sicherheit geklärt werden.

Im jüdischen Verständnis ist Satan ein Anklageengel. Im Buch Hiob taucht der Satan als eine Art »Funktionär Gottes bei dessen Weltregierung auf« – so interpretiert der niederländische Autor A. de Wilde die Rolle des Satans als einen Gegenspieler Gottes vor Gericht in seiner theologischen Untersuchung »Das Buch Hiob: Eingeleitet, übersetzt und erläutert«. In der hebräischen Urfassung des Buches Hiob werden mehrfach die Hassatan als Anklageengel erwähnt. Aus dieser Gruppierung von Engeln wurde dann, mutmaßt der Autor, Satan.

Als Ankläger also wäre jener Engel, den wir als Satan kennen, Teil eines himmlischen Gerichtshofes, der fünf verschiedene Engelsformen kennt. An erster Stelle stehen die Fürsprecherengel, die für die Menschen und ihre Sünden um Vergebung bitten. Sie sind die Engel, die den göttlichen Auftrag, den Menschen zu dienen, ohne Ausnahme erledigen. Sie sind die Hoffnung. Ihnen gegenüber sitzen die Anklageengel, unter anderem Satan, Mastema, Sammael. Auch sie führen nur Gottes Befehl aus und dienen damit den Menschen. Aber sie sind in dieser Aufgabe unerbittlich. Wer gegen die Regeln des Herrn verstößt, hat in ihren Augen keine Gnade verdient.

Mit den Schreiberengeln kennt diese Interpretation auch eine Engelsgattung, die neutral dem Geschehen folgt, während die Wägeengel zwischen Vergebung und Bestrafung abwägen. Sie müssen das Gleichgewicht der Kräfte halten. Schließlich bleiben noch die Strafengel, die Verführer, Ankläger und Todesengel in einem sind.

Aus den → Qumran-Rollen geht darüber hinaus der Glaube an eine Engelsgemeinschaft der Endzeit hervor: Wenn eines Tages die Seligen Gottes Gegenwart erfahren – ähnlich dem Glauben der Christen an ein Neues Jerusalem, in dem Gott unter ihnen weilen wird –, werden sie von den Engeln bedient, die für sie singen, tanzen und musizieren, da die Gerechten selbst zu Engeln oder doch zumindest zu engelhaften Wesen aufsteigen.

Eine Sonderrolle nimmt die Kabbala-Tradition im Judentum ein, deren Engelshierarchie 72 Engel mit Namen wie Vehuhia,

Kevakiah, Ariel, Asaliah, Mi(c)hael, Haiaiel oder Mumiah umfasst. Engel und → Erzengel sind hier Lichtwesen ohne physische Körper, die Gott nahe und somit über dem Menschen stehen.

DER HASS DER ENGEL

Das Alte Testament berichtet von den → Söhnen Gottes, die auf die Erde herniederkommen und sich mit Menschenfrauen einlassen. Die Autorin Danielle Trussoni baut auf dieser Überlieferung aus dem 1. Buch Mose ihren gesamten Roman auf. Diese Engel widersetzen sich den Regeln des Herrn, die eine Vermischung von Menschen und Engeln verbieten. Laut des apokryphen → Buches Enoch werden diese von einem Engel namens Semjasa angeführt.

Engel, die sich Gottes Allmacht widersetzen, kennt auch die rabbinische Philosophie des Mittelalters. In der rabbinischen Literatur werden Engel nicht selten von Neid und Hass aufgezehrt dargestellt. Sie beneiden die Menschen um ihre Seele und die Liebe, die sie von Gott erlangen.

Danielle Trussoni beschreibt die → Nephilim zwar als äußerst brutal, hinterhältig und bösartig, aber nicht unbedingt als sonderlich intelligent. Mehr noch, die Nephilim sind sich der Tatsache bewusst, dass sie zwar die Nachfahren der Engel sein mögen – was sie den Menschen dennoch nicht intellektuell überlegen macht. Darunter leiden sie direkt. Der rabbinischen Literatur ist dieser Gedanke nicht fremd. Da der Mensch Wissen erlangt, er eben nicht »nur« einen göttlichen Auftrag erfüllt, wird er von Gott mehr geliebt als die Engel, die nicht über die Fähigkeit verfügen, eigenes Wissen zu erarbeiten. Sie sind nur Werkzeuge Gottes, die Menschen aber sind seine Kinder.

Wie die jüdische Angelologie kennt auch das Christentum nicht den einen fest zementierten Engelsglauben. Auch im Christentum variieren Interpretationen, Vorstellungen und Deutungen. Allein die Frage, wie viele Erzengel das Christentum als solche anerkennt, bietet genügend Stoff für eine eigene Untersuchung (siehe daher auch den separaten → Erzengel-Artikel, der sich ausführlich mit dieser Frage auseinandersetzt).

Viele christliche Vorstellungen entstammen der jüdischen Tradition – sprich: dem Alten Testament. Engel werden auch im Christentum vorwiegend als Boten des Herrn betrachtet, als jene himmlischen Wesen, die mit den Menschen in Kontakt treten und Gottes Willen übermitteln. Wie im 1. Buch Mose im Kapitel 22 nachzulesen: Abraham soll seinen bedingungslosen Glauben an Gott beweisen – und seinen Sohn töten. Als er dem Knaben die Klinge ansetzt, wird er in letzter Sekunde daran gehindert: »Da rief ihn der Engel des Herrn vom Himmel und sprach: Abraham! Abraham! Er antwortete: Hier bin ich. Er sprach: Lege deine Hand nicht an den Knaben und tu ihm nichts; denn nun weiß ich, dass du Gott fürchtest (…).«

Da das Alte Testament ebenso wenig wie das Neue Testament über eine ausgefeilte Engelslehre verfügt – das Gros dessen, was wir heute über Engel zu wissen glauben, entstammt Quellen, die niemals den Heiligen Schriften angehört haben –, fällt die christliche Betrachtung des Engelwesens im Alten Testament recht übersichtlich aus.

Es gibt verschiedene Formen, Engel als solche zu erkennen und als solche zu deuten. Wie sie zu deuten sind, liegt nicht selten in den Augen des Betrachters. Eine Deutung ist eben stets eine Interpretation.

Im 1. Buch Samuel, Kapitel 4, heißt es: »Da sandte das Volk nach Silo und ließ von dort holen die Lade des Bundes des Herrn Zebaoth, der über den → Cherubim thront.« Es sind Verse wie dieser, die die Vermutung an eine Engelshierarchie nahelegen und in der christlichen Terminologie als »Hofstaat Gottes« interpretiert werden. Demnach besetzen die Cherubim eine hohe Position. An anderer Stelle, bei Josua, Kapitel 5, Vers 14, stellt sich ein Engel mit den Worten vor: »Ich bin der Fürst über das Heer des Herrn und bin jetzt gekommen. Da fiel Josua auf sein Angesicht zur Erde nieder, betete an und sprach zu ihm: Was sagt mein Herr seinem Knecht?«
Ein Fürst über ein göttliches Heer? Mose wiederum erwähnt die → Söhne Gottes. Das 1. Buch der Könige berichtet im Kapitel 22 ab Vers 19: »Micha sprach: Darum höre nun das Wort des Herrn! Ich sah den Herrn sitzen auf seinem Thron und das ganze himmlische Heer neben ihm stehen zu seiner Rechten und Linken. Und der Herr sprach: Wer will Ahab betören, dass er hinaufzieht und vor Ramot in Gilead fällt? Und einer sagte dies, der andere das. Da trat ein Geist vor und stellte sich vor den Herr und sprach: Ich will ihn betören. Der Herr sprach zu ihm: Womit? Er sprach: Ich will ausgehen und will ein Lügengeist sein im Munde aller seiner Propheten. Er sprach: Du sollst ihn betören und sollst es ausrichten; gch aus und tu das! Nun siehe, der Herr hat einen Lügengeist gegeben in den Mund aller deiner Propheten; und der Herr hat Unheil gegen dich geredet.«
Schilderungen wie diese, erklärt der Theologe Jan Dochhorn, verbildlichen die Macht Gottes in einer Weise, wie sie die Menschen verstehen können. »(…) die wichtigsten Instanzen des Hofstaates werden also wohl vorrangig als Manifestatio-

nen göttlicher Macht angesprochen – einem imposanten Herrscher entspricht eben eine imposante Schar von Würdenträgern«, mutmaßt er in seiner Analyse »Die Apokalypse des Mose – Text, Übersetzung, Kommentar«.

Der Laie indes wundert sich über Formulierungen wie himmlische Heere. Oder die Umschreibung »Geist« für einen Engel. Der Engel als körperloses, astrales Wesen? Und dann sendet Gott einen Lügengeist aus; Gott, der in seinen Zehn Geboten die Lüge zur Sünde erklärt? Aber wenn ein Lügengeist ein Engel ist – wie kann es sein, dass Gott ein himmlisches Wesen aussendet, das gegen seine eigenen Gebote verstößt?

Wie man sieht, ist Engelskunde eine höchst spekulative Angelegenheit, und ein Zitat wie das aus dem Buch der Könige alleine ist dazu geeignet, eine höchst kontroverse Diskussion unter Gläubigen und Gelehrten zu entfachen. Wetten, dass am Ende einer Diskussion mit fünf Teilnehmern fünf Meinungen, Deutungsversuche und Interpretationen stehen?

Übrigens: Ahab, der hier betört und damit letztlich in eine Falle gelockt werden soll, war ein König des Nordreiches Israels, der im Allgemeinen als ungläubig bezeichnet wurde und dessen Frau, eine Phönizierin, sogar einen fremden Götterkult, den sogenannten Baal-Glauben, in Israel einführte. 852 vor Christus starb er vermutlich in einer Schlacht gegen Aramäer. Ausgerechnet der vielgescholtene Ahab ist ironischerweise ein direkter Vorfahr der späteren Könige von Juda.

ANGELUS INTERPRES UND
ENGEL DES ALTEN TESTAMENTS AUS SICHT
DES CHRISTENTUMS

Das Alte Testament kennt drei Engel mit Namen: Raphael, Gabriel und Michael. Aufgrund ihrer Namensnennung besitzen sie eine Sonderstellung in der christlichen Engelsvorstellung, dass sie jedoch → Erzengel sind, geht letztlich in dieser Klarheit nur aus dem → Buch Enoch hervor, das weder von katholischen noch evangelischen Christen als Buch der Bibel anerkannt wird.

Der Deuteengel wiederum, der *angelus interpres,* hat die Aufgabe, von Gott gesandte Visionen zu verdeutlichen. Er ist quasi der Übersetzer von Gottes Willen in eine für den Menschen verständliche Sprache. Ihm gegenüber steht Satan, der auch im christlich geprägten Engelsbild nicht zwangsläufig als Höllenfürst, sondern durchaus auch, wie in der jüdischen Engelskunde, als Verführer dargestellt werden kann. Im ersten Kapitel des Buchs Hiob beispielsweise ist er es, der besagten Hiob vom Pfad der Tugend abbringen will, dabei aber vor Gott tritt. Er ist in diesem Fall kein Widersacher Gottes, er ist vielmehr ein Engel, der eine klar definierte Tätigkeit ausübt – nämlich den Glauben der Menschen zu prüfen.

Aber auch in diesem Fall gilt: Es gibt viele Ansichten und ebenso viele Interpretationen.

DAS NEUE TESTAMENT

Auch wenn das Bauchgefühl zunächst etwas anderes behaupten mag: In Sachen Engelskunde ist das Neue Testament wenig ergiebig. Natürlich: Da ist die Geschichte der Verkündigung durch den → Erzengel Gabriel, der im Neuen Testament zweifelsohne eine Schlüsselposition einnimmt (→ Engelsberichte nach Mose, Hesekiel und Lukas). Und dann gibt es ja auch noch die Offenbarungen des Johannes, in denen nicht nur der → Erzengel Michael zum Schwert greift. Im einundzwanzigsten Kapitel der Apokalypse steht geschrieben: »... es kam zu mir einer von den sieben Engeln, welche die sieben Schalen voll der letzten sieben Plagen hatten, und redete mit mir und sprach: Komm, ich will dir das Weib zeigen, die Braut des Lammes. Und er führte mich hin im Geist auf einen großen und hohen Berg und zeigte mir die große Stadt, das heilige Jerusalem, herniederfahren aus dem Himmel von Gott, die hatte die Herrlichkeit Gottes. Und ihr Licht war gleich dem alleredelsten Stein, einem hellen Jaspis. Und sie hatte eine große und hohe Mauer und hatte zwölf Tore und auf den Toren zwölf Engel, und Namen darauf geschrieben, nämlich der zwölf Geschlechter der Kinder Israel.« So die redigierte Übersetzung nach Luther aus dem Jahre 1912. Zwölf Engel vor den Toren, sieben Engel, die Schalen voll Plagen transportieren: Es gibt weder im Alten noch im Neuen Testament ein anderes Buch, das auch nur ansatzweise so plastisch und dramatisch von einer Begegnung mit Engeln berichtet. Aber dennoch – an einer Systematisierung der Engel und ihrer Funktionen hatten die Evangelisten offenbar kein Interesse.

Deutlich wird, dass sich das Neue Testament oft dem *angelus interpres* nähert, dem erklärenden Engel. Das ist nicht nur der Erzengel Gabriel, auch in der Apokalypse treten Engel als Mittler zwischen Menschen- und Gottesreich auf. Obschon auch das Neue Testament von einer Vielzahl von Engelsbegegnungen berichtet, wird die Macht der Engel relativiert. Nicht mehr sie verkünden Gottes Botschaft, Gott selbst ist in Jesus Christus zum Menschen geworden.

Wenn man dieser Interpretation folgt, ist Jesus Christus gleichfalls Herr der Engel, ebenso wie der Heilige Geist, der ein Teil des dreifaltigen Gottes darstellt. Daraus ergibt sich, streng genommen, eine Abwertung der Engel. Gott selbst tritt auf den Plan, in Jesus Christus verkündet er sein Wort, er braucht streng genommen keine Mittler mehr, die sein Wort der Menschheit offenbaren.

Es ist erstaunlich, dass trotz dieser augenscheinlichen Degradierung die Faszination an Engeln nicht schwand, sondern stattdessen die Phantasie des frühen Christentums nur umso mehr beflügelte.

DIE ANFÄNGE DER CHRISTLICHEN ANGELOLOGIE

Die sogenannten Kirchenväter der Alten Kirche stritten teils heftig über die Engelsfrage. Viele der ersten Kirchenväter befürchteten eine Abwertung von Jesus Christus, entstünde ein Engelskult. Johannes Cassianus beispielsweise, der um das Jahr 420 dadurch Bekanntheit erlangte, dass er die Laster festlegte, die bis heute keinen guten Christenmenschen heimsuchen dürfen (Unmäßigkeit, Unkeuschheit, Habsucht, Zorn, Traurigkeit, Überdruss, Ruhmsucht, Hochmut), postulierte in Bezug auf die Engel, dass Engel definitiv körperliche Wesen sein müssen. Allein Gott sei ein Wesen aus purer Energie (seinerzeit noch Licht genannt), und nur Jesus sei tatsächlich mit diesem Licht identisch. So stand für Johannes Cassianus, einen angesehenen Mönch und Priester, der auch als Johannes von Massilia in die Geschichte eingehen sollte, fest, dass der Engelskult gegen das Gebot verstieß: Du sollst keine anderen Götter haben neben mir!

Der Streit um die Bedeutung der Engel dauerte mindestens die ersten vier Jahrhunderte an, bis sich aus den vielen als heilig empfundenen Schriften die Heilige Schrift des Christentums entwickelte. Viele Bücher allerdings, die große Popularität genossen, wie etwa das → Buch Enoch, wurden aus diesem offiziellen Kanon ausgeschlossen – ihr Inhalt aber geriet dadurch nicht etwa in Vergessenheit. Schon vor 1600 Jahren galt: Wird etwas verboten, wird es dadurch erst richtig interessant.

DE CIVITATE DEI

»De civitate Dei« heißt übersetzt »Vom Gottesstaat«. Augustinus von Hippo, auch bekannt als → hl. Augustinus, verfasste dieses Werk in den Jahren von 413 bis 426. Kurz zuvor war Rom von den Westgoten erobert worden, das inzwischen christianisierte Römische Reich stand vor seinem Ende. Der Fall Roms stellte eine existenzielle Bedrohung für die eng mit dem Reich verflochtene Religion dar.

Augustinus, geboren 354 in Thagaste, im Norden des heutigen Algeriens gelegen, stand der griechischen Philosophie nahe. Als Sohn eines Vaters, der noch dem römischen Götterglauben anhing, hatte sich Augustinus aus Überzeugung dem Christentum angeschlossen. Als Gelehrter unterrichtete er Schüler in theologischen und philosophischen Fragen. »De civitate Dei« wird heute als ein erstes Schlüsselwerk der christlichen Engelskunde betrachtet, auch wenn Angelologie nur einen Teilbereich seiner umfangreichen Schrift(en) abdeckt. Tatsächlich ging es Augustinus in seinen insgesamt 22 Schriften darum, die Idee eines spirituellen Gottesstaates zu kreieren, der unabhängig von einem staatlichen Machtgebilde existieren kann. Er ebnete den Weg des Christentums ins Mittelalter – auch vor dem Hintergrund eines untergehenden christianisierten Imperiums.

Augustinus' Ansicht nach wurden die Engel noch vor dem zweiten Schöpfungstag erschaffen. Sie seien pures Licht, also astrale Wesen, die allein durch das Wort Gottes existieren. Daher wird alles, was wir Realität nennen, von Engeln geleitet. Augustinus' Interpretation eines Gottesstaates nimmt die Idee einer Engelshierarchie auf, ohne die Unterschiede zwischen → Erzengeln, → Cherubim, → Herrschaften auszuarbeiten. Jedoch sind die Engel laut Augustinus mit einer dreifachen Erkenntnis gesegnet: einer Erkenntnis des Tages, des Abends und des Morgens. Im Gegensatz zum Menschen erkennen sie Gott und verstehen seinen Plan, sie weichen nicht von seiner Seite und sind mit den Gläubigen Teil des Gottesstaates. Seelen besitzen sie allerdings nicht. Daraus leitet sich die Schlussfolgerung ab, dass die Menschen Gottes auserwählte Spezies darstellen. Erlangt ein Mensch eine höhere Erkenntnis, verschafft dies aber auch den Engeln Glückseligkeit, ihr Auftrag ist es schließlich, den Menschen zur Erkenntnis zu verhelfen.

Die Denkschriften des hl. Augustinus dienten schließlich → Dionysius Areopagita, dessen wirklicher Name unbekannt ist, bei der Erstellung eines expliziten hierarchischen Systems, bestehend aus drei Triaden und beruhend auf der Dreifaltigkeit (→ Drei Sphären der Engel und → Konzil von Nicäa). Das bis heute im christlichen Glauben fest verankerte Triadensystem besteht aus neun Chören mit den → Seraphim, → Cherubim und → Thronen in der ersten Triade, den → Herrschaften, → Mächten und → Gewalten in der zweiten und schließlich den → Fürstentümern, → Erzengeln und den gewöhnlichen → Engeln in der dritten Triade.

Als Anhänger Roms vertraten Dionysius Areopagita und der hl. Augustinus sehr westlich orientierte Glaubensvorstellungen, im byzantinischem Einflussbereich entwickelte sich ein leicht abweichender Engelsglaube.

Aus dem 8. Jahrhundert sind von dort Schriften erhalten, die erklären, Engel seien mit Gottes Energie gefüllt. Durch die Anwesenheit der Engel wird für den Menschen somit Gottes Energie spürbar. Dieser Ansatz ist nicht uninteressant, da er auch in modernen New-Age- und Esoterikansichten zu finden ist.

Die Frage, welche Position Jesus Christus als Gottes Sohn einnehme, beantworteten byzantinische Gelehrte nicht selten mit der Antwort, er sei der Erzengel des großen Rates. Dafür gibt es folgende Begründung: Von dem Moment an, in dem Gabriel seine Geburt verkündete, standen die Engel in seinem Dienst. Dem lässt sich nicht widersprechen – denkt man. Da Gabriel aber Maria die Geburt verkündete, gab es in der byzantinischen Engelskunde auch die Tendenz, Maria zur Engelskönigin zu erheben, da sich Gabriel – mit der Verkündung – schließlich in ihren Dienst stellte.

ENGEL IN ÄTHIOPIEN

Danielle Trussonis Roman »Angelus« basiert auf der Geschichte der → Söhne Gottes, die sich menschliche Frauen nahmen und die → Nephilim mit ihnen zeugten. Sie vermeidet es in ihrem Roman, sich auf einen bestimmten engelskundlichen Bezug festzulegen. Vielmehr bedient sie sich im jüdischen Engelglauben ebenso wie im christlichen. Insgesamt kann auf einen riesigen Legenden-, Wissens- und Glaubensschatz zurückgegriffen werden, der seinerseits nur entstehen konnte, da zum Teil jahrtausendealtes Wissen, Glauben, Legenden und philosophische Schriften einander ergänzten und oftmals aufeinander aufbauten.

Den Ausgangspunkt für ihren Engelsroman aber fand die Autorin nicht in den bekannten westlichen Engelszeugnissen und auch nicht in der Ostkirche: Sie wurde letztlich in Äthiopien fündig.

Neben den beiden großen frühen christlichen Strömungen mit einer Westkirche in Rom und einer Ostkirche in Byzanz beziehungsweise später Konstantinopel gab es eine Vielzahl von Ausläufern, die eigene Traditionen und Ansichten entwickelten. So etwa die koptischen Kirchen in Ägypten oder der christliche Glaube Äthiopiens. Das → Buch Enoch, das von den Westkirchen als Apokryphe betrachtet wird (siehe → Apokryphen), trägt auch den Namen Äthiopisches Enochbuch, was der Tatsache geschuldet ist, dass das Buch Teil des biblischen Kanons der Äthiopisch-Orthodoxen Tewahedo-Kirche ist.

Enochs Buch wird als apokalyptische Schrift betrachtet. Als solche ist sie älter als die Offenbarungen des Johannes. Enoch selbst bereist darin das Reich Gottes. Gleich zu Beginn des Buches schildert er die Geschichte der Söhne Gottes: »Nachdem die Menschenkinder sich gemehrt hatten, wurden ihnen in jenen Tagen schöne und liebliche Töchter geboren. Als aber die Engel, die Himmelssöhne, sie sahen, gelüstete es sie nach ihnen, und sie sprachen untereinander: Wohlan, wir wollen uns Weiber unter den Menschentöchtern wählen und uns Kinder zeugen. Semjasa aber, ihr Oberster, sprach zu ihnen: Ich fürchte, ihr werdet wohl diese Tat nicht ausführen wollen, sodaß ich allein eine große Sünde zu büßen haben werde. Da antworteten ihm alle und sprachen: Wir wollen alle einen Eid schwören und durch Verwünschungen uns untereinander verpflichten, diesen Plan nicht aufzugeben, sondern dies beabsichtigte Werk auszuführen.«

Enochs Schilderungen sind nicht nur von einer enormen Bildhaftigkeit, sie sind darüber hinaus in einer relativ simplen Sprache verfasst, die auf allzu metaphorische Schilderungen des Geschehens verzichtet, wie man sie etwa in den Offenbarungen des Johannes vorfindet. In Äthiopien haben die lebendigen Engelsberichte des Enoch den Engelsglauben bis zum heutigen Tag stark beeinflusst – in der Form, dass Engel aufgrund ihrer eigenen Fehlerhaftigkeit weitaus weniger metaphysisch wahrgenommen werden als im Westen.

Aber auch dort haben die Schriften Enochs das Engelsbild mitbestimmt. Vor allem im frühen Christentum waren sie weit verbreitet, und obschon sie nicht in die Bibel aufgenommen wurden, gerieten sie auch im Westen nie ganz in Vergessenheit.

ENGEL WERDEN VERBOTEN

Bevor → Thomas von Aquin der Engelskunde im 13. Jahrhundert ein philosophisches Konzept überzog, vergingen Jahrhunderte, in denen die Angelologie zwischen Verbot, Duldung und Hochzeiten hin und her schwankte. Beispielsweise wurde auf dem Konzil von Braga im Jahre 561 verboten, die Behauptung aufzustellen, Engel seien aus göttlicher Energie erschaffen worden.

Braga bestätigte damit eine Auffassung des Konzils von Konstantinopel von 543, die festlegte: Christus ist kein Engel, und Engel sind keine Himmelskräfte. Mehr noch: Wenn Engel keine Himmelskräfte sind, können sie auch nicht erlöst werden!

Eine ganz andere Sichtweise vertrat Papst Gregor I., der von 590 bis 604 das Pontifikat ausübte. Nach seiner Definition sind Engel so viel näher an Gott als die Menschen, so dass wir sie natürlich anbeten dürfen. Er erlaubte auch die Verehrung des → Erzengels Uriel, obschon dieser in der Heiligen Schrift keine Erwähnung findet (zu diesem Konflikt siehe das Kapitel über die → Erzengel).

Im Rahmen des Konzils von Rom 745 widersprach Papst Zacharias dem Uriel-Beschluss von Papst Gregor I. – er verbot jedoch nicht nur die Anbetung Uriels, auch weitere, unter den Christen des Westens populäre Engel wie Raguel, Adimis, Tophoas oder Sabaoth durften fortan keine Erwähnung mehr finden. Der Papst erklärte die Engel in bester Basta-Manier zu Dämonen. Im → Konzil von Nicäa hingegen wurde die Bedeutung der Engel wieder hervorgehoben.

SCHOLASTIK

Im 13. Jahrhundert entstand aus der aufkommenden Scholastik eine äußerst spekulative Form der Angelologie. Als Scholastik wird die wissenschaftliche Denkweise und Methode der Beweisführung bezeichnet, die in der lateinischsprachigen Gelehrtenwelt des Mittelalters Verwendung fand. So kann man es im deutschen Wikipedia nachlesen, und einfacher und vor allem prägnanter lässt sich Scholastik nicht erklären. Genährt aus griechischer Philosophie und christlicher Theologie, entstand eine neue Form der Wissensvermittlung.

Auch wenn heute fast nur noch die theologischen Schriften bekannt sind, wurde die Scholastik doch auch in allen anderen Wissenschaften angewandt. Aus jener Phase der Angelologie entstammt auch der Gedanke, Engel seien aus einem geistigen

Feuer entstanden, sie würden die Verstorbenen durchs Fege-feuer begleiten, das Verhältnis Mensch – Engel sei 1 : 9.

Das Problem der Scholastik war ihre extreme Theorielastig-keit – es wurde über nahezu jede theologische Frage disku-tiert. Martin Luther urteilte rund 200 Jahre nach der Blütezeit der Scholastik, sie schwätze über göttliche Geheimnisse wie der Schuster über das Leder.

Der harschen Kritik des Reformators zum Trotze stieß die Scholastik einige Diskussionen innerhalb der Angelologie an, die die Zeiten überdauerten. Nicht nur Thomas von Aquin sei hier zu nennen. Auch Giovanni (di) Fidanza, genannt → Bo-naventura, darf nicht vergessen werden. Der Italiener, der aus einem Dörfchen nahe der Heimatstadt der → Rosa von Viter-bo stammt, gehörte Mitte des 13. Jahrhunderts zu den bedeu-tendsten Philosophen und Theologen der Scholastik, er war außerdem Generalminister der → Franziskaner und in seinen letzten Lebensjahren Kardinal von Albano.

Bonaventura ließ sich maßgeblich von den Ideen → Dionysius Areopagitas inspirieren. Er berief sich auf dessen Triadensys-tem und beschrieb seinerseits Engel als geistige Wesen, »… die wie alle Geschöpfe aus Stoff und Form bestehen« – so inter-pretiert ihn der Theologe Georges Tavard in der »Theologi-schen Realenzyklopädie Band IX«. Er fährt in seiner Inter-pretation Bonaventuras wie folgt fort: »Engel werden gesandt, um unseren Geist zu erleuchten und unsere Liebe zu entzün-den. Einige von ihnen sind unsere Schutzengel. Christus aber bedurfte, während er auf Erden wandelte, keines Schutzengels, da ihm alle himmlischen Heerscharen dienten.«

Bonaventura formulierte noch weitere Gedanken, darunter zum Beispiel, dass Maria über den Engeln stehe und dass die Dreifaltigkeit der Kirche die Ordnung der Engel widerspie-gele.

Thomas von Aquin wiederum versuchte, das Wesen der Engel durch Vernunft zu erklären. Er, ein Anhänger der griechischen Denker der Antike, entwarf ein Engelsbild, das vergleichsweise nüchtern wirkt. Thomas von Aquin ging es nicht darum zu ergründen, welcher Engel als → Erzengel gepriesen werden darf und welcher nicht. In der »Summa Theologica«, seinem Hauptwerk, beschäftigte er sich vielmehr mit dem Sein Gottes. Und dazu gehören auch die Engel.

Die Schrift gilt neben dem Werk Dionysius Areopagitas als das zentrale Werk christlicher Engelskunde. »Summa Theologica« ist keine staubtrockene philosophische Denkschrift, sondern ein sogenanntes Quaestio. Quaestio, die Frage, bezeichnet einen Frage-Antwort-Katalog. Der Autor stellt einen neuen Gedanken in Form einer Frage dar und versucht ihn dann zu beantworten. Der Frage folgt keine direkte Antwort, sondern eine Diskussion, in der verschiedene Standpunkte beleuchtet werden, die aber zu jener Antwort führt, die der Fragesteller offenbar wünscht. Im nächsten Schritt jedoch wird ein Einwand erhoben, aus der sich eine weitere Diskussion entwickelt. Am Ende steht ein Fazit.

Das erste Kapitel der »Summa Theologica« handelt von »Gottes Schöpfung und seinem Wirken in der Schöpfung«. »Ist der Engel gänzlich unkörperlich?«, heißt es da gleich am Anfang der ersten Engelsfrage »Von dem Wesen der Engel überhaupt«. Thomas von Aquins Antwort: Engel sind körperlose Wesen, die aber sehr wohl in der Lage sind, eine körperliche Gestalt anzunehmen. Weshalb Gabriel auch der Jungfrau Maria in Form eines menschenähnlichen Wesens erschien.

Seine Ansichten basieren auf vielen verschiedenen Quellen, die er gegenüberstellt, wobei auch Widersprüche nicht ausgespart bleiben. Auch jüdische Quellen finden Erwähnung, auf jede Frage aber kennt auch die »Summa Theologica« keine

Antwort – etwa auf die, ob Engel in ihrer Art verschieden sind (weitere Informationen siehe → Thomas von Aquin).

HILDEGARD VON BINGEN

Neben den Werken Thomas von Aquins gilt die Engelschau von Hildegard von Bingen als ein zentrales Werk für Engelskundler. So märchenhaft sie nach ihrer Darstellung auch ausfallen mögen, keine andere Mystikerin des Mittelalters hat Engel so liebevoll beschrieben und ihr Erscheinen so ausgeschmückt wie die wahrscheinlich 1098 in Bermersheim nahe Worms geborene Heilige. Die manchmal kindlich wirkenden Visionen der Benediktinerin, die als Kirchenmusikerin bis heute nachhallende Regeln aufstellte, mögen uns im 21. Jahrhundert amüsieren, doch sie finden auch heute noch Beachtung. Oft sind es Einsiedler, der Welt abgewandte Schöngeister, die von Engelsvisionen berichten. Hildegard von Bingen gehört definitiv nicht zu dieser Kategorie. Sie war nicht nur eine begnadete Musikerin, auch als Naturwissenschaftlerin und Medizinerin setzte sie ihre Marken. Zum Beispiel erkannte sie bereits im 12. Jahrhundert, dass Haarausfall etwas mit den Säften des Körpers zu tun hat, weshalb sie anfing, sich mit diesen Säften ausführlich auseinanderzusetzen und ihre Auswirkungen auf den Körper zu erforschen. Dabei entdeckte sie, dass Männer und Frauen in vielen Belangen unterschiedlich reagieren. Was sie Säfte nannte, nennt die Medizin heute den Stoffwechsel.

Hildegard von Bingens Berichte bestätigen das System des → Dionysius Areopagitas mit seinen → drei Sphären.

Sie beginnt ihre Beschreibung mit den einfachen Engeln, die Flügel auf der Brust tragen und in ihrem Auftreten menschlich wirken. Sie dienen Gott als Knechte und erfüllen sein Werk mit Hingabe. Jedoch fehlt es ihnen an Erkenntnis, welche aber die → Erzengel besitzen, die äußerlich den normalen Engeln gleichen; jedoch verherrlichen sie Gottes Wort in höchster Perfektion. Diese Aussage lässt sich in der Form interpretieren, dass Erzengel die auserwählten Engel in Gottes Reich darstellen.

Die Tugendkräfte (auch → Gewalten genannt) sind laut Hildegard von Bingen Geisterwesen, die im himmlischen Chor allerdings menschliche Züge annehmen. Ihre geisterhaften Körper erstrahlen in einem hellen Glanz. Die → Mächte lassen sich aber nicht beschreiben. Sie sind von einer solchen Schönheit, dass die Menschen keine Worte mehr für sie finden. Unheimlich erscheinen indes die → Fürstentümer, wie weißer Marmor sieht ihre Haut aus, brennende Fackeln lodern über ihren Köpfen, ihre Körper sind von einer eisenfarbenen Wolke umgeben. Eher martialisch wirken die → Herrschaften mit Schild und marmornen Gewändern. Keine menschliche Gestalt lassen die → Throne erkennen, die goldrot schimmernd noch nie mit der Sünde in Berührung kamen. Die → Cherubim wiederum sind Geister mit vielen Flügeln und unzähligen Augen, die zwar menschliche Gestalt anzunehmen vermögen, aber dennoch vom menschlichen Verstand nicht erfasst werden können. Bleiben die → Seraphim, die als flammende Feuerwesen die Liebe Gottes besingen.

Angeblich erhielt Hildegard von Bingen ihre Visionen im Auftrag Gottes, jedoch sträubte sie sich, so will es die Überlieferung, ihre Visionen niederzuschreiben – vermutlich, da sie nur unzureichend die lateinische Grammatik beherrschte und religiöse Texte zu ihren Lebzeiten nun einmal auf Lateinisch verfasst wurden. Dennoch entstand ab 1141 ihr Hauptwerk »Liber Scivias Domini« (»Wisse die Wege«), das sie zusammen mit einem Vertrauten verfasste. Dass sie ihre Meinung bezüglich einer Niederschrift änderte, geht möglicherweise auf ihre Briefwechsel mit Bernhard von Clairvaux zurück, einem bedeutenden Mönch des Zisterzienserordens, der ihr offenbar zur Niederschrift riet. Nach der Synode von Trier 1147 entsandte der Papst eine Kommission ins Kloster der Hildegard von Bingen, um ihre Sehergabe von Bischof Albero von Verdun überprüfen zu lassen, der in einem beeindruckenden Bericht ihre Fähigkeit bestätigte.

DIE OSTKIRCHEN

In Byzanz, dem späteren Konstantinopel, entwickelte sich eine eigene Engelskunde, die sich in vielen Belangen jedoch mit der des Westens deckt. Ikonen bieten darüber hinaus ein äußerst reichhaltiges Œuvre von Engelsdarstellungen. Ganz ähnlich den westlichen Hierarchien existiert auch in der Ostkirche das Bild eines triadisch geordneten Systems, in dem die Engel den Herrn lobpreisen und seine Befehle entgegennehmen. In der noch heute gebräuchlichen Basilius-Liturgie aus dem späten 15. Jahrhundert heißt es daher: »Denn dich loben die Engel, Erzengel, Throne, Herrschaften, Mächte, Gewalten, Kräfte und die vieläugigen Cherubim. Rings um dich stehen die Seraphim, von denen jeder sechs Flügel hat; mit zweien bedecken sie das Angesicht, mit zweien die Füße und mit zweien fliegen sie. Mit unermüdetem Munde und mit nie schweigender Lobpreisung ruft einer den anderen den Siegeshymnus zu, indem sie singen, rufen, schreien und sprechen: Heilig, heilig, heilig ist der Herr der Heerscharen. Himmel und Erde sind voll seiner Herrlichkeit. Hosanna in der Höhe. Gepriesen sei, der da kommt im Namen des Herrn. Hosanna in der Höhe.«

Zwei Unterschiede jedoch fallen ins Auge: Die Ostkirchen erkennen mit Michael, Gabriel, Raphael, Uriel, Jehudiel, Barachiel und Salathiel sieben → Erzengel als existent an. Da die Offenbarungen des Johannes im ostkirchlichen Glaubensraum wiederum umstritten sind, genießen sie kaum Popularität in den orthodoxen oder altorientalischen Kirchen, weshalb auch ihre Engelsbetrachtungen kaum eine Rolle spielen.

ANGELOLOGIE DER NEUZEIT

Im Jahre 1517 platzte einem zwar äußerst gebildeten, aber ebenso unbekannten wie unbedeutenden Augustinermönch der Kragen. Er ärgerte sich über das Treiben seiner geliebten Kirche, über die Selbstherrlichkeit der Kurie im Allgemeinen und den Ablasshandel im Besonderen. Wer Geld hatte, konnte sich von seinen Sünden freikaufen? Am 31. Oktober 1517 hämmerte er aus Verärgerung ein Blatt mit 95 Thesen an die Schlosskirche von Wittenberg.

Martin Luthers Thesen spalteten die katholische Kirche, es entstand eine reformatorische Bewegung, die die alten Machtverhältnisse in Europa gewaltig durcheinanderwirbelte. Eine Spaltung hat Luther an sich nie beabsichtigt, und die Geschichte mit den Thesen hat sich in Wahrheit wohl etwas anders abgespielt: Luther hat wohl eher Briefe geschrieben, an den Erzbischof Albrecht von Mainz etwa, der als Erzbischof von Magdeburg auch jenes Bistum leitete, in dem Wittenberg lag. Und auch der Ablassverkäufer Johannes Tetzel erhielt Post von Luther, ohne aber auf dessen Brief zu reagieren. Die Geschichte eines Thesenanschlags, der die Welt veränderte, ist dramaturgisch aber viel kraftvoller als die eines Briefwechsels, der sich über Wochen und Monate hinzog und sich eher langsam zu einem Kirchenpolitikum entwickelte.

Die Reformation ist gleichzusetzen mit dem Verblassen der mittelalterlichen Engelskunde. Ein Ende der Engelskunde insgesamt aber bedeutete sie nicht, auch wenn der Protestantismus die Bedeutung der Engel bis heute etwas nüchterner betrachtet. Luther selbst verehrte den → Erzengel Michael und hielt sogar Michaelspredigten, der Reformator Johannes Calvin betrachtete Engel als wichtige Boten des göttlichen Wortes. Vor allem Calvin aber wetterte gegen jede Form eines Engelskults. Obschon die Bedeutung der Engel von den protestantischen Kirchen zweitrangig betrachtet wurde, waren die neuen Kirchen dennoch gezwungen, eine eigene Angelologie zu pflegen. Diese Tatsache entbehrt nicht einer gewissen – zynischen – Ironie. Warum? Wegen der Hexenverbrennungen!

Nicht nur Katholiken, auch Protestanten vollzogen die Hexenverbrennung. Lutheraner etwas weniger, Calvinisten etwas mehr. Dort, wo feste Herrschafts- und mit ihnen entsprechende Verwaltungsstrukturen existierten, blieb es bei vereinzelten Hexenprozessen, dort, wo dies nicht der Fall war, wurde eine Vielzahl von angeblichen Hexen hingerichtet. So etwa in den Siedlungsgebieten der Puritaner in den Neuenglandstaaten, wo ein regelrechter Hexenwahn grassierte.

Doch was hat all das mit den Engeln zu tun? Nun, um Hexenverfolgung zu rechtfertigen, muss es das Böse geben – den Teufel! Satan aber ist ein gefallener Engel, folglich sind die Dämonen gleichfalls gefallene Engel. Jene Engel, die Satan um sich scharte, als diese das Himmelreich verlassen mussten (siehe hierzu auch das Kapitel über die → Apokryphen). Evangelische und auch anglikanische Theologen entwarfen eine recht komplexe Dämonologie, der – als Rechtfertigung – eine komplexe Engelslehre gegenübergestellt wurde. Ein

Engelskult wurde zwar unterbunden, da beispielsweise Calvin Mutmaßungen über hierarchische Systeme rundherum ablehnte, der Engelsglaube aber wurde unvermindert am Leben erhalten. Ein Glaube, der die Zeit der Hexenverbrennungen überdauerte.

Als einer der bedeutendsten Autoren der protestantischen Engelslehre gilt interessanterweise ein Italiener: Girolamo Zanchi. Der 1516 in Alzano geborene Sohn eines Anwalts war ursprünglich ein Augustinermönch, der während seines Studiums in den 1540er Jahren mit den Schriften Luthers, vor allem aber auch Calvins in Berührung kam und schließlich aufgrund seiner reformistisch geprägten Ansichten aus Italien flüchten musste. Vor allem in Fragen der Kirchenzucht machte er sich einen Namen, er galt als strenger Theologe, und ebenso streng wirkt auch das von ihm entworfene Engelsbild: Es ist klar geordnet, ohne jedoch einen Zweifel daran entstehen zu lassen, dass die Engel alle nur Gott dienen, da sie – ebenso wie die Menschen – nur Gottes Eigentum sind.

Als das protestantische Schlüsselwerk der Angelologie gilt → John Miltons »Das verlorene Paradies« von 1667. Milton beschreibt in seinem Klassiker den Fall der Engel und die Errichtung des Pandämoniums, der Heimstatt der gefallenen Engel. Hier, in der Verbannung, erkennen die gefallenen Engel, dass ein Krieg auf dem Schlachtfeld gegen die himmlischen Heerscharen zum Scheitern verurteilt ist, weshalb sie einen weitaus subtileren Weg der Kriegsführung wählen: durch Verführung, Lüge, Sünde. Milton beschreibt die Engel und ihre Aufgaben (ebenso wie die der Dämonen). Einer seiner Hauptgedanken ist folgender: Wenn Engel sich dem Wort Gottes verweigern, dann verfügen sie sehr wohl über einen eigenen Willen. Und wer über einen eigenen Willen verfügt, ist auch fehlerhaft. Seine Protagonisten sind die Engel Gottes:

Abdiel, Gabriel, Ithuriel, Michael, Uriel, Uzziel, Zephon, Zophiel. Als Antagonisten treten die Engel Adramelech, Ariel, Arioc, Ashtaroth, Asmadai, Azazel, Baalim, Belial, Chemos, Dagon, Mammon, Moloch, Mulciber, Nisroch, Ramiel, Rimmon, Thammuz auf, und die Sünde ist wiederum des Teufels verführerische Tochter.

Der Puritaner Milton erschuf damit ein Werk, das aufgrund seiner Wucht viele Autoren inspirierte. Auch wenn seine Dichtung niemals den Anspruch erhob, so etwas wie ein theologisches Werk darzustellen, hat es doch den Engelsglauben Europas nachhaltig beeinflusst. Alle Charaktere, die in seinem Werk auftreten, sind Individuen mit einem freien Willen. Dieser einst literarisch gefasste Gedanke gehört heute zum christlichen Verständnis des Engelsglaubens, wie aus »Botschaft des Glaubens – Ein Katholischer Katechismus« aus dem Jahre 1979 hervorgeht. Da heißt es: »Gott ist der Schöpfer aller Dinge; er hat nichts Böses erschaffen. Darum ist die Existenz eines Teufels (oder von Teufeln) nur denkbar und erklärbar, wenn ein Engel Gottes seine geschöpfliche Freiheit zum Bösen verkehrt hat. Er hat in unwiderruflichem Entschluß, der sein ganzes Wesen prägt, selbstherrlich Gott den Dienst verweigert.«

Als einer der letzten großen katholischen Engelskundler gilt Francisco Suárez, geboren 1548 in Granada und gestorben 1617 in Lissabon, ein Jesuitenmönch, Philosoph und Theologe, der sich nur am Rande mit dem Wesen der Engel auseinandersetzte. Er gilt vielmehr als eine Instanz in Bezug auf die Mariologie, jener Dogmatik der katholischen Theologie über die Jungfrau Maria. Noch heute werden seine Schriften wie die »Disputationes Metaphysicae« in Zusammenhang mit Mariä Empfängnis zitiert. Jenseits kirchenhistorisch interessierter Zirkel ist er heute jedoch weitestgehend vergessen.

Die christlichen Kirchen brachten zwischen dem 17. und 19. Jahrhundert keine aufrüttelnden Neubetrachtungen der Engelskunde hervor. Letztlich fußen die maßgeblichen Engelsvorstellungen unserer Zeit auf Schriften, die vor Jahrhunderten verfasst wurden. Und damit sind keinesfalls die Heiligen Schriften gemeint. Der Mann, der sich → Dionysius Areopagita nannte und wie kein anderer das Bild eines hierarchisch geordneten Himmelsreiches prägte, lebte im 6. Jahrhundert nach Christus.

Mehr noch: Im 17. und 18. Jahrhundert wurden die Westkirchen mit der Aufklärung konfrontiert. Das aus dem aufbegehrenden Bürgertum entstandene Bestreben, überholte Vorstellungen aus dem Denken zu vertreiben, die Vernunft zum Leitbild des Handels zu machen, die Wissenschaft voranzutreiben und von Ideologien und Vorurteilen zu befreien, erschütterte die Kirchen in ihrer Macht – und zwar die katholische Kirche im gleichen Maße wie die protestantischen Kirchen. Die Aufklärung stellte althergebrachte Denkmuster in Frage: Sie förderte die Unabhängigkeit des Individuums, der mündige Bürger erlebte seine Geburt. Es wurde der Grundstein für ein neues Denken gelegt, dem die Kirchen als streng hierarchische Machtsysteme wenige Alternativen – außer einem gefestigten Glauben – entgegenzusetzen hatten.

Dass die Macht der Kirchen endlich ist, bewies nicht zuletzt die Französische Revolution, die erste bürgerliche Revolution auf dem europäischen Festland. Dass sie keinesfalls eine Befreiung bedeutete, da die Revolutionäre in den nächsten Jahren vor allem damit beschäftigt waren, sich gegenseitig zu diffamieren, zu köpfen und zu malträtieren, spielt keine Rolle. Allein die Tatsache, dass eine solche Revolution zustande kam, belegt ein sich veränderndes Gesellschaftsbild in Europa.

In einem solchen Europa, in einem solchen Zeitalter ging es um die großen Fragen der Macht. Dem Klerus fehlte schlicht und ergreifend die Zeit, theologisch-philosophische Fragen wie die über das Sein der Engel zu erörtern. Dieses Feld überließ er vielmehr der Kunst, die sich in vielerlei Hinsicht mit Engeln auseinandersetzte – vor allem in Gemälden und Bühnenstücken. »Faust. Der Tragödie zweiter Teil« ist die vielleicht spektakulärste, in vielen Belangen aber krudeste Auseinandersetzung mit dem Engelsmythos. Ewiges Leben, der Teufel, der die Seele des Dr. Faust für sich einfordert, griechische Sagengestalten, die mehrfach auftreten, himmlische Heerscharen, die Vergebung für die Sünder erbitten, und ein Chor der Engel, der Rosen streut. Generationen von Germanisten haben sich bereits mit der Geschichte des Dr. Faust auseinandergesetzt, die im zweiten Teil zu einem faszinierenden Gemälde der abendländischen Mystik wird, das in seiner Komplexität zwar einen Zugang zu diesem Gemälde fast unmöglich macht, aber trotzdem auch heute noch, fast 180 Jahre nach seiner Erstaufführung, zu faszinieren versteht.

Warum ausgerechnet »Faust« hier seine Erwähnung findet? Es ist die Zusammenführung unterschiedlichster mythologischer Welten zu einem Drama, die das Werk im Rahmen einer Engelsbetrachtung so interessant macht. Goethe entzieht die Engel ihrer christlichen Glaubenswelt und fügt sie in einen mythologischen Kosmos ein, wodurch sie keinesfalls ihres Wesens beraubt werden. Im Gegenteil: Der Kampf um die Seele des Faust mündet in einer Konfrontation des Mephisto (des Teufels) mit den Mächten des Himmels. Mag Goethe hier nur stellvertretend für eine ganze Reihe von Autoren seiner Epoche stehen: Letztlich trägt er seinen Anteil an der Befreiung des Engelsmythos aus der theologisch-dogmatisch Interpretation – und damit aus dem »Besitz« der Kirchen.

Natürlich fand auch bereits im Zeitalter der Renaissance eine unwahrscheinlich fruchtbare Auseinandersetzung mit dem Engelsmythos in der bildenden Kunst statt. Die Werke von Greco, da Vinci oder Dürer faszinieren noch heute ihre Betrachter. Und die Kinderengel des Barocks beziehungsweise deren Replikate zieren noch heute Hunderttausende von Wohnzimmervitrinen oder finden sich auf Weihnachtspostkarten wieder. Dennoch gibt es einen gewaltigen Unterschied: Die Engelskunst der Renaissance und des Barocks musste gottgefällig sein, wenn sie nicht überpinselt, verboten, verbrannt oder einfach nur missachtet werden sollte. Die Kunst der Aufklärung nicht.

NEUER DOGMATISMUS UND NEGIERUNG EINER ENGELSEXISTENZ

Mitte des 19. Jahrhunderts entbrannte gerade in Bezug auf die Engelskunde ein heftiger Streit innerhalb der katholischen Theologie. In der Romantik des frühen 19. Jahrhunderts waren darüber hinaus sogenannte pantheistische Ansätze unübersehbar. Der Pantheismus sieht das Göttliche in allen Erscheinungen der Welt, Gott ist quasi das Universum. Pantheismus versteht sich damit nicht als Religion, sondern als eine Weltanschauung. Gerade im Bürgertum verloren die Kirchen an Einfluss, und es gab Bemühungen, auf diese Veränderungen vorsichtig einzugehen, beispielsweise über den Schutzengelglauben. Der Theologe versuchte demnach über die Hintertür, die Bürgerlichkeit für sich zu gewinnen, und gerade die Angelologie eignete sich als Mittel. Ihre Mystik, aber auch ihre romantisierende Frömmigkeit bildeten eine Brücke zwischen den unterschiedlichen Weltsichten. Es ist also gar nicht erstaunlich, dass etwa Mitte des 19. Jahrhunderts die Engelskunde eine zarte Renaissance erlebte. Spätestens jedoch 1870 setzte Papst Pius IX. dieser Annäherung mit Hilfe seines Anspruchs auf Unfehlbarkeit ein Ende. Der aus diesem Anspruch abgeleitete neue Dogmatismus beendete gleichzeitig die katholische Deutungshoheit der Angelologie.

Auf der protestantischen Seite erlebte die Engelskunde zu diesem Zeitpunkt schon seit Jahrzehnten einen kaum mehr aufzuhaltenden Bedeutungsverlust. Während die katholische Seite auf gesellschaftliche Entwicklungen nur reagierte, entstand das Umdenken in Bezug auf die Engelskunde auf evangelischer Seite aus den Reihen der Geistlichkeit heraus.

Als maßgeblich – zumindest für den deutschsprachigen Raum – gelten in diesem Zusammenhang die Schriften des Theologen Friedrich Schleiermacher, der sich zur Wende des 18. zum 19. Jahrhunderts kritisch mit dem Engelsglauben im Allgemeinen und dem Schutzengelglauben im Besonderen auseinandersetzte und darüber schrieb: »Und nicht minder bedenklich ist es, auch einen äußern Schuz durch Engel zu lehren. Denn daß Gott der Engel hiezu nicht nöthig habe, muß man wohl lehren, wenn man nicht eine beständige Wirksamkeit der Engel annehmen will, und also den Naturzusammenhang ganz aufheben. Wie es aber mehr Trost gewähren soll, wenn Gott sich der Engel bedient, als wenn unsere Bewahrung auf dem Wege der Natur bewirkt wird, so daß sich Gott um unserer Schwachheit willen lieber der Engel bediene und uns dies offenbare, das möchte auf der einen Seite ohne sehr beschränkte ja fast kindische Vorstellungen von Gott nicht durchzuführen sein; auf der andern Seite kann es nur die Eitelkeit nähren, wenn man annimmt, daß eine ganze Gattung eigentlich höherer Wesen nur zu unserm Dienst vorhanden ist. Daher ist in unsern Bekenntnißschriften weislich — wiewol eigentlich im Gegensaz zu den Heiligen der römischen Kirche — an die Stelle der thätigen Einwirkung der Engel ihre Fürbitte für uns getreten; nur der biblischen Stelle, auf welche man dieses gegründet hat, können wir keine beweisende Kraft beilegen. Es ergiebt sich auch von selbst, daß diese Vorstellung unter den Christen ihren Einfluß verliert, da sie einer Zeit angehört, wo die Kenntniß der Naturkräfte noch sehr gering war, und die Herrschaft des Menschen über dieselben auf der niedrigsten Stuffe stand. Unsere Betrachtungen nehmen jezt bei jeder solchen Veranlassung schon unwillkührlich einen ganz anderen Gang, so daß wir nicht leicht im thätigen Leben auf die Engel zurückkommen. Auch was Luther ausführt, hat was die Engel betrifft vorzüglich die Tendenz, allen Leichtsinn zurük zu halten, der durch das übernatürliche so gern hervorgelockt wird. Das Vertrauen aber, welches er stärken will, wird dasselbige sein, auch wenn wir nicht an die Engel denken, sondern den göttlichen Schuz auf dem gewöhnlichen Wege erwarten. Hat sich aber die Kirche gegen die Verehrung der Engel erklärt, so können wir mit Recht sagen, es würde die schlimmste Art der Verehrung sein, wenn wir glaubten, aus Rüksicht auf ihren uns unbekannten Dienst irgend etwas unterlassen zu dürfen von der uns an, befohlenen Sorge für uns und Andere.«

Schleiermacher stellt nicht etwa die Existenz der Engel als solche in Frage, wie dieses Zitat aus seinem 1830 erschienenen Werk »Der christliche Glaube nach den Grundsätzen der evangelischen Kirche« vermuten lässt, jedoch schließt er die Engelskunde aus dem Kreis dessen aus, was christliche Lehre – in den Augen seiner Kirche – darstellen sollte. Im weiteren Verlauf seines Buches mokiert er sich darüber, dass aus Zeiten des vorchristlichen Geisterglaubens stammende Ideen und Vorstellungen unreflektiert noch zu seinen Lebzeiten gelehrt würden, ganz so, als habe es keine Aufklärung, keine wissenschaftlichen Erkenntnisse gegeben, die diese Lehren ad absurdum führten.

ENGELSKUNDE IM 20. UND 21. JAHRHUNDERT

Um es noch einmal zu erwähnen: Ein Abriss wie dieser kann nur einen subjektiven, selektiven Überblick der Angelologie bieten, der sich darüber hinaus ausschließlich auf den westlichen Kulturkreis bezieht, was vor allem unter Berücksichtung der Tatsache einen Sinn macht, dass dieser Kulturkreis den Ideenrahmen des Romans »Angelus« bildet. Auch der Islam besitzt beispielsweise eine komplexe und faszinierende Engelskunde; auch der Glaube der Mormonen, der in den USA immerhin um die sechs Millionen Anhänger zählt, basiert auf einer angeblichen Engelserscheinung. Aber Danielle Trussoni bleibt unserem Kulturkreis verhaftet. Einem Kulturkreis, in dem der Engelsglaube schon seit Jahrzehnten gegen sein Vergessen ankämpft – oder in neue Glaubensformen Einzug gehalten hat, wie etwa der Esoterik.

Wie kaum ein anderer Künstler setzte sich Marc Chagall im 20. Jahrhundert mit biblischen Motiven auseinander. Der Sohn einer jüdisch-weißrussischen Familie, der viele Jahre in Frankreich lebte, wird als Künstler dem Expressionismus zugeordnet. Sein umfangreiches Werk umfasst Bilder, Mosaiken, Plastiken, Fenster, ja sogar Theaterkulissen. Für die Pfarrkirche St. Stephan in Mainz fertigte Chagall Entwürfe an, mit denen er, ein Jude, die Verbundenheit der Religionen darstellen wollte. Versöhnung ist ein Thema vieler seiner Bilder, ebenso die

Transzendenz – und Engel. Obwohl Engel nur einen kleinen Teil seines Werkes darstellen, gilt er als der bedeutendste Engelskünstler des 20. Jahrhunderts. Im Kunstmuseum von Basel ist heute sein Werk »Höllensturz« zu bewundern, an dem er letztlich über 20 Jahre arbeitete und welches seine Interpretation des klassischen Themas »Fall der Engel« darstellt, mit dem sich bereits Jahrhunderte vor ihm Künstler wie Dürer oder der Renaissance-Künstler Pieter Bruegel auseinandersetzten.

Auch im Film hat der Engel in vielfacher Hinsicht Einzug gehalten. Den berühmteste Engelsfilm dürfte Frank Capra auf die Leinwand gezaubert haben: »Ist das Leben nicht schön?« erlebte 1946 seine Kinopremiere – und floppte gnadenlos. Im Film geht es um George Bailey (gespielt von James Stewart), der ausgerechnet an einem Weihnachtsabend nach einer Reihe von Missgeschicken den Lebensmut verliert und sich umbringen will. Dies muss verhindert werden – doch der einzige Schutzengel, der helfen könnte, ist Clarence. Der aber ist noch eine Art Novize, hat keine Flügel und ist auch ansonsten keine besondere Zierde seines Engelsstandes. Doch es hilft alles nichts: Clarence muss George von seinem Vorhaben abbringen. Und um dies zu bewerkstelligen, greift Clarence zu einem ungewöhnlichen Mittel: Er zeigt George, wie das Leben der Menschen, die ihm nahestehen, verlaufen wäre – hätte er niemals existiert.

Der Film erlebte in den 1970er Jahren eher zufällig eine Wiederentdeckung, da seine Copyrightrechte ausliefen und nicht verlängert wurden. Daher konnten ihn unabhängige amerikanische Fernsehstationen zu Weihnachten kostenlos ausstrahlen. Und wie viele Meisterwerke der Filmgeschichte war vermutlich auch dieser Film in Sachen Humor und Umsetzung seiner Zeit um viele Jahre voraus – in den 1970ern aber traf er schließlich den Nerv der Zeit. Ein Engel, der eben nicht streng nach Gottes Wort handelt, sondern seinen eigenen – unkonventionellen – Weg beschreitet, um Gutes zu tun, das passte zu einer Zeit, die Autoritäten in Frage stellte. Das Ganze verpackt in ein humoristisch-weihnachtliches Ambiente – so fand der Film doch noch sein Publikum. Vor allem aber deckte sich diese filmkünstlerische Auseinandersetzung mit dem sich verselbstständigenden und immer stärker kommerziellen Engelsbild.

Trotz des Verlustes ihrer Deutungshoheit: Ohne Engel kommen auch heutige Religionen nicht aus. Aber wie sieht ein moderner Engelsglaube aus? Die moderne (kirchliche) Angelologie sieht die Engel in einer Tradition des Helfens sowie in der Aufgabe des Welterhaltens im Auftrag des Herrn. Es ist offensichtlich, dass den Engeln eine ganz besondere Aufgabe zukommt. Auch das Thema »Erfahrbarkeit« ist für die kirchliche Angelologie in den Fokus des Betrachtens zurückgekehrt: Kann ich als Individuum einen Engel (Schutzengel) erfahren? Und wenn ja – in welcher Form? Die Antwort kann letztlich nur spirituell erklärbar sein, keinesfalls fassbar. Die vor allem in Deutschland weitverbreiteten Entmythologisierungstendenzen der Nachkriegszeit, die den Engelsglauben aus den Kirchen zu verbannen versuchten, ist in dieser Radikalität nicht mehr anzutreffen (siehe zu diesem Thema auch das Kapitel über den Chor der → Engel).

ENGEL IN DER ESOTERIK

Engel boomen. Nur nicht unbedingt im Umfeld der christlichen Kirchen. Eine nicht zu unterschätzende Mitverantwortung für dieses Faktum trägt ein Mann, der im 6. Jahrhundert vor Christus lebte: Pythagoras. Er war nicht nur ein brillanter

Mathematiker, der der Nachwelt den Satz des Pythagoras ($a^2 + b^2 = c^2$) vermachte, sondern er glaubte auch daran, dass der Körper nur eine vorübergehende Behausung der Seele sei, kaum mehr als ein Gefängnis, aus dem die Seele befreit werden müsse. Aus diesem Grunde strebte er ein körperlich und geistig reines Leben an, zum Wohle der Seele und ihrer Erlösung nach dem Tod, indem sie auf einer höheren Stufe des Bewusstseins zur Wiedergeburt gelangt, einer höheren Erkenntnis, etwas, das der Mensch in seiner Körperlichkeit nicht zu erkennen vermag.

Pythagoras ist mit dieser Ansicht der Urvater der Esoterik, die im Laufe der Jahrtausende manch eine Veränderung erfahren haben mag (man denke an den Spiritismus des viktorianischen Großbritanniens, der aus der Esoterikbewegung des 19. Jahrhunderts entstand). Doch im Grunde geht es noch heute um die Reinheit der Seele, und das mit Hilfe von Meditation und Imagination.

Eine vermittelnde Rolle spielen da unter anderem die Engel. Es gibt Rituale, Geisterglauben, symbolische Bilder: Die Esoterik ist kein dogmatisches Gebilde, das seinen Anhängern – ähnlich organisierter Religionen – bestimmte Glaubensinhalte vorschreibt. Sie ist vielmehr ein Prozess, der sich weiterentwickelt. Es finden sich zum Beispiel in der Gesellschaft der Rosenkreuzer esoterische Gedanken, das Hippietum war der Esoterik angetan, Rudolf Steiner, der Begründer der Anthroposophie, ließ sich von der Esoterik inspirieren, und es gibt noch weitere Beispiele.

Der Engel als Vermittler des Guten ist dabei weit verbreitet. Ob Engelorakel, Engeltarot oder Schutzengel – der Glaube an den Engel als helfendes Wesen ist in Kreisen, die sich den esoterischen Ideen verbunden fühlen, allgegenwärtig. Schon ein Blick auf den Büchermarkt spricht Bände: »Das große

Buch der Engel«, »Die Heilkraft der Engel«, »Wie Engel uns lieben: Wahre Begebenheiten mit Schutzengeln. Mit Antworten auf die meistgestellten Fragen«, »Mit Engeln arbeiten«, »Botschaft der Engel«, »Himmlische Führung: Kommunikation mit der geistigen Welt«, »Erzengel und wie man sie ruft«. Und dann gibt es natürlich auch noch die Bücher aus dem christlich-spirituellen Umfeld wie etwa »50 Engel für das Jahr: Ein Inspirationsbuch« oder »Die Engel, deine Freunde: Vom Wirken himmlischer Mächte im Alltag«.

»Das Wesen und Wirken der geistigen Welten«, schreibt beispielsweise die Autorin Jeanne Ruland in ihrem Werk »Das Große Buch der Engel«, »hat außerordentlich viel Erhabenes zu bieten. Da sind gewaltige Kräfte am Wirken, deren Umfang, Ausmaß und Intelligenz wir nicht annähernd ermessen können. Würde denn sonst die Erscheinung eines Engels mit den Worten – fürchtet euch nicht – beginnen? In der Gegenwart von Engelerscheinungen sinken die Menschen auf die Knie. Geblendet vom göttlichen Licht, der Größe und Erhabenheit, verbergen sie meist ihr Gesicht. Solche Begegnungen hinterlassen tiefe Eindrücke auf der Seele der Menschen. Die Gegenwart eines Engels ist erfüllt mit göttlicher Autorität, die keinen Zweifel an der Wahrheit lässt. Sie bringt den Menschen dazu, dem, was sie verkünden, bedingungslos Folge zu leisten.«

Würde nicht auch ein Prophet wie Daniel diese Worte heute genauso unterschreiben? Beschreibt die Autorin nicht genau jenes Gefühl, das auch die Propheten der Bibel in Worte zu fassen versuchten? Der Kreis schließt sich. Ob Jahrhunderte vor Christus oder 2010, das Wesen der Engel – es bleibt ein Mysterium.

Übrigens: Nach einer Umfrage des Allensbacher Meinungsforschungsinstitutes glaubt jeder zweite Deutsche an die Existenz von Schutzengeln.

ENGEL: EINE ZEITREISE
VON MESOPOTAMIEN NACH
GRIECHENLAND

SERAPHIM MIT SECHS FLÜGELN

»Des Jahres, da der König Usia starb, sah ich den Herrn sitzen auf einem hohen und erhabenen Stuhl, und sein Saum füllte den Tempel. Seraphim standen über ihm; ein jeglicher hatte sechs Flügel: mit zweien deckten sie ihr Antlitz, mit zweien deckten sie ihre Füße, und mit zweien flogen sie.« (Jesaja, Kapitel 6, 1-2)

Mittler zwischen der Welt jenseits des Vorstellbaren und der der Menschen – mit Flügeln versehen, Boten zwischen dem Reich des Hier und dem des Jenseits: erste bildliche Darstellungen solcher Wesen finden sich in Mesopotamien. Das Land zwischen den zwei Flüssen Euphrat und Tigris beherbergte die Heimstätten der Sumerer, Babylonier, Aramäer und Assyrer – hochentwickelter Kulturen, die mit ihrem Reichtum an Kunst und Kultur viele andere Völker beeinflussten. Bereits im 3. Jahrtausend vor Christus erkannten die Menschen im Zweistromland – besser gesagt deren Anführer, Könige und Gelehrte –, dass Macht nicht einfach nur dadurch entsteht, dass ein Mensch Macht für sich beansprucht. Ob politisch motivierte Macht oder eine religiös beanspruchte Vorherrschaft: Sie benötigt Bilder. Die Kunst des Bildes, so der Gedanke, der an den Ufern des Zweistromlandes entstand, besteht darin, eine Macht darzustellen, wie sie sein sollte, nicht unbedingt den gesellschaftlichen Zustand, wie er ist: Die beste Macht ist immer noch eine göttlich abgesicherte Macht. Es ist also nicht ganz falsch zu behaupten, dass an den Ufern Mesopotamiens nicht nur die Schrift respektive die Bildkunst aus der Taufe gehoben wurden, sondern auch ihre ärgste Nemesis: die Manipulation derselben.

Um das Jahr 2250 vor Christus ist eine erste Engelsdarstellung in Mesopotamien auf einem sogenannten Rollsiegel dokumentiert. Ein Rollsiegel ist im Grunde nichts anderes als ein aus Lapislazuli oder Hämatit gefertigter Stempel. Man konnte ihn zum Beispiel über noch feuchten Ton rollen und erhielt dann einen Abdruck desselben. Mit solchen Rollsiegeln haben Assyrer schon 2500 Jahre vor Christi Geburt Verträge beglaubigt. Und ein solches Rollsiegel zeigt den ersten Engel der Kunstgeschichte. Wann genau der Glaube an Mittler zwischen göttlichen Welten und der Welt der Menschheit entstand, lässt sich aus diesem Fund jedoch nicht datieren.

Das beeindruckendste Dokument des Engelsglauben Mesopotamiens stammt aus der Region zwischen Sumer und Akkad, aus der sich rund 250 Jahre später Babylonien formen sollte. Zwischen 2141 und 2122 vor Christus (die Zahlen variieren um bis zu fünfzig Jahre) herrschte hier ein gewisser Gudea. Gudea trug den Titel eines En-Si, eines sumerischen Stadtfürsten. Er kam in einer Zeit politischer Instabilität auf den Thron, denn die Regentschaft seiner Vorgänger war von ständigen kriegerischen Auseinandersetzungen gekennzeichnet. Gudea (auch: Gudea von Lagasch) behauptete von sich, ein Mann ohne Vater und Mutter zu sein. Wahrscheinlich nutzte er diese Aussage aus politischen Gründen, denn so kam das Gerücht auf, er sei der Sohn der Göttin Nansche, was ihm wiederum in eine gottähnliche Position einbrachte und gleichzeitig seine politische Macht stärkte. Mit Erfolg: Im Vergleich zu den Regentschaften seiner Vorgänger und Nachfolger gelten die Jahre seiner Herrschaft als vergleichsweise stabil und friedlich. Dies wiederum ermöglichte es Gudea, sich der Kunst und Kultur zu widmen und den Göttern gefällige Werke zu vollbringen. So finden sich auf den der Nachwelt erhaltenen Kunstwerken Gudeas immer wieder Darstellungen verschiedenster Gottheiten. Ein berühmtes Werk, die sogenannte Stele Gudeas von Lagasch, zeigt seine Inthronisierung, indem er von seinem Schutzgott einem thronenden Gott zugeführt wird. Andere bei dieser Zeremonie anwesende Gottheiten tragen Hörner auf ihren Köpfen, mit denen der Betrachter wohl häufig Dämonen oder den Teufel assoziiert. Die Darstellung des Teufels als gehörntes Wesen entstammt aber in Wirklichkeit der germanischen Mythologie und fand über die vom Westen ausgehende christliche Missionierung weltweite Verbreitung. Auf Gudeas Stele befeiern diese gehörnten Gottheiten, zusammen mit anderen, die Flügel haben, lediglich Gudeas Inthronisierung.

VOM ZWEISTROMLAND NACH ÄGYPTEN

Es ist anzunehmen, dass gerade das Zeitalter von Gudea maßgeblich die Verbreitung des Bildnisses geflügelter Gotteswesen vorangetrieben hat. Gudea gilt nicht nur als eine der bekanntesten Persönlichkeit des Reiches der Sumerer, sondern als einer der bekanntesten Fürsten der Geschichte ganz Mesopotamiens. Die Fülle an Kunstwerken, die unter seiner Regentschaft in Sumer und Akkad entstanden, muss enorm gewesen sein. Es ist demnach davon auszugehen, dass die Stele von Gudea nicht das einzige Werk ist, das eine engelsähnliche Darstellung göttlicher Wesen enthält, sondern dass es noch viele weitere gegeben haben muss.

Man nimmt heute an, dass Gudeas Kunstwerke den Glauben der Ägypter beeinflussten. Deren Macht reichte um das Jahr 1500 vor Christus bis in die Region, die ursprünglich von den Fürstentümern des Zweistromlandes kontrolliert wurden. Auf jeden Fall entstand der Glaube an geflügelte Himmelswesen nicht im ägyptischen Kernland, sondern wurde von außen nach Alexandria getragen. Und es ist sehr wahrscheinlich, dass die Sumerer hier einen entscheidenden Einfluss ausübten.

Um 1500 vor Christus begann man in Ägypten immer häufiger, Göttinnen entsprechend dem sumerischen Vorbild mit Flügeln auszustatten. Nicht immer waren es Göttinnen, denen dieses Privileg zugestanden wurde, es gibt auch entsprechend ausgestattete männliche Gottheiten, allerdings stellen sie im Vergleich doch eher Ausnahmen dar. Auf diversen der Nachwelt erhaltenen Bildnissen lässt sich heute die Göttin Isis mit Flügeln bewundern; Isis, auch »Gottesmutter«, »Sonnenmutter« oder »Königin des westlichen Himmels« genannt, Schwester und Gemahlin des Osiris, gilt als eine der bedeutendsten Gottheiten der ägyptischen Mythologie. Die Pharaonen nannten sich selbst Söhne der Isis, der Schoß der Göttin galt als königlicher Thron. Neben der Darstellung der Isis gibt es engelsähnliche Darstellungen auch von Isis' Schwester Nephthys, Neith (der Mutter des Sonnengottes Re) und Selket, der Schutzgöttin der Heilkunde. Über Fachkreise hinaus sind diese ungewöhnlichen Bildnisse der weiblichen Gottheiten kaum bekannt. In ihrer Entstehungszeit aber müssen sie in Ägypten sehr populär gewesen sein, vor allem in der Sargmalerei fanden diese Darstellungen häufig Verwendung. Die Flügelfedern befinden sich dabei an den Armen der Frauen, sie sind keine eigenständigen Gliedmaßen auf den Rücken der Göttinnen.

Auf Zeichnungen vorwiegend aus der Ersten Zwischenzeit, einer Epoche, die etwa um 2000 vor Christus anzusetzen ist, stammen darüber hinaus Zeichnungen vom sogenannten Seelenvogel, dem Ba. Der Ba ist, vereinfacht ausgedrückt, ein Teil der Seele. Man glaubte, der Ba als ein für den Tod wichtiger Aspekt nehme beim Verlassen des Körpers die Gestalt eines Vogels an. In jedem Fall lassen Zeichnungen des Bas durchaus Assoziationen mit späteren Engelsdarstellungen aufkommen.

Auch in Ninive, das 612 vor Christus Meder und Babylonier zerstörten, wurden nach der Wiederentdeckung der Stadt 1842 verschiedene Darstellungen von Engelsgestalten gefunden, was von besonderer Bedeutung ist, da Ninive gleich mehrfach in der Bibel Erwähnung findet.

Zu jener Zeit, in der Ninive fiel, regierte in Ägypten Psammetich I. Von der einstmals hohen ägyptischen Kultur war außer dem reichhaltigen Kulturschutz der Ahnen schon zu dieser Zeit nicht mehr allzu viel übrig. Psammetich I. war der Sohn eines assyrischen Statthalters. Nach dem Tod seines Vaters übernahm er dessen Regentschaft und begann das inzwischen in verschiedene Fürstentümer zersplitterte Nildelta zu vereinen. Mit den wenigen ihm zur Verfügung stehenden Soldaten ein unmögliches Unterfangen: Aus diesem Grund heuerte er Karer aus Kleinasien und Söldner aus Ionien an. Über die Ionier kamen die Darstellungen von Engelswesen schließlich nach Griechenland, wo sich die Idee von Mittlern verselbständigte: Mittler zwischen der Welt des Himmels (Olymp) und der Welt der Menschen – geflügelte Wesen. Diese Wesen erhielten schließlich den Namen αγγελος (= ángelos), was übersetzt nichts anderes als »Bote« bedeutet.

Dass sich die Idee des Boten so schnell in Griechenland verbreiten konnte, lässt sich mit dem griechischen Religionsempfinden erklären – wenn man denn überhaupt von einer griechischen Religion sprechen darf. Tatsächlich kannte die alte griechische Sprache zu diesem Zeitpunkt nicht einmal ein Wort für Religion. Der Glaube an höhere Wesen war in der griechischen Gesellschaft zwar fest verankert und mit allen Lebensbereichen eng verflochten, tatsächlich lebten die griechischen Völker allerdings einen sehr pragmatischen Glauben. Da die Religion einen selbstverständlichen Teil des irdischen Lebens darstellte, wie etwa Wasser und Brot, bedurfte es keiner Priesterkaste, um sich die Religion erklären zu lassen, weshalb der Einfluss von Priestern oder Sehern gering war. Da Religion öffentlich gelebt wurde, bedingte dies eine gewisse Offenheit für neue Ideen.

Am Anfang stand, so der griechische Glaube, die große Leere. In diesem Chaos entstanden die Titanen, die ältesten aller Götter. Der jüngste von ihnen war Kronos, Sohn des Uranos und der Gaia, Ehegatte der Rhea, Vater von Hestia, Demeter, Hera, → Hades, Poseidon und Zeus. Kronos raubte seinem Vater die Herrschaft über die Welt und verschlang seine eigenen Kinder aus Angst, von ihnen eines Tages gestürzt zu werden – nur Zeus blieb am Leben, den seine Mutter Rhea versteckt hielt. Zum Mann herangewachsen, verabreichte Zeus seinem Vater ein Gift, woraufhin dieser seine Kinder wieder ausspie. Zeus sammelt seine Geschwister um sich und erhob sich gegen die Titanen. Er gewann die Schlacht und ernannte sich selbst zum Herrscher des Olymps, König der Götter und der Menschen und zum Gott des Wetters. Nach der Schlacht wurde Kronos mit den anderen Titanen in den Tartaros, einen

Strafort in der Unterwelt, verbannt. Später aber ließ Zeus sie wieder frei, und Kronos wurde der Herrscher über die Inseln der Seligen und gilt somit auch als Herrscher über die Menschheit im sogenannten Goldenen Zeitalter.

Es waren Gelehrte wie Homer, die die über Jahrhunderte nur mündlich überlieferten Geschichten eines Tages aufschrieben. Da jede Stadt einen eigenen Mythenschatz besaß, wurden von den Gelehrten viele Geschichten zusammengeführt, Gemeinsamkeiten herausgearbeitet, Unterschiede hin und wieder auch – für eine ordentliche Dramaturgie – gestrichen. Das Interessante an einem Glauben wie dem der Griechen ist sicher die Tatsache, dass er sich stets weiterentwickelte. Es gab immer einen Platz für neue Geschichten und neue Protagonisten. Die Erzählungen der ionischen Söldner, die aus Ägypten zurück nach Hause kamen, scheinen auf jeden Fall Eindruck auf ihre Landsleute hinterlassen zu haben. Am deutlichsten projiziert wurde die Idee eines Mittlers zwischen Götterwelt und Menschenwelt schließlich in den Gott Hermes, den Schutzgott des Verkehrs, der Reisenden, Kaufleute, Hirten, aber auch beispielsweise der Diebe und Kunsthändler. Als Götterbote lag seine Aufgabe darin, die Beschlüsse von Zeus zu verkünden und die Seelen der Verstorbenen in den Hades zu führen. Ein Bote der Götter als Wegbegleiter der Verstorbenen? Gibt es solche Vorstellungen nicht auch in christlich geprägten Kulturen?

Frühe Darstellungen zeigen Hermes als jugendlichen Gott von faszinierender Schönheit, später erhielt er auf Zeichnungen geflügelte Schuhe – oder einen geflügelten Helm, was vermutlich die berühmteste Darstellung des griechischen Gottes/ Götterbotens darstellen dürfte. Er wird allerdings auch mit geflügelten Schultern und seinem goldenen Hermesstab (griech. Kerykeion, lat. Caduceus) gezeigt.

ENGELSBERICHTE NACH MOSE, HESEKIEL UND LUKAS

Die Bibel bietet eine ganze Reihe von Engelsbekundungen. Sie alle aufzählen und interpretieren zu wollen, das würde den Rahmen dieses Buches sprengen. Abgesehen davon, dass viele dieser Berichte und Gleichnisse aus gutem Grund keine Rolle in Danielle Trussonis Roman spielen. Auf der anderen Seite verwendet die Autorin Vorstellungen und Überlieferungen, die nicht im offiziellen Kanon der Bibel zu finden sind, sehr wohl aber in den → Apokryphen.

Danielle Trussoni erwähnt in »Angelus« bestimmte Engelsberichte aus der Bibel, indem sie die entsprechenden Stellen der alten Schwester und ehemaligen Bibliothekarin Philomena in den Mund legt. Jene Textstellen, die demnach an dieser Stelle auf keinen Fall unerwähnt bleiben dürfen, sind das 1. Buch Mose (Genesis), Kapitel 6, 1-4 und Kapitel 32, 24-30 / Lukas 1, 26-32 (Mariä Verkündigung) / Hesekiel 1, 1-14.

VON GOTTESSÖHNEN UND MENSCHENTÖCHTERN

Für einen gläubigen Christen muss das 1. Buch Mose, Kapitel 6, verstörend wirken. »Gottessöhne und Menschentöchter« ist es überschrieben, und es widerspricht so ziemlich jeder Lehre des christlichen Glaubens. Gottessöhne? Gott hat nur einen Sohn, Jesus Christus. Der aber ist mit ihm wesensgleich (→ Konzil von Nicäa). Gott Vater = Gott Sohn = Heiliger Geist → Dreifaltigkeit. Diese Definition lässt keinen Spielraum für »Gottessöhne«, für definitiv nichtmenschliche Wesen. Was also will uns Mose damit sagen?

»Als aber die Menschen sich zu mehren begannen auf Erden und ihnen Töchter geboren wurden, da sahen die Gottessöhne, wie schön die Töchter der Menschen waren, und nahmen sie zu Frauen, welche sie wollten. Da sprach der Herr: Mein Geist soll nicht immerdar im Menschen walten, denn auch der Mensch ist Fleisch. Ich will ihm Lebenszeit geben 120 Jahre. Zu der Zeit und auch später noch, als die Gottessöhne zu den Töchtern der Menschen eingingen und sie ihnen Kinder gebaren, wurden daraus Riesen auf Erden. Das sind die Helden der Vorzeit, die hochberühmten.« So das Zitat aus der Lutherbibel in ihrer revidierten Fassung von 1984.

In ebendieser Ausgabe weisen die Übersetzer durch eine Fußnote im Text ausdrücklich darauf hin, dass mit dem Begriff Gottessöhne »… keine leiblichen Söhne Gottes« gemeint sind, sondern dass es sich um Wesen aus der Umgebung Gottes handelt.

Die sehr schwammige Formulierung der Fußnote vermeidet zwar ausdrücklich den Begriff Engel – genau diese Assoziation aber lässt sich gar nicht vermeiden. → Söhne Gottes, also Angehörige der Gefolgschaft Gottes, die mit menschlichen Frauen Kinder zeugen? Wie bereits gesagt, bildet dieses Kapitel der Bibel das Fundament von »Angelus«. Da sind die Gottessöhne (wörtlich: benej ha'elohim = Söhne der Götter, in der Interpretation aber: Engel), die mit menschlichen Frauen Kinder zeugen. Und diese Kinder sind – die Riesen. Der Begriff → Nephilim kommt in diesem deutschen Text zwar nicht explizit vor, was aber letztlich auf die Übersetzung zurückzuführen ist. In der New English Bible aus dem Jahre 1970 heißt es: »… when the sons of the gods had intercourse with the daugthers on men and got children by them, the Nephilim were on earth …« Im

Hebräischen bedeutet »naphal« so viel wie »die Gefallenen«, in der altisraelischen Mythenwelt bezeichnete der Begriff Nephilim generell riesenhafte Mischwesen, gezeugt von göttlichen Männern und menschlichen Frauen.

Was aber ist aus diesen Wesen geworden? Das Buch Genesis bleibt eine Antwort auf diese Frage schuldig. Vollkommen unvermittelt berichtet Mose von Gottessöhnen und ihren mit Menschenfrauen gezeugten Kindern. Betrachtet man das erste Buch nicht aus theologischer Sicht, sondern aus der Perspektive eines Autors spannender Kriminalromane, käme dieser wohl zu dem Ergebnis, dass hier ein dramaturgischer, durch nichts zu erklärender Bruch der Handlung vorliegt. Berichtet Mose zunächst über die Schöpfung der Welt, die ersten Menschen, ja den ersten Mord – was alles einer klar definierten dramaturgischen Linie folgt –, so durchbricht er diese Linie durch die Erwähnung der Gottessöhne, die ebenso plötzlich wieder von der Bildfläche verschwinden. Im nächsten Kapitel nimmt er seine dramaturgische Linie plötzlich wieder auf, ohne noch einmal auf die Gottessöhne und ihre Kinder einzugehen, ja sie auch nur zu erwähnen.

Danielle Trussoni erfindet keine Details – die Geschichte ihrer literarischen Nephilim, sie beginnt genau hier, im 1. Buch Mose, Kapitel 6.

Es zeugten also Engel mit menschlichen Frauen Kinder. Und dann?

Danielle Trussoni folgt den Worten der Heiligen Schrift. Den eben zitierten vier Versen des sechsten Kapitels folgt der Prolog zur → Sintflut – der jedoch die vorangegangenen vier Verse in jeder Form ignoriert! »Aber als der Herr sah«, so beginnt Vers 5, »daß der Menschen Bosheit groß war auf Erden und alles Dichten und Trachten ihres Herzens nur böse war immerdar, da reute es ihn, die Menschen gemacht zu haben (...).«

Von den Gottessöhnen oder ihren Kindern – kein Wort, keine Spur, kein Hinweis.

Tatsächlich beschreibt Mose die Nephilim keineswegs als Dämonen oder Kinder Satans. Im Gegenteil: Sie sind die Helden der Vorzeit.

Der Theologieprofessor Markus Witte weist in seinem Buch »Die biblische Urgeschichte« darauf hin, dass die hebräischen Urtexte linguistisch im sechsten Kapitel vom Rest des ersten Buches massiv abweichen. Ob er möglicherweise zu einem späteren Zeitpunkt eingefügt worden ist? Tatsächlich erkennt der Professor in den besagten Versen des Kapitels gar einen Strafvers: Während im fünften Kapitel, dem Geschlechtsregister von Adam bis Noah, die genannten Männer teils irrwitzige Alter erreichen (Kenan wurde 905 Jahre alt, Jered 962 und auch → Enoch erreichte ein stolzes Alter von immerhin noch 365 Jahren), wird das Alter der Menschen auf »nur« noch 120 Jahre festgelegt. Ist dies eine Strafe dafür, dass sie sich mit den Engeln eingelassen haben? Eine Strafe, der eine noch viel schlimmere Strafe folgt, da die Verfehlungen der Menschen einfach nicht enden wollen?

Keine Frage, an diesem Punkt des sechsten Kapitels beginnt das Interpretieren, das Deuten, das Raten. Warum wird der Mensch von einem Moment auf den nächsten als boshaft dargestellt? Der gleiche Mensch, der im fünften Kapitel noch brav sein Feld pflügt und ein gottesfürchtiges Leben lebt? Die Antworten auf diese Frage fallen keineswegs eindeutig aus (siehe auch das Kapitel über die → Nephilim).

In ihrem Roman berichtet Danielle Trussoni, die Sintflut sei eine Reaktion Gottes auf die furchtbaren Taten der Nephilim gewesen. Die Nephilim unterjochten die Menschheit, sie häuften Macht und weltlichen Reichtum an, sie missbrauchten Gottes Schöpfung zu ihrem eigenen Vorteil. Um seine

Schöpfung zu retten, so wird die Geschichte ihres Romans fortgesetzt, blieb Gott nur die Zerstörung seiner eigenen Schöpfung – da nur diese Zerstörung auch die Nephilim vernichten würde. In Noah fand Gott einen Mann, dem er das Überleben eines Teils seiner Schöpfung anvertrauen konnte.*

Das → Buch Enoch nimmt die Worte von Mose auf – und führt sie fort. Enoch stellt die Sintflut und die Existenz der Nephilim in einen Sinnzusammenhang und bietet der Autorin nicht nur weitere Quellen für ihr Fundament, sondern liefert ihr gleich auch noch einige Stützbalken für ihr gesamtes Romankonzept. Gott spricht zu Enoch, dem Himmelsreisenden, und sagt: »Enoch, Schreiber der Gerechtigkeit, gehe und verkünde den Wächtern des Himmels, welche den hohen Himmel verließen und ihre ewige Wohnung, sich mit den Weibern befleckten und taten, wie die Söhne der Menschen tun, indem sie sich Weiber nahmen und sich sehr befleckten auf der Erde: daß sie auf der Erde nimmer Friede und Vergebung der Sünde erlangen werden. Denn sie werden sich ihrer Nachkommenschaft nicht freuen, sondern die Ermordung ihrer Geliebten schauen; sie werden klagen über den Untergang ihrer Söhne und bitten immerdar, aber sie werden keine Gnade noch Frieden erlangen.«

Der Rest der Geschichte ist bekannt: Die Sintflut wischte die

* Übrigens, das babylonische Weltschöpfungsepos Enûma elîsch kennt eine der Sintflut nicht unähnliche Geschichte: Die Göttin Tiamant, ihres Zeichens die weibliche Personifizierung des Meeres, löst eine Flut aus, die alle anderen Götter vernichten soll. Diese Götter geraten in Panik und bitten Marduk, den größten und mächtigsten aller Götter, um Hilfe, woraufhin Marduk Tiamant erschlägt. Als Zeichen seines Sieges plaziert er einen Bogen am Himmel, so wie Gott am Ende der Sintflut einen Regenbogen erstrahlen lässt. Aufgrund des langen Exils der Juden in Babylon ist anzunehmen, dass diese Geschichte Propheten wie Hesekiel, über den in diesem Text noch die Rede sein wird, bestens bekannt gewesen sein dürfte.

Riesen, wie die Nephilim im Buch Enoch genannt werden, hinfort von der Erde.

KETTEN IN DER FINSTERNIS – NACH PETRUS

Neben den im Roman genannten Textstellen zitiert Danielle Trussoni auch Gedanken aus den Petrusbriefen, ohne diese explizit zu benennen. Die Petrusbriefe des Neuen Testaments werden auch Katholische Briefe genannt. Das hat nichts mit den Unterschieden zwischen evangelischen oder katholischen Bibelausgaben zu tun, »katholisch« bedeutet in diesem Fall, sie sind an alle Gläubigen adressiert (die weitaus bekannteren Paulusbriefe wandten sich stets an bestimmte Gemeinden wie die der Kolosser oder Galater). Sie sind nicht unumstritten. Jene Theologen, die die beiden Petrusbriefe als echt betrachten – also als vom Apostel persönlich verfasst –, datieren ihre Entstehung etwa auf das Jahr 66. Sie wären demnach kurz vor seinem Tod entstanden. Die Theologen, die sie als nicht authentisch ansehen, vermuten die Autorenschaft im zweiten Jahrhundert.

Ob authentisch oder nicht: Der zweite Petrusbrief bietet den einzigen direkten Verweis innerhalb des offiziellen Kanons der Bibel auf die von Mose erwähnten Gottessöhne. Im zweiten Brief steht im zweiten Kapitel geschrieben: »Denn Gott hat die Engel, die gesündigt haben, nicht verschont, sondern hat sie mit Ketten der Finsternis zur Hölle verstoßen und übergeben, daß sie zum Gericht behalten werden; und hat nicht verschont die vorige Welt, sondern bewahrte Noah, den Prediger der Gerechtigkeit, selbacht und führte die Sintflut über die Welt der Gottlosen.«

Gott hat also nicht nur die Menschen gerichtet, indem er seine eigene Schöpfung durch die Sintflut vernichtete, wie dies bei Mose nachzulesen ist – nein, er hat auch die Engel, die sündigten, bestraft.

DAS 1. BUCH MOSE, KAPITEL 32, 24-30

Jakob, der Enkel des Stammvaters Abraham, wollte sich mit einem Trick das Erstgeburtsrecht von seinem etwas älteren Zwillingsbruder Esau erschleichen. Aus Furcht vor dessen Zorn flüchtete Jakob zu seinem Onkel nach Harran und heiratete seine Cousinen Lea und Rachel. Und da aus beiden Ehen keine Söhne hervorgingen, schlief er auch mit den Hauptmägden seiner Frauen, die darüber hinaus ihre Halbschwestern waren. Die schenkten ihm immerhin rund ein Dutzend Söhne. Als sich Jakob eines Tages mit seinen Frauen und Kindern aufmachte, nach Hause zurückzukehren, blieb er am Ufer eines Flusses für einen Moment allein zurück und begegnete einem Fremden: »Da rang ein Mann mit ihm, bis die Morgenröte anbrach. ... Und er sprach: Lass mich gehen, denn die Mörgenröte bricht an. Aber Jakob antwortete: Ich lasse dich nicht, du segnest mich denn.«

Aus dem gesamten Verlauf des Kampfes geht für den Laien an keiner Stelle (einer Übersetzung) hervor, dass Jakob am Fluss etwa auf einen Engel oder gar Gott traf. Die gesamte Szenerie vermittelt eher das Bild, Jakob sei von einem Wegelagerer überfallen worden. Doch theologische Deutungen sehen dies vollkommen anders: Jakobs Angreifer lobt seinen Kampfesmut mit den Worten: »Du hast mit Gott und mit Menschen gekämpft und du hast gewonnen.« War der Angreifer Gott? War Jakob demnach der letzte Mensch, der eine direkte körperliche Begegnung mit Gott erleben durfte? Die Gelehrten streiten sich. Warum sich Gott einen Kampf mit Jakob liefern soll, geht aus dem Kapitel ebenso wenig hervor wie die Antwort auf die Frage, warum sich Gott, der doch das gesamte Universum erschaffen hat, offenbar vor dem Morgengrauen fürchtet.

LUKAS 1, 26-38

Es ist die Geschichte, die eigentlich jeder Christ kennt: Die Geschichte der »Ankündigung der Geburt Jesu«. Der Text selbst variiert von Übersetzung zu Übersetzung, der Inhalt aber ist stets identisch: »Und im sechsten Monat wurde der Engel Gabriel von Gott gesandt in eine Stadt in Galiläa, die heißt Nazareth«. So beginnt die Geschichte. Aber sie stellt nicht den Anfang des Evangeliums dar. Vor der Verkündigung der Geburt Jesu sendet Gott Gabriel schon einmal zur Erde hinab, um den gottesfürchtigen Zacharias davon in Kenntnis zu setzen, dass all seine Gebete erhört wurden und seine Frau Elisabeth in Kürze einem Sohn das Leben schenken wird: Johannes, auch bekannt als Johannes der Täufer.

Gabriel wird in beiden Fällen als Verkünder dargestellt, als der Engel, der Gott am nächsten zu stehen scheint, dem er jene Missionen anvertraut, die den Lauf der Menschheitsgeschichte ändern sollen. Ungewiss ist die Gestalt, in der Gabriel vor die Menschen tritt, Lukas gibt keinen genauen Aufschluss darüber.

»Und als Zacharias ihn sah, erschrak er, und es kam Furcht über ihn«, heißt es im Vers 12. »Sie aber erschrak über die Rede und dachte: Welch ein Gruß ist das?«, so beschreibt Vers 26 Marias Reaktion auf Gabriels Erscheinen. In diese Verse kann viel hineininterpretiert werden, etwa, dass Gabriel Zacharias, der sich fürchtete, in einer anderen Gestalt gegenübertrat als Maria, die sich eher wunderte. Wenn Gabriel im zweiten Kapitel den Hirten gegenübertritt, die nahe dem Stall von Bethlehem ihre Schafe grasen lassen, dann wiederum fürchten auch diese sich vor Gabriel – und auch sie muss er erst einmal ob seiner Erscheinung mit den Worten »Fürchtet euch nicht« beruhigen.

Tatsächlich gibt keine einzige Textstelle bei Lukas eine detaillierte Auskunft über das Aussehen des Engels oder die tatsächliche Art seiner Erscheinung, allein erfahren wir von der offenbar herausragenden Position des → Erzengels. Er ist es, der Gottes Wort verkündet. Dennoch ist das Lukasevangelium für die Engelskunde von besonderer Bedeutung, da es den Engel, in diesem Fall Gabriel, nicht nur in seiner klassischen Rolle als Bote der Worte Gottes präsentiert, sondern es vor allem in Bezug auf seine Person keinen wirklichen Interpretationsspielraum gibt. In diversen Engelsberichten des Alten Testaments bleiben die Engel eher Fremde. Es hat seine Gründe, warum Danielle Trussoni das Gros der Engelsberichte der Bibel übergeht. Nicht selten unterscheidet das Alte Testament kaum zwischen Gott und einem Engel. Mal sind Übersetzungsfehler für die Unschärfen verantwortlich, aber auch das Religionsbewusstsein des frühen, noch von heidnischen Eindrücken geprägten Judentums tragen zu diesen Unschärfen bei. Wie das 1. Buch Mose, Kapitel 32, belegt, bedarf es darüber hinaus nicht selten einer gewissen Interpretationsfreude, um (mögliche) Engel als solche überhaupt zu erkennen. Bei Lukas indes sieht dies anders aus: Der Engel tritt als Verkünder auf. Punktum.

Dass Lukas explizit von einem Engel als Verkünder der Nachricht berichtet, ist möglicherweise auf eine hellenistische Erziehung zurückzuführen (→ Hellenismus). Er soll in Antiochia in der heutigen Türkei als Kind einer griechischen Familie zur Welt gekommen sein. Typisch für frühe Christen und Verkünder von Gottes Wort wäre für ihn in diesem Fall die Übertragung von hellenistischem Sagengut ins christliche Gedankengut. Typisch wären unter anderem die Darstellung von Jesus als leiblichen Sohn Gottes (Wesensgleichheit, siehe → Konzil von Nicäa), aber auch das Erscheinen eines göttlichen Boten, der die Menschen darauf vorbereitet, dass etwas passieren wird. Dieses Motiv spiegelt sich im hellenistischen Glauben vor allem in der Figur der Götterbotin Iris wider, die vorzugsweise im Auftrag der Göttin Hera den Menschen Befehle überbringt. Es darf angenommen werden, dass Lukas sich einige literarische Freiheiten genommen hat, um seine Mission zu erfüllen. Bedenkt man also, dass er selbst einer griechischen Familie entstammt und vermutlich in diesem Umfeld auch das Wort Gottes verkündete, liegt der Gedanke nahe, dass er seine Gottesverkündung hellenistisch prägte – um sein Zielpublikum zu erreichen.

DER PROPHET HESEKIEL

Auf den Punkt gebracht: Hesekiel 1, 1-14, ist die ausführlichste, aber auch seltsamste Engelsdarstellung der Bibel. Sie wirkt in vielen Details verstörend und fremdartig, in anderen Details wiederum seltsam vertraut. Engel, die im Alten Testament Erwähnung finden und dann von den Propheten als solche benannt werden, werden selten als stoffliche Wesen beschrieben. Selbst Lukas, ein Evangelist des Neuen Testaments und Anhänger von Jesus Christus, vermeidet, wie wir gesehen haben, in seiner Verkündigung das Aussehen des Engels zu beschreiben. Auch in seiner Schrift bleibt der Engel

Gabriel ein mystisches, nicht fassbares Wesen, das sich unseres Zugriffs, unserer Vernunft entzieht. Ganz anders sieht dies bei Hesekiel – auch bekannt als Ezechiel – aus.

Die Forschung weiß wenig über diesen Mann, der doch als einer der bedeutendsten Propheten des Alten Testamentes gilt. »Der Prophet Hesekiel« lautet der Titel des Prophetenbuches, das mit den Büchern von Jesaja und Jeremia zu den umfangreichsten prophetischen Textsammlungen gehört. Nur zweimal nennt er sich selbst bei seinem Namen. Linguisten gehen davon aus, dass Hesekiel tatsächlich seine Texte allesamt selbst geschrieben hat, da sich an keiner Stelle ein eklatanter Stilbruch feststellen lässt. Hesekiels Worte gelten zwar als stark und mitreißend, aber auch vergleichsweise umgangssprachlich. Aus diesem Grund nimmt man heute an, dass Hesekiel in erster Linie ein Redner gewesen sein muss, ein Prediger, der mit dem gesprochenen Wort die Menschen erreichen wollte und seine Gedanken und Visionen quasi nur nebenbei aufschrieb. Er verfügte über die Gabe, menschliche Schwächen recht genau zu benennen, seine Interpretation der politischen Geschehnisse in Babylon, wo er lebte, finden auch in interessierten historischen Zirkeln Beachtung.

Hesekiel lebte im Babylonischen Exil. Dieses Exil ging zurück auf das Ziel des babylonischen Herrscher Nebukadnezar, den Vorderen Orient vollkommen unter seiner Kontrolle zu bekommen. Ein Vorhaben, von dem viele Völker nicht begeistert waren. Als Jerusalem versuchte, seine Nähe zu Ägypten zu nutzen, um von Ägypten möglicherweise Schutz zu erhalten, umlagerte Nebukadnezar kurzerhand die Stadt. Nach der erfolgreichen Belagerung schickte er die Oberschicht der Stadt ins Exil, um Jerusalem zu bestrafen: Er entriss ihr ihre Intelligenzia. Die Eroberung Jerusalems wird auf das Jahr 598 vor Christi datiert. Die Verbannung der jüdischen Oberschicht Jerusalems endete 539 vor Christus mit der Eroberung Babylons durch den Perserkönig Kyros II., der das Exil aller Verbannten aufhob.

Hier, in der Verbannung, entstanden die ersten Synagogen, da die verbannten Juden nun nicht mehr direkt am Tempelberg beten konnten. Als Exilant gehörte Hesekiel zu einer dieser wohlhabenden Familien, er war Sohn eines Priesters. Für 22 Jahre, so die Überlieferung, wurde Hesekiel fortan in Babylon von Visionen heimgesucht. Aus dem jungen Gelehrten entwickelte sich der Prophet Hesekiel. »Und er sprach zu mir«; steht es bereits im ersten Kapitel gleich zu Anfang zu lesen, »Menschensohn, stelle dich auf deine Füße, und ich will mit dir reden! Und als er zu mir redete, kam der Geist in mich und stellte mich auf meine Füße; und ich hörte den, der zu mir redete.« Hesekiel gilt als ein Verfechter eines Gottesbildes, das später als Teil der Dreifaltigkeit in den christlichen Glauben Einzug finden sollte. So berichtet er mehrfach, vom Geist (dem Heiligen Geist) in seiner Arbeit bestärkt worden zu sein. Was aber hat das mit Engeln zu tun?

HESEKIEL 1, 1-14

»Im dreißigsten Jahr, am fünften Tage des vierten Monats, da ich war unter den Gefangenen am Wasser Chebar, tat sich der Himmel auf, und Gott zeigte mir Gesichte. Derselbe fünfte Tag des Monats war eben im fünften Jahr, nachdem Jojachin, der König Juda's, war gefangen weggeführt. Da geschah das Wort des Herrn zu Hesekiel, dem Sohn Busis, dem Priester, im Lande der Chaldäer, am Wasser Chebar; daselbst kam die Hand des Herrn über ihn. Und ich sah, und siehe, es kam ein ungestümer Wind von Mitternacht her mit einer großen Wolke voll Feuer, das allenthalben umher glänzte; und mitten in dem Feuer war es lichthell.« So beginnt das Buch des Propheten Hesekiel in der Übersetzung von Martin Luther (in der redigierten Fassung von 1912). »Und darin«, heißt es weiter, in diesem Feuer »war es gestaltet wie vier Tiere, und dieselben waren anzusehen wie Menschen.« Doch nicht etwa, wie normale Menschen. Hesekiel gilt als einer der ungewöhnlichsten Propheten des Alten Testaments. Er, der von Juden, Christen und Muslimen im gleichen Maße als großer Prophet anerkannt wird, gibt nun Wesen, die sich wie die Engel in anderen Beschreibungen unserem Zugriff verweigern, ein Gesicht. Sie sind die → Cherubim. Er schmückt seine Visionen aus und benutzt die Sprache eines Künstlers, um seine Vision für sein Auditorium fassbar zu machen. Auf diese Weise gelingt es ihm gleichzeitig, die Leser in seinen Bann zu ziehen. Mit folgenden Worten beschreibt er seine Vision: »Und ein jegliches hatte vier Angesichter und vier Flügel. Und ihre Beine standen gerade, und ihre Füße waren gleich wie Rinderfüße und glänzten wie helles glattes Erz. Und sie hatten Menschenhände unter ihren Flügeln an ihren vier Seiten; denn sie hatten alle vier ihre Angesichter und ihre Flügel. Und je einer der Flügel rührte an den andern; und wenn sie gingen, mußten sie nicht herumlenken, sondern wo sie hin gingen, gingen sie stracks vor sich. Ihre Angesichter waren vorn gleich einem Menschen, und zur rechten Seite gleich einem Löwen bei allen vieren, und zur linken Seite gleich einem Ochsen bei allen vieren, und hinten gleich einem Adler bei allen vieren. Und ihre Angesichter und Flügel waren obenher zerteilt, daß je zwei Flügel zusammenschlugen, und mit zwei Flügeln bedeckten sie ihren Leib. Wo sie hin gingen, da gingen sie stracks vor sich, sie gingen aber, wo der sie hin trieb, und mußten nicht herumlenken, wenn sie gingen. Und die Tiere waren anzusehen wie feurige Kohlen, die da brennen, und wie Fackeln; und das Feuer fuhr hin zwischen den Tieren und gab einen Glanz von sich, und aus dem Feuer gingen Blitze.« Die Vision endet mit Vers 14: »Die Tiere aber liefen hin und her wie der Blitz.«

Mit den Darstellungen eines Engels, wie ihn die Meister der Renaissance auf Leinwand abgebildet hätten, hat dieses von Hesekiel beschriebene Mischwesen noch nicht allzu viel gemeinsam. Was nicht überraschen sollte: Die ersten Engelsdarstellungen in der Form, wie sie heute unsere Phantasie beflügeln – als junge Männer von beachtenswerter Schönheit mit lockigen Haaren und einer strahlend-hellen Aura – sie datieren erst auf das 5. Jahrhundert, also einem Zeitalter, in dem die Bibel längst geschrieben, ihr Kanon rund 100 Jahre verabschiedet war (siehe → Apokryphen).

So fremdartig Hesekiels Beschreibungen auch erscheinen mögen: Hesekiel gibt den Wesen ein Gesicht, da er ihr Element nicht zu erklären vermag. Als die vier Elemente allen Seins galten zur Zeit des Propheten Feuer, Wasser, Luft und Erde. Jedoch, so der Glaube, seien die Engel nichts von alledem. Dieser Gedanke entwickelte sich zeitgleich an verschiedenen Orten der antiken Welt, nicht nur im Zweistromland, in dem Hesekiel im Exil lebte. Ein ähnlicher Gedanke ist auch aus der griechischen Mythologie überliefert, wo er schließlich einen Namen erhielt: Aither (auch bekannt als Äther), die Personifizierung des »oberen Himmels«. Unter den frühen Christen, die Hesekiel sehr verehrten und von denen nicht wenige griechischer Herkunft waren (man denke wieder an den Evangelisten Lukas), kam daher der Gedanke auf, auch Engel könnten aus Aither bestehen.

Im weiteren Verlauf des Buches Hesekiel wendet sich dieser noch einmal im zehnten Kapitel den Cherubim zu und stellt sie noch einmal explizit als Begleiter des sogenannten himmlischen Wagens dar. Die Cherubim erhalten zu diesem späteren Zeitpunkt ihre exakte Aufgabe im himmlischen Reich. Werden Engel in der Bibel in der Regel als Verkünder dargestellt, benennt Hesekiel die Cherubim als eine Art Kaste der Wagenlenker. Und der ist keinesfalls ein Chauffeur oder Fuhrwerker, sondern ein elitärer, dem »Fußvolk« voranschreitender Krieger, der letztlich nur zur Rechten Gottes sitzen kann. Es ist anzunehmen, dass Hesekiels Beschreibungen von der Darstellung babylonischer Mythenwesen beeinflusst sein dürften (→ Engel: Eine Zeitreise von Mesopotamien nach Griechenland).

DER VATIKAN BANNT DIE ANBETUNG NICHTBIBLISCHER ENGEL

Erst kürzlich, im April 2002, überraschte die vatikanische Gottesdienstkongregation die Presseagenturen mit der Meldung, dass fortan keine Engel mehr verehrt werden mögen, die nicht im Bibelkanon namentlich genannt werden. Damit nahm die Kongregation Stellung zu der Tatsache, dass Engel wie jene, die aus den → Apokryphen bekannt sind, über den Umweg der New-Age-Religionen beziehungsweise der Esoterik auch in den christlichen Glauben – und hier natürlich insbesondere in den Katholizismus – Einzug gehalten hatten. Vor allem die Anbetung von Engeln wie Uriel oder Jophiel, die ausschließlich bei → Enoch Erwähnung finden, ist dem Vatikan ein Dorn im Auge. Aus diesem Grund erstellte die Gottesdienstkongregation ein nicht weniger als 300 Seiten starkes Papier, das noch einmal exakt auflistet, welche Engel dem biblischen Kanon zugeordnet werden, wie Engelsanbetung aus Sicht der römisch-katholischen Kirche zu praktizieren sei – und was sich nicht vereinbaren lässt. Somit bleiben die → Erzengel Michael, Gabriel und Raphael die einzigen von Rom offiziell anerkannten Erzengel der Kirche. Der Vorsitzende der Kongregation, Kardinal Medina Estevez, wurde von Pressediensten wie folgt zitiert: »Religiöser Aberglaube ist ein weitverbreitetes Phänomen, wir brauchen aus diesem Grund klare Regel für den Glauben und die Anbetung.«

AKTE 2:
Von A wie Anakim bis Z wie Zweites Vatikanisches Konzil

ANAKIM

Die Anakim oder auch Anakiter sind wie die → Giborim eine eigene Kaste der → Nephilim. Danielle Trussoni beschreibt eine weibliche Anakiterin als hübsch, aber auch bemerkenswert dumm. Offenbar besteht ihre Aufgabe in »Angelus« allein darin, den herrschenden Nephilim zu dienen.

Die Herkunft des Namens Anakim lässt sich bis heute nicht mit Sicherheit feststellen, er ist offenbar nicht hebräischen Ursprungs, fand jedoch Einzug in die hebräische Sprache und bezeichnete dort die »Lang-Halsigen«, was wiederum eine Bezeichnung für Menschen gewesen zu sein scheint, die nicht-semitischer Herkunft waren.

Diese Definition ist allerdings unter Vorbehalt zu betrachten. Das Volk, welches den mystischen Anakim als Vorbild diente, lebte vermutlich zur Zeit Abrahams östlich des Jordans. Das Gebiet sollte später Edom und Moab genannt werden. Vermutlich handelt es sich um das letzte nicht israelitische Volk, das im Heiligen Land lebte, bevor die Israeliten es endgültig besiedelten. Späher der Israeliten scheinen der Überzeugung gewesen zu sein, die Anakim seien Nachfahren der Nephilim. Dass sie die letzten Nicht-Israeliten gewesen sind, dagegen spricht die Tatsache, dass in verschiedenen Schriften (vom Alten Testament bis hin zu rabbinischen Schriften) weitere Namen von »unheimlichen« Völkern Erwähnung finden, die immer wieder mit den Nephilim in Verbindung gebracht werden, wie die Emim, Repha'im, → Gibborim, Zamzummim oder Awwim. Das alles sind Namen, die man im Volksglauben, in phantastischen Schriften oder der Fantasyliteratur als Namen für Kasten gefallener Engel fin-

den kann (weitere Informationen über die Anakim siehe
→ Nephilim).

APOKRYPHEN

DAS BUCH ADAM UND EVA

Um sich den Apokryphen nähern zu können, muss man sich
zunächst folgende Fragen stellen: An welcher Stelle in der Bibel (Altes Testament, Neues Testament) wird der Fall eines
Engels – Satanaels – detailliert beschrieben? Welche Stelle
nennt die Gründe für seinen Fall, welche Stelle lässt ihn selbst
zu Wort kommen und sein Handeln erklären? – Gar keine!
Hesekiel berichtet in Kapitel 28, Vers 14-17, von einem Kerub
(Cherub) mit ausgebreiteten, schützenden Flügeln, dessen
Verhalten ohne Tadel gewesen sei, bis er Böses tut und der
Sünde verfällt. Gott spricht: »Darum habe ich dich vom Berg
der Götter verstoßen, aus der Mitte der feurigen Steine hat
dich der schützende Kerub verjagt. Hochmütig warst du geworden, weil du so schön warst. Du hast deine Weisheit vernichtet, verblendet vom strahlenden Glanz. Ich stieß dich auf
die Erde hinab.«
Berg der Götter? Über diesen Widerspruch zum Einen Gott
sollte an anderer Stelle diskutiert werden. Tatsächlich bleibt
der Bericht von Hesekiel vage. Ein Engel, der der Sünde ver-
fiel. Welcher Sünde? Was hat er getan? Lukas berichtet in Kapitel 10, Vers 18, von Satanas, der vom Himmel fiel wie ein
Blitz. In den Offenbarungen selbst stellt sich der Teufel zum
Kampf mit den Engeln; tritt er für gewöhnlich in der Bibel als

Verführer auf, zeigt er sich hier als Drache – als das Tier –, das Böse schlechthin. Aber was ist geschehen, dass sich Satan gegen Gott wandte, wenn er doch, wie Hesekiel berichtet, ein Engel ohne Fehl und Tadel war?

Die Antwort gibt das Buch Adam und Eva, und sie sieht wie folgt aus:

Geraume Zeit nach dem Sündenfall verleitet Satan Eva zu einer zweiten Sünde. Adam ist wütend auf Eva, die ein zweites Mal auf Satan hereinfällt, aber auch auf Satan selbst, daher fragt er ihn: »Darum sage mir, du schlimmer Feind, was verfolgst du uns bis zum Tod in Haß und Neid?« Satan antwortet ihm: »Ach Adam, all meine Feindschaft und mein Neid und mein Schmerz geht gegen dich, denn um deinetwillen ward ich vertrieben und entfremdet von meiner Herrlichkeit, die ich im Himmel genossen habe. Um deinetwillen bin ich aus der Schar der Engel verstoßen worden und lebe jetzt hier auf der Erde im Elend. (…) Denn da Gott den Atem des Lebens in dich blies und dich schuf nach seinem Ebenbild, rief mich Michael. Und er hieß mich, dich zu verehren im Angesicht Gottes. Und Gott der Herr sprach: Siehe, ich schuf dich nach meinem Bild und Gleichnis. Und Michael kam herauf und sprach zu allen Engeln: Verehre das Ebenbild Gottes, wie es Gott der Herr befiehlt. Er selbst aber fiel als erster vor dir auf die Knie, Adam. Und dann rief er mich und sprach: Verehre Gottes Ebenbild. Ich aber antwortete ihm und sprach: Was drängst du mich? Ich werde ihn nicht anbeten, denn er ist geringer und jünger als ich. Lange ehe er geschaffen ward, war ich geschaffen. Er möge auf die Knie fallen und mich verehren. Und als die Engel, die ich anführte, dies hörten, wollten sie dich auch nicht verehren. Und Michael sprach: Bete an des Herrn Ebenbild! Weigerst du dich, so wird Gott der Herr in Zorn geraten deinetwegen. Ich aber antwortete ihm und sprach: Zürnt er mir, dann will ich in den Himmel steigen und meinen Stuhl über die Sterne erhöhen. Und Gott der Herr ward zornig über mich und meinesgleichen und verbannte mich aus seiner Herrlichkeit mitsamt meinen Engeln, und wir wurden aus unserer himmlischen Wohnung vertrieben und auf die Erde verstoßen um deinetwillen.«

Hier haben wir also die Antwort. Doch was ist eigentlich das Buch Adam und Eva?

DIE SOGENANNTEN APOKRYPHEN

»Die sogenannten Apokryphen sind im Sprachgebrauch der alten Kirche Schriften«, heißt es im »Sacramemtum Mundi«, einem theologischen Lexikon für die Praxis aus dem Jahre 1967, »die im Gegensatz zu den in der Kirche geschätzten und benützten Büchern geheim, ›verborgen‹ (…) waren (…). Sie geben unglaubwürdigerweise vor, von Propheten oder Aposteln zu stammen, und wurden deshalb, abgesehen von wenigen Ausnahmen, beim Gottesdienst und im theologischen Gespräch nicht beigezogen (…). Sie gelten als verdächtig mangels einer Tradition über ihre wirkliche Herkunft von Propheten oder Aposteln und der in diesen Büchern enthaltenen Fabeleien. (…) Soweit es sich um Schriften christlichen Ursprungs handelt, sind die obendrein nicht selten von Häretikern geschrieben, was wiederum ihre Ablehnung in der Kirche erklärt.«

Die Wortwahl zeigt die Richtung auf: »unglaubwürdigerweise«, »gelten als verdächtig«, »Fabeleien«. Und dann wurden sie auch noch von Häretikern verfasst. Häresie ist eine Lehre, die im Widerspruch zur allgemeinen christlichen Lehre steht. Häretiker waren beispielsweise die Adoptionisten im 2. und

3. Jahrhundert, die sagten, Jesus sei erst durch die Taufe Gottes Sohn geworden. Daher akzeptierten sie auch die Dreifaltigkeit nicht, da, so ihre Begründung, Jesus kein Gott gewesen sein kann, sondern nur ein Mensch, durch den und in dem Gott wirke (→ Konzil von Nicäa).

Die Bibel, Altes und Neues Testament, ist folglich eine Schriftensammlung, die kanonisiert und lektoriert wurde, und damit zum Teil auch gekürzt. Noch 1967, als das »Sacramemtum Mundi« zur Veröffentlichung gelangte, galten die Apokryphen unter Protestanten wie Katholiken nicht unbedingt viel. Im besten Fall wurde ihnen ein gewisser Unterhaltungswert attestiert, im schlimmsten Fall wurden sie als falsch, ja gefährlich eingestuft. Allein die Worte des Alten und des Neuen Testamentes zählten. Dies hat sich insofern geändert, als dass heute im Christentum offener über Glaubensfragen diskutiert wird als noch vor 40 Jahren. Es gibt heute eine offenere Diskussionskultur, in der über Inhalte gesprochen werden kann, ohne diese von vornherein als minderwertig zu diskreditieren.

Auf der anderen Seite haben die Apokryphen seit je einen großen Reiz auf die Menschen ausgeübt. Die Apokryphen waren über Jahrhunderte nicht nur »ausgelagerte Werke« oder Interpretationen bekannter Schriften, sie waren vor allem verpönt, gefürchtet und verboten. Bekanntlich aber schmecken verbotene Früchte am besten. Und egal, was die katholische Kirche und später auch die protestantischen Gemeinschaften angestellt haben mögen, um die Apokryphen aus dem Gedächtnis der Menschen zu tilgen – es ist ihnen nicht gelungen. Die Apokryphen haben die Jahrhunderte überdauert und in vielen Belangen sogar das Denken der Menschen vergangener Tage beeinflusst. Nehmen wir den Teufel – er erhält in den Apokryphen sein Gesicht. Das Alte

Testament basiert auf dem Tanach, der Heiligen Schrift der Juden – und das Judentum kennt keinen Teufel. Satan ist im jüdischen Verständnis ein Ankläger (hebräisch: Sin-Teth-Nun), das Böse als solches lässt sich nicht personifizieren, es ist etwas Universelles, das überall auftreten, das jeden Menschen erfassen kann. Und aufgrund der Nähe des Alten Testaments zum Tanach ist auch in den offiziellen christlichen Glaubensschriften der Teufel alles andere als ein klar gezeichnetes Wesen. Selbst das Neue Testament definiert ihn letztlich unscharf als Versucher, als Drachen, als Tier, nicht aber unbedingt als Herrn der Unterwelt, wie wir ihn uns vorstellen. Christen, die also über den Teufel reden und ihn als personifiziertes Böses benennen, berufen sich (oft) unbewusst nicht auf die Bibel als Buch der Bücher, sondern auf Vorstellungen, die aus apokryphen Schriften stammen. So wie auf das Buch Adam und Eva, das vermutlich irgendwann zwischen dem 1. Jahrhundert vor Christus und dem 1. Jahrhundert nach Christus entstanden sein muss. Wo dieses Buch verfasst wurde und wer sein Urheber ist, ist unbekannt. Aus der Entstehungszeit stammen allerdings Schriften ähnlichen Inhalts, die im heutigen Armenien und Georgien entstanden. Im Fall des Buches Adam und Eva geht die Forschung allerdings von einem jüdischen Urheber aus, was aber mit letzter Sicherheit nicht belegt werden kann.

DIE ENGELSSCHRIFT DES BARTHOLOMÄUS

Danielle Trussoni lässt die Protagonisten ihres Romans immer wieder darauf verweisen, dass die Antworten auf die Fragen bezüglich der Engel nicht unbedingt in den bekannten Schriften zu finden seien, sondern in den Apokryphen. So liest ihre Heldin Evangeline ein Buch mit dem Titel »Anatomie der dunklen Engel«, das ihr (und damit auch den Lesern) erklärt, dass »... in den Jahrhunderten nach Christus (...) apokryphe und pseudepigraphische Texte zuhauf [zirkulierten], und sie prägten das jüdisch-christliche Engelsbild weitgehend«. Treffender kann man diese Feststellung nicht in Worte fassen. → Pseudoepigraphen sind übrigens Texte, deren Autorenschaft strittig ist, da Autoren falsche (bekannte) Namen benutzten.

Es ist anzunehmen, dass sich Danielle Trussoni unter anderem vom Evangelium des Bartholomäus inspirieren ließ. Angeblich wurde das Evangelium vom Apostel Bartholomäus verfasst, der nach dem Tod von Jesus Christus, so will es die Sage, bis nach Indien reiste, um das Wort seines Herrn zu verkünden und den im heutigen Armenien schließlich ein grausamer Märtyrertod ereilte. Tatsächlich gehen Theologen heute davon aus, dass das Bartholomäusevangelium um das Jahr 250 entstanden sein muss.

Das apokryphe Evangelium behandelt Jesu Tod und seine Wiederauferstehung in einer Weise, die offenbar dazu gedacht war, das Publikum mitzureißen und zu begeistern – und zwar weniger auf einer spirituellen als auf einer sehr volkstümlichen Ebene. Es berichtet von einem Gespräch des Apostels Bartholomäus und seines Herrn Jesus Christus nach dessen Kreuzigung. Zunächst erwähnt Bartholomäus, dass er nach der Kreuzigung Engel vom Himmel herabsteigen sah, die Jesus anbeteten. Dann aber verschwand er. Wohin, möchte Bartholomäus nun wissen, woraufhin ihm Jesus von seiner Reise in die Unterwelt berichtet. In der Unterwelt traf er auf → Hades (hier der Gott der Unterwelt), aber auch auf den Satan. Während Hades in Jesus den Atem Gottes zu erkennen glaubte, bezichtigte der Teufel Jesus zunächst, ein Hochstapler zu sein. Als er jedoch erkannte, dass Jesus wirklich Gottes Sohn war, verlangte er, die Tore zu sichern – jedoch zu spät, denn Engel zerbrachen die Tore und die eisernen Riegel der Unterwelt, während Jesus die Patriarchen (Abraham, Isaak, Jakob) aus der Unterwelt führte. Hades selbst wurde in Ketten gelegt. Danach geht es teils recht antijüdisch weiter, denn die Engel bestraften auch die Kinder Israels für Jesu Kreuzigung. Weiter erwähnt Bartholomäus (oder der tatsächliche Autor) sieben Himmel, während Jesus berichtet, als Kind seine Nahrung aus den Händen eines Engels empfangen zu haben. Die Engel des Westens derweil bewachen den Ort der Wahrheit, während Satan das Geheimnis seiner Herkunft enthüllt. Beliar wurde er genannt. Beliar, auch als Belial bekannt, lüftet nun das Geheimnis der Herkunft der Engel: »Zunächst nannte man mich Satanael, und das heißt Engel Gottes. Doch als ich das Abbild Gottes verwarf, da nannte man mich Satan, und das heißt Höllenengel. (...) Geschaffen war ich als der erste und oberste Engel; da Gott die Himmel schuf, nahm er eine Hand voll Feuer und formte zuerst mich. Den Michael aber, den Anführer der Himmlischen Heerscharen, schuf er als zweiten, und als dritten den Gabriel, den Uriel als vierten, dann den Raphael als fünften, den Nathanael als sechsten und noch sechstausend Engel, deren Namen ich nicht nennen kann. (...) Und nach ihnen wurde die ganze Fülle der Engel geschaffen. Hundert Myriaden für den ersten Himmel und ebenso viele für jeden anderen der sieben Himmel. Und außerhalb der sieben Himmel zieht sich die erste Sphäre (...) hin.«

Im weiteren Verlauf berichtet Satan über die vier Engel, die die Gezeiten bestimmen, er erwähnt weitere Namen, ohne deren Funktion zu erklären (wie etwa Nephonos, Duth, Mermeoth) und erzählt Bartholomäus schließlich von seiner eigenen Verbannung aus dem Himmel. Diese Geschichte entspricht in etwa der des Evangeliums nach Adam und Eva, sie fügt der Geschichte jedoch ein Detail hinzu. Wir erfahren, das Satanael sechshundert Engel anführte, die ihre Anbetung des Menschen von Satanaels Entscheidung abhängig machten. Als Gott nun, verärgert über Satanaels Weigerung, den Menschen anzubeten, diesen aus dem Himmelreich verstößt, stellte er die sechshundert Engel vor die Wahl: Sie sollen Adam anbeten, oder sie werden das gleiche Schicksal erleiden wie ihr Anführer. Die Engel antworten einstimmig; »Wir wollen tun, was unser Führer tat. Wir beten keinen an, der geringer ist als wir.« Man kann diese gefallenen Engel als jene Dämonen interpretieren, die vor allem im Mittelalter die Menschen ängstigten.

MARTIN LUTHER FINDET SIE NÜTZLICH

Apokryphen, das sind »… Bücher, [die] der Heiligen Schrift nicht gleich gehalten und doch nützlich und gut zu lesen sind.« So definierte einst Martin Luther die Apokryphen. Nun ist die Lutherbibel bis heute für evangelische Christen die Standardübersetzung schlechthin, egal, welche Übersetzungen im Laufe der Zeit entstanden sein mögen. Ob Herderbibel, die Neue Genfer Übersetzung oder die Gute Nachricht in einem moderner gehaltenen Deutsch: Luther hat den Rahmen festgelegt, in dem Übersetzungen für gewöhnlich entstehen. Das Problem: Was der evangelische Christ als Apokryphe bezeichnet, kann für den katholischen Christen ein ganz normaler Teil seiner Bibel sein. Die katholische Ausgabe enthält sieben Bücher mehr (Tobit, Judit, 1/2 Makkabäer, Weisheit, Jesus Sirach, Baruch) und einige Zusätze in anderen Büchern. Als Luther mit der Übersetzung begann, griff er zunächst auf die Vulgata, die lateinische Ausgabe der Bibel, zurück, später dann aber wandte er sich von dieser Fassung ab und vor allem der griechischen Fassung zu – und orientierte sich am hebräischen Originaltext. So kam es zu Abweichungen. Wenn heute auf einer Lutherbibel der Zusatz zu lesen steht »mit Apokryphen«, dann handelt es sich in diesem Fall nicht etwa um Bücher wie das Bartholomäusevangelium oder das Buch Adam und Eva, sondern schlicht um die sieben Bücher der katholischen Ausgabe, die von Protestanten eben nicht zum Kanon gezählt werden. Die Apokryphen, die man in der Lutherbibel findet, sind also streng genommen gar keine.

DIE ENTSTEHUNG DER BIBEL

Am Anfang stand das Wort des Judentums. Der Tanach, die Heilige Schrift des jüdischen Glaubens, die aus Thora, den Nevi'im (Propheten) und Ketuvim (Schriften) besteht, entstand als eine Sammlung zunächst mündlich überlieferter Geschichten, die erst im Laufe der Zeit auf Schriftrollen übertragen wurden. Die frühesten mündlichen Überlieferungen scheinen aus der Zeit um 1550 bis 1200 vor Christus zu stammen. Ganz genau lässt sich der Zeitpunkt nicht ausmachen. Sehr wohl festlegen lässt sich aber die Übertragung der Texte auf Schriftrollen: Ab etwa 800 vor Christus begann die Verschriftung durch die Errichtung eines Königtums mit den damit einhergehenden Konstanten: wie der »Kultzentralisierung« (= Errichtung von Tempeln), durch die Arbeit von Hofschreibern, die Errichtung von Archiven und so weiter. Der erste König, der begann, das Wissen seiner Vorfahren niederschreiben zu lassen, dürfte König Salomon gewesen sein, dessen Regentschaft auf ca. 965 bis 926 vor Christus datiert wird. Er führte den Beruf des Beamten – des Verwalters – ein. Man sieht, die Schriften entstanden in einem langfristigen Prozess. Im Exil von Babylon (598 – 539 v. Chr.) erhielten die überlieferten Texte erstmals die Bezeichnung »Heilige Schrift«.

Etwa 250 vor Christus entstanden die ersten Texte der Septuaginta, der griechischen Übersetzung der »Heiligen Schrift«. Auch die Septuaginta entstand in einem über Jahrzehnte dauernden Entwicklungsgang. Das Urchristentum orientierte sich am Tanach, der Heiligen Schrift der Juden, dann folgten die Briefe (Paulusbriefe), und erst danach entstanden die ersten Evangelien. Die Jahreszahlen und Zeitangaben sind mit Vorsicht zu genießen. Es sind jene Daten und Fakten, die allgemein als gültig betrachtet werden, was nicht bedeutet, dass sie unumstritten wären. Es ist wie mit den Engeln: Zu jeder Meinung gibt es eine Gegenmeinung.

SELEKTION UND APOKRYPHEN

Es entstanden eine ganze Reihe von Evangelien. Nicht nur die vier bekannten von Markus, Matthäus, Lukas und Johannes, sondern darüber hinaus eine Vielzahl weiterer Texte. Sie wurden oft mündlich weitergegeben, sie wurden kopiert (wobei sich hier und da Fehler einschlichen) oder übersetzt, was auch nicht gerade die sicherste Methode darstellte, einen einmal überlieferten Text einwandfrei zu vervielfältigen. Schon früh kristallisierten sich Texte heraus, die eine besondere Faszination auf die Menschen ausübten und die offensichtlich als wahrhaftig betrachtet werden durften (wie eben die bekannten Evangelien), was aber die anderen Texte nicht zwangsläufig entwertete.

Im zweiten Jahrhundert nach Christus begannen Gelehrte, aus all diesen Texten einen Gesamttext zu erstellen – einen Kanon. Dieser enthielt das Alte Testament in Form der Septuaginta und das Neue Testament, gleichfalls auf Griechisch. Allerdings sind viele dieser neuen Texte ursprünglich auf Aramäisch oder Hebräisch verfasst worden, so dass die griechischen Texte nur Übersetzungen der Originale darstellen. Von Anfang an wurden die Texte ausgesondert, die im Verdacht standen, von Gnostikern verfasst worden zu sein.*

Athanasius war der Erste, der in einem Osterbrief 367 n. Chr. genau die 27 Bücher des Neuen Testaments als kanonisch bezeichnete, die noch heute als solche angesehen werden. Was nicht in die Liste aufgenommen wurde, wurde zur *biblioi apokryphoi.*

Im Jahre 328 wurde Athanasius zum Bischof von Alexandria gewählt. Er war kein unumstrittener Kirchenfürst, er war in Teilen der Kirche von Ägypten regelrecht verhasst. In seinem Osterbrief von 367 stellte er den Gläubigen den besagten Kanon von 27 Büchern vor, die fortan das Neue Testament beinhalten sollte. Dieser Kanon wurde schließlich auf einer maßgeblich von ihm initiierten Synode als verbindlich bestätigt. Bis zu dieser Bestätigung waren unterschiedliche Listen im Umlauf, die teilweise erheblich von Athanasius' Kanon

---

* In diesem Fall ist von sogenannten christlichen Gnostikern die Rede: Sie gingen davon aus, dass das Transzendentale gut sei und die materielle Welt böse; wenn aber in jedem Menschen ein göttliches Element schlummert, das durch dessen Wiedererweckung den Weg zur Erkenntnis fördert, würde dies den Menschen in die Spiritualität zurückführen; mehrere apokryphe Evangelien wie etwa das Evangelium der Maria sind gnostizistischen Ursprungs

abwichen. War Athanasius objektiv bei der Zusammenstellung seiner Liste? Hat er sich um Ausgewogenheit bemüht? Nun, eines ist unbestritten: Athanasius, der heute als Kirchenvater vor allem unter orthodoxen Christen hohes Ansehen genießt, war ein ausgesprochener Feind der Arianer (→ Konzil von Nicäa). Folglich hat er alle Hinweise darauf, dass Jesus Gott wesensähnlich, keinesfalls aber wesensgleich sei, aus seinem Kanon, dem Neuen Testament, verbannt und somit seine Sicht der Dinge zum Glaubensedikt erhoben.

Alle Schriften, die seinen Ansichten widersprachen, wurden aus der kirchlichen Lehre verbannt. Je nach Gemeinde mal mehr, mal weniger streng. Aber weil seine Lehre nicht überall gleich streng beachtet wurde, überstanden viele Schriften die Jahrhunderte. In Bibliotheken wurden Abschriften apokrypher Schriften verwahrt, in späteren Jahrhunderten, gerade in der Phase der Missionierung Europas, stellten sich apokryphe Texte sogar als nützliche Werkzeuge dar, da sie oftmals ein Glaubensbild vermittelten, das germanischen oder slawischen Religionen näher stand als das Glaubensbild des Neuen Testaments. So blieben viele Schriften, trotz aller Bemühungen, sie aus dem Gedächtnis der Menschheit zu verbannen, der Nachwelt erhalten.

DIE VULGATA

Es war im Oktober des Jahres 366, als Damasus' Söldner eine Kirche stürmten und innerhalb ihrer Mauern ein fürchterliches Blutbad anrichteten, dem über 130 Menschen zum Opfer fielen. Blut tränkte den steinernen Boden der Santa Maria Maggiore, der ersten Marienkirche Roms. Dennoch gab Damasus' Kontrahent Ursinus, dem dieser Angriff galt, nicht auf. Er und Damasus fochten um eine Position, deren Macht sich nicht teilen ließ. Also brachte auch er seine Anhänger wieder in Formation. Nun schritt der Stadtpräfekt Vettius Agorius ein, er schlug sich – gegen seine eigene Überzeugung – auf die Seite des Überlegenen, Damasus, und bewegte Ursinus zur Aufgabe.

In der langen und nicht selten blutigen Geschichte der Stadt Rom wäre dieser Vorfall trotz des enormen Verlustes an Menschenleben an sich kaum mehr als eine Fußnote wert, hätten Damasus und Ursinus nicht um den Titel des Bischofs von Rom gestritten – und wäre Damasus nicht nach heutigem Verständnis Papst Damasus I.

Genau dieser Damasus, der der Macht wegen über Leichen ging, erteilte 382 dem Theologen Hieronymus den Auftrag, eine lateinische Bibel anzufertigen. Das bedeutet nicht, dass es bis 382 keine lateinische Bibel gegeben hätte. Nur handelte es sich bei den einzelnen Texten nicht selten um fehlerhafte Übersetzungen, um Kopien von kopierten Kopien oder Ähnliches.

Nun hat Hieronymus, der heute als Schutzheiliger der Übersetzer angesehen wird, seine Arbeit sicher gewissenhaft vollzogen. Er hat 20 Jahre an einer ordentlichen Übersetzung gearbeitet, er nutzte griechische und hebräische Schriften. Letztlich aber nahm auch er nur die Schriften auf, die als Kanon betrachtet wurden. Außerdem ist überliefert, dass er nicht nur ein begnadeter Polemiker gewesen sein muss, er neigte auch dazu, Personen, die andere Ansichten vertraten als er, nie wirklich ernst zu nehmen.

Die Übersetzung, die er im Jahre 405 beendete, erhielt den Namen Vulgata. Sie wurde schließlich die offizielle Bibel der römisch-katholischen Kirche. Und sie ist es bis zum heutigen Tag.

ALT- UND NEUTESTAMENTARISCHE
APOKRYPHEN

In diesem Text war bislang fast ausschließlich von neutestamentarischen Apokryphen die Rede. Apokryphen findet man aber sowohl im Kontext des Alten als auch des Neuen Testaments. Das Buch Adam und Eva etwa ist ein alttestamentarisches Apokryph.

Die Apokryphen des Alten Testaments werden in der Regel eingeteilt in

- Schriften mit erzählendem Charakter: etwa das Buch der Jubiläen, das davon berichtet, ein Engel habe Moses im Auftrag von Gott die Zehn Gebote verkündet; das Buch Adam und Evas gehört zu den sogenannten Adamsbüchern
- Testamente: Das sind unter anderem die Testamente der zwölf Patriarchen, welche angeblich auf den Testamenten der zwölf Söhne Jakobs basieren; ihre Entstehungszeit ist ungemein diffus, sie wird zwischen 200 vor und 200 nach Christus vermutet
- Lieder und Gebete
- Apokalyptische Visionen (wie etwa eine Himmelfahrt des Moses)

Neutestamentarische Apokryphen werden für gewöhnlich wie folgt aufgeteilt:

- Evangelien
- Apostelgeschichten
- Briefe
- Apokalypsen

In den letzten Jahren hat es auf dem Büchermarkt einen regelrechten Apokryphenboom gegeben. Bücher, die sich mit Apokryphen beschäftigen, tragen dann nicht selten Titel wie »Die verbotenen Evangelien: Apokryphe Schriften«, »Evangelium der Maria Magdalena: Die spirituellen Geheimnisse der Gefährtin Jesu« oder »Die andere Bibel – Gottes verbotene Worte«. Da schwingt schon ein nicht zu verleugnender Marketingaspekt mit. Verbotene Worte? Das waren sie sicher vor langer Zeit, heute sind viele Schriften problemlos zugänglich. Oft reichen zwei oder drei Klicks im Internet aus, um ganze Texte in deutscher, englischer oder französischer Übersetzung präsentiert zu bekommen. Dennoch: Es haftet ihnen nach wie vor etwas Verbotenes an. 2006 widmete das allgemein als seriös betrachtete Nachrichtenmagazin *Focus* dem in den 1970er Jahren wiederentdeckten Judasevangelium gar eine Titelgeschichte, nachdem dieses im Auftrag von *National Geographic* restauriert werden konnte (auch wenn einige Blätter verloren gegangen sind). Das Evangelium bietet eine in sich recht schlüssige Interpretation des Judasverrats, nach der Judas Jesus keinesfalls für ein paar Silberstücke verriet, sondern von Jesus persönlich aufgefordert wurde, dies zu tun, um endlich seiner Aufgabe als Messias nachkommen zu können. Judas als Held? Dieser Gedanke generierte Aufmerksamkeit, ebenso wie die Tatsache, dass das Evangelium 1100 Jahre als verschollen galt. Wissenschaftler wussten zwar von seiner Existenz, hatten aber keine Ahnung, wie weit sich sein Inhalt von den anerkannten Evangelien entfernt.

Der deutsche Theologieprofessor Hans-Josef Klauck findet für dieses Interesse an apokryphen Schriften in der Einführung seines Buches »Die apokryphe Bibel: Ein anderer Zugang zum frühen Christentum« eine simple Erklärung: »Zu unerwarteter Popularität bringen es manche apokryphe

Schriften wieder im 20. und 21. Jahrhundert im Rahmen der Hermeneutik des Verdachts. Besonders die amerikanische Gesellschaft entwickelt ein geradezu morbides Interesse an Verschwörungstheorien aller Art, das wie alle amerikanischen Erfindungen auch auf den Kontinent übergreift. Was immer von Kaiser Konstantin [→ Konzil von Nicäa] verboten wurde, was ... Mönche im Wüstensand vergraben haben und was der Vatikan in geheimen Archiven unter Verschluss hält, all das hat, wenn es wieder ans Tageslicht gebracht wird, beste Aussichten auf journalistischen Erfolg; es muss nur geschickt genug vermarktet werden. Endlich, so meint das Publikum, kommen wir damit der verschwiegenen, vollen Wahrheit näher. Hier tauschen kanonisch und apokryph fast ihre Plätze.«

BACON, ROGER

Im 13. Jahrhundert sei er der führende Engelsforscher gewesen, erfährt die junge Evangeline im Verlauf der Handlung des Romans »Angelus«. Roger Bacon – ein Engelskundler? Kaum ein Geistlicher seiner Zeit dürfte mehr Widersprüche aufweisen als der vermutlich 1214 nahe Ilchester in Somerset geborene Roger Bacon, genannt Doctor Mirabilis – der wunderbare Lehrer. Er war Spross einer sehr wohlhabenden Familie, auch wenn diese einen Teil ihres Vermögens verlor, als es zu einem Streit mit König Heinrich III. kam. Bacon erhielt eine klassisch-philosophische Ausbildung, er lebte in angenehmen äußeren Umständen. Dennoch gab er all das auf, um den Lehren des → Franz von Assisi zu folgen. Als → Franziskaner lebte er in Armut, nutzte aber für seine Forschungen das Geld seiner Familie. Er war ein Anhänger des Mystizismus und überzeugter Anhänger der Astrologie – und gilt dennoch als einer der Väter der modernen wissenschaftlichen Forschung. Als lautstarker Protestierer gegen die Scholastik (siehe auch das Kapitel Scholastik im Text → Eine kleine Geschichte der Engelskunde) geriet er sogar mit dem Generalminister der Franzisker → Bonaventura aneinander. Er wurde von ihm dazu verurteilt, seine Schriften nur noch nach vorheriger Genehmigung des Generalministers veröffentlichen zu dürfen.

Ein Unterstützer seiner Arbeit war der einflussreiche französische Guy le Gros de Foulques, der 1265 zum Papst (Clemens IV.) gewählt wurde, aber drei Jahre später verstarb. Mit seinem Tod verlor Bacon seinen mächtigsten Fürsprecher, 1278 wurde Bacon wegen seiner wissenschaftlichen Schriften sogar unter Hausarrest gestellt. Sein »Verbrechen« bestand darin, in der Forschung weniger Philosophie und dafür mehr Empirie zu verlangen. Jeder Naturwissenschaftler, der heute einer Frage auf den Grund geht und sich vor ein Mikroskop setzt – handelt nach Ideen Bacons. Er war ein begeisterter Mathematiker, und seine Untersuchungen der Optik gelten als grundlegend für die Entwicklung des Mikroskops. Er studierte die unter Christen verpönten Schriften des arabischen Gelehrten Abu Ali al-Hasan ibn al-Haitham, genannt Alhazen, und erschuf auf Grundlage von dessen Schriften ein kleines optisches Gerät, das heute Millionen Menschen als selbstverständliches Hilfsmittel dient und dessen Genialität oft vergessen wird: die Brille!

Dass Danielle Trussoni ihn ihrer Geschichte einverleibt, macht Sinn. Ein bekennender Mystiker und Wissenschaftler in einer Person, ein Mann des Glaubens und der Wissenschaften: Er passt zu den Engelskundlern aus Danielle Trussonis Roman, da sie viel Wert darauf legt, Wissenschaft und Mystik nicht als Gegner, sondern als Verbündete darzustellen, als Seiten einer Medaille. Zwei Seiten, die kaum eine andere Persönlichkeit des Mittelalters kraftvoller in sich vereinigt als Roger Bacon. Er starb vermutlich 1294 in Oxford.

BLAKE, WILLIAM

»Evangeline kannte das Bild gut. Es war *Die Jakobsleiter* von William Blake. Ihr Vater hatte es ihr im British Museum gezeigt, als sie ein Kind war. Ihre Mutter hatte William Blake geliebt, sie hatte Bücher mit seinen Gedichten und Bildern gesammelt, und Evangelines Vater hatte ihr eine Reproduktion des Bildes von der Jakobsleiter geschenkt.« Das Bild hilft der Protagonistin des Romans »Angelus«, die Wahrheit über ihre Großmutter und sich selbst zu erfahren.

Die Bilder des William Blake wirken nicht selten wie Drogenträume, so perfekt sie auch im Detail erscheinen mögen – ihre oft verstörende Farbgebung wirkt irritierend; der Darstellung religiöser Motive haftet nicht selten etwas Wahnhaftes an. Dennoch gilt sein Bildnis der Jakobsleiter (einer Leiter in den Himmel, die der Prophet Jakob in einer Traumvision sieht) als eines der bedeutendsten Kunstwerke christlich-englischer Kunst. Weitere Werke Blakes wie beispielsweise »Die Hochzeit von Himmel und Hölle«, diverse Illustrationen des Buches Hiob und seine Verarbeitung der »Göttlichen Komödie« nach → Dante sind nicht nur anerkannte Meisterwerke, sie lassen vor allem hebräische, germanische und auch keltische

Mythen verschmelzen, so wie auch Danielle Trussoni durchaus verschiedene Mythenwelten verbindet. Die Erwähnung des William Blake darf also durchaus als eine Hommage an sein Werk verstanden werden.

Gelebt hat William Blake in London – und zwar vom 28. November 1757 bis zu seinem Tod am 12. August 1827. Sein Geld verdiente er als Kupferstecher, denn eine akademische Ausbildung blieb ihm verwehrt, da er – obwohl als hochbegabt betrachtet – nach einem Disput mit dem Leiter der Royal Academy of Arts von ebenderselben gefeuert worden war. Und das im Alter von gerade einmal zwölf Jahren. Er stand organisierten Religionen ablehnend gegenüber, da sie den Menschen in seinen Augen die Freude an Gott nahmen, eine Lobpreisung des Herrn ohne Freude aber für ihn nicht in Frage kam. Tiefe Religiosität und Rationalismus schlossen sich für Blake nicht aus. Er war ein Anhänger der Ideen der Französischen Revolution und ihres zutiefst säkularen Charakters, gleichzeitig fühlte er sich dem Neuen Testament eng verbunden.

Manche Zeitgenossen und Historiker glauben, dass Blake, der aus einer Familie entstammt, die sich religiös dem Glauben der böhmisch-evangelischen Herrnhuter als zugehörig definierte, unter Wahnvorstellungen litt: Er selbst sah sich als Medium eines poetischen Geisterwesens, das sich seiner Persönlichkeit bemächtigte und in Wahrheit für seine Kunstwerke verantwortlich zeigte. Viel Geld verdiente er nicht, er kam, wie man sagt, über die Runden. Dennoch soll er ein durch und durch glücklicher Mensch gewesen sein.

BOGOMIL

»Die Erste Angelologische Expedition, der allererste handfeste Versuch zur Entdeckung des Gefängnisses der Engel, kam zustande, als die Ehrwürdigen Väter auf Einladung ihrer thrakischen Brüder das Konzil von Sosopol veranstalteten. Das war die Gründungsversammlung unserer Disziplin, und nach Auskunft des Ehrwürdigen Vaters Bogomil, eines der größten unter den Gründungsvätern, war dieses Konzil ein großer Erfolg – nicht nur, weil hier die Leitlinien unserer Arbeit entwickelt wurden, sondern weil die größten religiösen Denker jener Zeit zusammenkamen«, schreibt Danielle Trussoni. Nun ist das → Konzil von Sosopol zwar kein historisches Ereignis, der Ehrwürdige Vater Bogomil indes ist eine historische Persönlichkeit, nach der sogar eine christliche Religionsgemeinschaft benannt ist: die Bogomilen. Diese verzichteten auf jegliche äußere Rituale, sie suchten Gott stattdessen im Inneren.

Über Bogomil selbst ist nicht allzu viel bekannt. Gelebt hat er offenbar im 10. Jahrhundert im heutigen Bulgarien (während das von Danielle Trussoni beschriebene fiktive Konzil deutlich früher – etwa im 4. Jahrhundert – stattfindet). Woher er stammt, ist ebenso wenig geklärt wie sein Schicksal. Eine ganze Reihe von Zeitzeugenberichten sprechen tatsächlich über einen Priester namens Bogomil, wobei sein Name oftmals zu Bogonemil verballhornt wird – denn Bogomil ist die bulgarische Version des Namens Gottlieb, Bogonemil heißt übersetzt etwa »der nicht von Gott Geliebte«. Obschon die Lehren, die er predigte, nach ihm benannt wurden, stammen diese ursprünglich offenbar aus dem 8. Jahrhundert und wurden von armenischen und syrischen Einwanderern auf dem Balkan verbreitet.

Das »Ökumenische Heiligenlexikon«, das sich seit 2008 im Aufbau befindet und eine Vielzahl an Informationen für Internetuser bereit hält, beschreibt die Bogomilen wie folgt: »Die Bogomilen übten Verzicht im körperlichen Leben, da alles Materielle Schaffung des bösen Geistes sei; ihr Hauptziel war eine langsame Marterung und Vernichtung des Körpers, der Quelle aller Sünde. Sie lebten ausschließlich von pflanzlicher Nahrung; Fischgenuss war ihnen erlaubt, nicht aber Wein. Sie trugen schwarze Mönchstracht und darunter einen Strick, den sie bei ihrer Weihe erhielten. Man beschreibt sie als sanfte, mutige, stille und schweigsame Leute von blassem Aussehen, als Menschen, die nicht viel sprachen, niemals lachten, stets mit gesenktem Kopf schritten. Sie arbeiteten aber nur so viel wie nötig, um ein dürftiges Leben zu führen. Die Ehe wurde von ihnen verworfen, sie verabscheuten auch die Kinder als eine Folge der Ehe. Nur ›aus Not‹ wurde die Ehe zugelassen, konnte aber leicht aufgelöst werden (...) An der Spitze der Gemeinden stand ein Aufseher (Ältester) mit zwölf [sogenannten] Aposteln; für jede Provinz wurde ein Bischof gewählt.«

Was die Bogomilen für den Roman »Angelus« so interessant macht, war die Ansicht Bogomils, Gott habe zwei Söhne, Satanael und Michael.

Bogomil berichtet, dass Satanael einen zweiten Himmel schuf und dies gegen den ausdrücklichen Befehl seines Vaters tat. Satanael gab den Menschen die Seele, sein zweiter Himmel war – die Erde! Er stellte den Menschen eine Bedingung: Als Dank für ihre Seele sollten sie den Schöpfer – und ihn – anbeten. Aber die Menschen dachten nicht daran. Daher sandte Gott seinen zweiten Sohn Michael, damit dieser die Angelegenheit in die Hand nahm. Er setzte Satanael ab und offenbarte den Menschen die tatsächlichen Gottesfreuden. So erblickten jene Menschen, die Michael folgten, das Licht der Wahrheit, die übrigen wurden als Gottes Feinde betrachtet.

Satanael und der → Erzengel Michael als → Söhne Gottes?

Die Vorstellung, dass sich Gut und Böse nicht zwangsweise die Waage halten müssen, sondern letztlich stets das Gute – Gott – die Oberhand behält, nennt man einen gemäßigten Dualismus. Den predigte Bogomil, allerdings kam es nach seinem Tod (vermutlich in den späten 970er Jahren) zu einer Spaltung seiner Bewegung in eine Gemeinschaft, die sich seinen Lehren verpflichtet sah, und einer zweiten Gruppierung, die sich den offiziellen christlichen Standpunkten annäherte und Gott als alleinigen Schöpfer allen Seins betrachteten, also auch unserer Welt.

Allen Verfolgungen durch die orthodoxe Kirche im heutigen Bulgarien zum Trotz gelang es dem Bogomilentum, sich auszudehnen und Anhänger auf dem gesamten Balkan zu finden. Noch heute zeugen bogomilische Friedhöfe vor allem in Bosnien und Bulgarien von der Vergangenheit der Glaubensgemeinschaft.

Die Bogomilen fanden viele Anhänger unter den sogenannten Messalianern, einer ursprünglich aus Syrien stammenden kleinen Glaubensgemeinschaft, die den Teufel durch das ständige Gebet abzuwehren hoffte, vor allem aber unter Paulikianern, Anhängern eines frühchristlichen Bischofs, deren Lehren seit dem dritten Jahrhundert verboten waren. Paulikianer verehrten Jesus als einen besonderen Propheten, lehnten aber seine Gleichsetzung mit Gott und die Dreifaltigkeitslehre ebenso wie den Marienkult rigoros ab. Nach Jahrzehnten der Verfolgung boten ihnen die recht straff organisierten Bogomilen eine neue Heimat.

Obwohl sie stark unterdrückt wurden, entwickelten die Bogomilen ein reges Glaubensleben, vor allem ihre Priester, die streng asketisch und ehelos lebten, galten im Vergleich zu Vertretern der offiziellen Kirchen als glaubhafte Männer des Glaubens. Sie lebten das, was sie predigten. Ende des 14. Jahrhunderts erlangte der Glaube der Bogomilen sogar für den Zeitraum von etwas über einer Dekade den Status der Staatsreligion von Bosnien. Es entstand eine Bosnische Kirche, basierend auf den Schriften des Bogomil.

Der Einfluss der Paulikianer auf die Bogomilen – und das damit verbundene Jesusbild – soll die relativ rasche Bekehrung der Bosnier zum Islam nach der Machtübernahme der Osmanen im 15. Jahrhundert vorangetrieben haben. Viele Ansichten des Islams – gerade über die Rolle von Jesus als Propheten – decken sich mit Ansichten, die die Paulikianer vertraten.

Das Bogomilentum konnte sich bis ins 17. Jahrhundert halten, bevor Mönche die letzten bulgarischen Bogomilen bekehrten. Heute gilt es als ausgestorben. Es soll allerdings das Katharertum in Form der Interrogatio Johannis beeinflusst haben. Dabei handelt es sich um eine → apokryphe, unter Bogomilen verbreitete Schrift, die vom letzten Abendmahl und einem vertraulichen Gespräch des Apostels Johannes mit Jesus berichtet. In diesem Gespräch erklärt Jesus seinem treuen Begleiter, Satanael habe die Welt erschaffen. Im Glauben der Katharer machte dies aus Katholiken Anhänger von Johannes dem Täufer und nicht von Jesus Christus. Zwar ist bis heute relativ wenig über die Katharer bekannt – da sie verfolgt, ihre Lehren verfremdet und ihre Anhänger Opfer der Inquisition wurden –, einige ihrer überlieferten Ansichten jedoch haben die Gemeinschaft der Waldenser beeinflusst, wie zum Beispiel die Ablehnung der Heiligenverehrung und des Fegefeuers. Wenn man so will, haben somit einige Ansichten des Geistlichen Bogomil auf Umwegen über die Katharer Einzug in den Glauben der Waldenser gehalten, die sich im 12. Jahrhundert zusammenfanden und sich heute selbst als vorprotestantische Protestanten bezeichnen. Etwa 100 000 Menschen gehören heute der Glaubensgemeinschaft an, von denen etwa die Hälfte in Italien lebt.

BONAVENTURA

Giovanni di Fidanza, genannt Bonaventura, mag zwar mit Abstand einer der bedeutendsten Kirchenlehrer des späten Mittelalters gewesen sein, das ändert aber wenig an der Tatsache, dass er außerhalb theologischer Zirkel bis heute so gut wie unbekannt ist. Zeit seines Schaffens stand er im Schatten seines Zeitgenossen → Thomas von Aquin, und dies ist bis heute so. Er starb am 15. Juli 1274 in Lyon, vier Monate nach seinem weitaus berühmteren Zeitgenossen. Siebzehn Jahre leitete er als Generalminister den Orden der → Franziskaner; der hl. → Franz von Assisi war sein Vorbild, auch wenn er bei weitem nicht so radikal Armut und Mäßigung von seinen Brüdern verlangte wie der Gründer seines Ordens. Eben weil er einen gemäßigten Standpunkt einnahm und unter den oft zerstrittenen Orden vermittelte, machte Bonaventura auch jenseits des Franziskanertums Karriere. Er wurde zum Kardinalbischof von Albano ernannt und führte Verhandlungen mit der griechisch-orthodoxen Kirche bezüglich einer möglichen Union. Als er starb, erwies ihm auch der Papst die letzte Ehre, und im 16. Jahrhundert wurde er sogar heiliggesprochen.

Danielle Trussoni ehrt den Kirchenlehrer auf ihre ganz eigene Weise: In dem von ihr geschaffenen Kosmos ist es Bonaventura, dem sie die Ehre zukommen lässt, das Fundament zur Metaphysik ihrer Angelologie gelegt zu haben, die besagt, dass Engel zugleich materielle und spirituelle Wesen sind. Sie bezieht sich auf Bonaventuras Schrift »Itinerarium mentis in Deum«, seinen Reisebericht zum Geist Gottes. Entstanden ist die Schrift um 1260 nach einem Besuch auf dem Berg Alverna. Dort soll Franz von Assisi kurz vor seinem Tod ein Engel mit sechs Flügeln erschienen sein. Dazu muss man sagen, dass es Franz von Assisi zu seinen Lebzeiten stets vermieden hat, sein eigenes Leben zu mystifizieren. Ob die Engelsbegegnung oder seine angebliche Stigmatisierung: All diese Geschichten entstanden nach seinem Tod. Bonaventura indes zweifelte nicht an der Wahrhaftigkeit dieser Geschehnisse, und tief berührt von seinem Besuch auf dem Berg Alverna verfasste er seinen Reisebericht, der vor allem von den Scholastikern als Affront betrachtet wurde. Bonaventura forderte die Kirchenmänner auf, »nicht zu viel philosophisches Wasser in den Wein der Heiligen Schrift [zu] gießen« und den Glauben als etwas Mystisches zu akzeptieren, ohne jedes Wort der Bibel intellektuell zu interpretieren – so erklärt das Heiligenlexikon.de die Ansichten des Kirchenlehrers. Papst Leo XIII. zumindest gefielen offenbar die Ansichten des Generalministers, er nannte ihn respektvoll den »Fürsten aller Mystiker«. Thomas von Aquin schätzt Bonaventura für seine Bescheidenheit und seinen Intellekt. Bonaventuras Schriften sind deutlich von den Werken des → hl. Augustinus und der Mystik des → Dionysius Areopagita geprägt.

BOSCH, HIERONYMUS

»Sein Lieblingsbild war das Triptychon von Hieronymus Bosch am hinteren Ende, eine wunderbar grausige Darstellung von Himmel und Hölle. Er konnte es einen ganzen Nachmittag lang betrachten«, schreibt Danielle Trussoni über ihren Finsterling Percival Gregori. Hieronymus Bosch, weniger bekannt unter seinem richtigen Namen Jeroen Anthoniszoon van Aken, schuf sein Hauptwerk im ausgehenden 15. Jahrhundert. 1450 geboren und 1516 gestorben, hinterließ er der Welt einen Fundus an bildhaften Darstellungen biblischer Themen. Wirklich zu verstehen sind seine Werke nur selten. Engel und Teufelswesen tummeln sich auf ihnen, das Gute wird stets vom Bösen attackiert, das Böse aber ist doch nur eine Phantasie. Oder etwa doch nicht?

Im »Garten der Lüste« sitzen Adam und Eva im Paradies, in ihrer Mitte steht Jesus. Und das Paradies wird von Tieren bevölkert, die in keinem Tierlexikon Erwähnung finden. Im »Jüngsten Gericht« sitzt Jesus (oder Gott?) auf einer weißen Weltkugel. Die Menschen, die ihn anbeten, sind nackt. Die eine Hälfte der Menschheit betet und lächelt – während die andere Hälfte von einem Höllendrachen verschlungen wird.

Die Bilder von Bosch, die die Sünde oftmals weitaus faszinierender darstellen als die Tugend, wären nur wenige Jahrzehnte nach seinem Schaffen verbrannt worden. Da Bosch aber im Zeitalter des ausklingenden Mittelalters vor der Inquisition lebte, bewahrte vermutlich der Umbruch seine Werke vor der Zensur des Klerus.

BUCH ENOCH

DAS ERSTE KAPITEL

»Die Segensworte Henochs, womit er segnete die Auserwählten und die Gerechten, welche leben werden in der Zeit der
Trübsal, wo verworfen werden alle Bösen und Gottlosen. Henoch, ein gerechter Mann, welcher mit Gott war, redete und
sprach, als seine Augen geöffnet worden und er gesehen ein
heiliges Gesicht in den Himmeln: Dies zeigten mir die Engel.
Von ihnen hörte ich alle Dinge und verstand, was ich sah; das,
was geschehen wird nicht in diesem Geschlecht, sondern in
einem Geschlecht, welches kommen wird in ferner Zeit, um
der Auserwählten willen. Um ihretwillen sprach und redete
ich mit ihm, der da hervorgehen wird aus seiner Wohnung,
dem Heiligen und Mächtigen, dem Gott der Welt, welcher
dann treten wird auf den Berg Sinai, erscheinen mit seinem
Heer und sich offenbaren mit der Stärke seiner Macht vom
Himmel. Alles wird erschrecken und die Wächter sind be-
stürzt. Große Furcht und Zittern ergreift sie bis zu den Enden der Erde. Die erhabenen Berge erbeben und die hohen
Hügel werden erniedrigt und schmelzen wie Honigseim in
dem Feuer. Die Erde wird überflutet werden und alles, was
auf derselben ist, umkommen, wenn das Gericht kommt über
alle, auch die Gerechten. Aber ihnen wird er Friede geben; er
wird erhalten die Auserwählten und gegen sie gnädig sein. So
werden denn alle Gottes sein, glücklich und gesegnet und der
Glanz Gottes wird sie erleuchten.«
So beginnt es, das Buch Enoch, Kapitel 1. Niemand kann mit
Sicherheit sagen, wer es geschrieben hat (Hintergründe über

die Entstehung des Buches, seine ungeklärte Autorenschaft und seine Verbreitung siehe → Enoch). Es ist eine apokalyptische Schrift, die vom Untergang der Schöpfung berichtet, von → Noah und der → Sintflut. Vor allem aber berichtet sie von Engeln, die auf die Erde kamen, mit den schönsten Frauen der Menschen Kinder zeugten – und durch ihr Handeln die Katastrophe auslösten.

Enoch war frommer als die Frömmsten und aufrichtiger als die Aufrichtigsten. Daher bestellte ihn Gott eines Tages in sein Reich. Das überliefern die Legenden. Enoch, ein Nachfahre des Seth, des dritten Sohnes von Adam und Eva, erlangt ein Privileg, das keinem Menschen vor ihm gewährt wurde: Er wird von Gott in den Himmel beordert. Der → Erzengel Uriel erklärt Enoch viele Geheimnisse des Himmels, vor allem aber offenbart ihm Gott nicht nur die Sintflut, Enoch bekommt sogar die Gründe dafür dargelegt, um diese für die Menschheit niederzuschreiben.

Vom Buch Enoch (auch 1. Buch Enoch oder Äthiopisches Enochbuch genannt) wurden 1948 in → Qumran einige aramäischsprachige Urtexte entdeckt, die es Forschern und Theologen ermöglicht haben, eine relativ klare Gliederung des Buches zu erstellen, die wie folgt aussieht:

- Einleitende Worte
- Buch der Wächter
- Bildreden
- Astronomisches Buch
- Geschichtsbuch / Traumvisionen
- Erbauungsbuch / Mahnreden

Neben dem Buch Enoch gibt es noch ein 2. Buch Enoch (Slawisches Enochbuch) sowie das 3. Buch Enoch, das jedoch erst im 9. Jahrhundert entstand und als dessen Autor ein Rabbiner vermutet wird. Das 3. Buch hat für Danielle Trussonis Roman keinerlei Bewandtnis.

DAS BUCH DER WÄCHTER

»Und die Engel erkannten die Schönheit der Frauen der Menschen. Darum stiegen zweihundert von ihnen vom Himmel herab, um mit den Frauen der Menschen Kinder zu zeugen. Sie missachteten den ausdrücklichen Befehl des Herrn, seine Schöpfung unberührt zu lassen – und zeugten mit den Frauen die Nephilim, ihre Kinder, halb Mensch, halb Engel.«

Dies ist, wie bereits erwähnt, die Ausgangssituation des Romans »Angelus« von Danielle Trussoni. Auf dieser Geschichte baut sich ihr gesamter Roman auf – ohne den Sündenfall der Engel gäbe es ihn nicht in seiner bestehenden Form.

Diese Geschichte beginnt im Buch Enoch im siebten Kapitel mit den Worten: »Es geschah, nachdem die Menschenkinder sich gemehrt hatten in diesen Tagen, daß ihnen herrliche und schöne Töchter geboren wurden.« Zum Vergleich dazu das 1. Buch Mose, Kapitel 6, 1-2 in der Lutherübersetzung, wie sie 1912 redigiert wurde: »Da sich aber die Menschen begannen zu mehren auf Erden und ihnen Töchter geboren wurden, da sahen die Kinder Gottes nach den Töchtern der Menschen, wie sie schön waren, und nahmen zu Weibern, welche sie wollten.«

Danach geht bei Mose alles recht schnell: Die Menschenfrauen und die Engel zeugen gemeinsame Kinder, bei Luther die Gewaltigen genannt. Dann aber schreibt er über das böse Treiben der Menschen, so dass Gott bereut, den Menschen gemacht zu haben, und die Sintflut über die Menschheit hereinbrechen lässt. Über die Gewaltigen wird kein weiteres Wort verloren, vielmehr folgt ein unerklärlicher Gedankensprung – was aus den Gewaltigen wird, bleibt im Dunkeln. Es werden bei Mose auch keine Namen genannt, so dass die Nennung der → Söhne Gottes rätselhaft bleibt.

Anders sieht dies im Buch Enoch aus, das nicht nur die Zahl der Engel, die vom Himmel herabsteigen, mit zweihundert beziffert – es nennt auch den Anführer der Engel mit Namen: Samjaza (auch Shemyazaz, Semjaza, Shemyaza, Shemhazai oder Amezyarak). »Ich fürchte«, sagt er, »daß ihr vielleicht der Ausführung dieses Unternehmens abgeneigt werdet, und daß ich allein dulden müßte für ein schweres Verbrechen. Aber sie antworteten ihm und sprachen: Wir schwören alle, und verpflichten uns durch Verwünschungen gegenseitig, daß wir nicht ändern unser Vorhaben, sondern ausführen unser beabsichtigtes Unternehmen.« So steht es in der ersten deutschen Übersetzung des Textes aus dem Jahre 1833 zu lesen. Nachdem sie ihren Treueschwur geleistet haben, steigen sie hinab auf den Berg Armon. Dieser Hinweis lässt eine räumliche Begrenzung der von Enoch geschilderten Geschehnisse zu: Armon = Har Chermon = Hermon (oder auch Dschabal asch-Schaich). Er ist der höchste Berg des Hermongebirges, das sich entlang der syrisch-libanesischen Grenze erstreckt und zu dem auch die umstrittenen Golanhöhen zählen. Mit 2814 Metern ist er der höchste Berg der Region.

Neben Samjaza nennt Enoch die Engel Urakabarameel, Akibeel, Tamiel, Ramuel, Danel, Azkeel, Sarakujal, Afael, Armers, Batraal, Anane, Zavebe, Samsaveel, Ertael, Turel, Jomjael und Arazjal als weitere Anführer. »Dann nahmen sie Weiber, ein jeder wählte sich eine; ihnen begannen sie sich zu nahen und ihnen wohnten sie bei, lehrten sie Zauberei, Beschwörungen und das Teilen von Wurzeln und Bäumen. Und die Weiber empfingen und gebaren Riesen, deren Länge dreihundert Ellen betrug. Diese verschlangen allen Erwerb der Menschen, bis es unmöglich wurde, sie zu ernähren. Da wandten sie sich gegen Menschen, um sie zu essen, und begannen zu verletzen Vögel, Tiere, Gewürm und Fische, ihr Fleisch zu essen eins nach dem andern und zu trinken ihr Blut.«

HUREREI UND GOTTLOSIGKEIT

Enoch beschreibt, wie der Engel Azaziel (auch Azajel) die Menschen in das Kriegshandwerk einführt, indem er sie lehrt, Schwerter und Schilde zu fertigen. Er zeigt den Menschen aber auch, wie man Armbänder fertigt oder die Augenbrauen verschönert, womit er Eitelkeit unter den Menschen verbreitet. Mit der Eitelkeit kehrt die Prostitution ein, gleichzeitig verliert Gott an Bedeutung. Andere Engel lehren den Menschen weitere Handwerke; letztlich aber lässt sich der Untergang der Menschheit nicht aufhalten, ihr Klagen jedoch reicht bis in den Himmel.

Im neunten Kapitel heißt es weiter: »Dann blickten Michael und Gabriel, Raphael, Surjal und Uriel vom Himmel herab und sahen die Menge Blutes, welche auf Erden vergossen war, und alle die Ungerechtigkeit, welche auf derselben geschehen (…).«

In dieser Übersetzung von 1833 sind es tatsächlich fünf Engel, die das Geschrei der Menschen vernehmen, jedoch weist der Übersetzer darauf hin, dass hier möglicherweise ein Deutungsfehler vorliegt und ein Name falsch übertragen wurde, denn tatsächlich taucht der Name Surjal auch in der Übersetzung von 1833 kein zweites Mal auf; in aktuelleren Übersetzungen fehlt er gänzlich.

So wenden sich die Engel an den Gott der Götter und König der Könige mit der Bitte, er möge dem Treiben der Zweihundert ein Ende setzen – und im zehnten Kapitel stimmt der Herr der Bitte seiner treuen Engel zu, jedoch nicht, ohne einen Mann zu verschonen: Noah. Zu ihm schickt er einen Engel namens Arsajalaljur, der ihn von der Flut, mit der Gott die Erde zu reinigen gedenkt, unterrichtet. Daraufhin wendet sich Gott an Raphael und gibt ihm den Befehl: »Binde den Azazjel an Händen und Füßen, wirf ihn in Finsternis, öffne die Wüste, welche in Dudael ist und stoß ihn in dieselbe. Wirf auf ihn scharfe und spitze Steine und decke ihn mit Finsternis.«

Gabriel erhält den Auftrag, die Kinder der gefallenen Engel gegeneinander aufzuwiegeln, auf dass sie sich gegenseitig erschlagen. Und wenn dies geschehen ist, soll Michael Samjaza und die Engel, die ihm folgten, unter die Erde verbannen: »Dann sollen sie hinweggeschafft werden in die untersten Tiefen des Feuers, in die Qualen und in den Kerkern eingeschlossen werden ewiglich. (…) Vertilge alle Seelen, welche der Torheit ergeben sind, und die Nachkommen der Wächter.«

Über mehrere Kapitel beschreibt Enoch nun den Untergang der Menschheit, den Tod der Riesen und das Wehklagen ihrer Frauen. Es gibt keine Gnade, keine Vergebung. Sechs Engel sind laut Enoch auserwählt, über Gottes Befehle (und sein Wort) zu wachen: Uriel, Raphael (der die Seelen der Menschen schützt), Raguel, Michael, Sarakiel und Gabriel. Letzteren bezeichnet er als Engel des Paradieses und schreibt ihm als einzigem Engel auch die Oberhoheit über einen Engelschor zu, nämlich den der → Cherubim. Enoch selbst erbittet schließlich Gnade für die gefallenen Engel. Diese wenden sich an ihn als eine Art neutralen Vermittler, doch letztlich bleibt

Enochs Bitte ungehört. So endet das Buch der Wächter mit einem Sieg des Himmels über die ungehörigen Engel. Sie werden verbannt, für alle Zeiten.

SPÄTERE BÜCHER

Die Bildreden, die dem Buch der Wächter folgen, sind zu einem späteren Zeitpunkt dem Buch Enoch beigefügt worden. In den Fragmenten des Buches, die in Qumran entdeckt wurden, fehlen die Bildreden (oder Parabeln) vollständig. George L. Collord, ein ordinierter methodistischer Pfarrer und gleichzeitig Theologieprofessor an der Princeton University hat in den 1990er Jahren ein Enoch-Seminar ins Leben gerufen, zu dem alle zwei Jahre an verschiedenen Orten Forscher recht unterschiedlicher Disziplinen (wie Theologen, Linguisten und Historiker) zusammenkommen, um über neue Erkenntnisse in Bezug auf die Qumran-Rollen und andere religiöse Fundstücke zu diskutieren. Auf das Seminar des Jahres 2009 werden wir noch zu sprechen kommen. Collord hat anhand vieler theologischer und linguistischer Feinheiten der zur Verfügung stehenden Texte der Bildreden inzwischen nachweisen können, dass sie im 1. nachchristlichen Jahrhundert entstanden sind und dass der Autor ein sogenannter Judenchrist gewesen ist, ein zum neuen Christentum konvertierter Jude (in den ersten christlichen Urgemeinden stellten die konvertierten Juden die Mehrheit dar; Konvertiten der frühen Zeit, die beispielsweise vom römischen Götterglauben zum Christentum übertraten, nennt die Fachsprache Heidenchristen).

Interessant ist der Aspekt des Menschensohnes, ein Begriff, der aus der jüdischen Apokalyptik stammt und der bis heute für manche Spekulationen Anlass gibt. In den Gleichnissen des Autors, der im 1. Jahrhundert die Parabeln verfasste, ist Enoch mehr als nur ein Mensch, der von Gott auserwählt wurde, um das Himmelsreich zu erkunden. Er selbst bezeichnet sich als Menschensohn. Menschensohn ist jedoch ein Begriff, den Christen für gewöhnlich mit Jesus Christus assoziieren, der sich selbst einen solchen nannte. Doch in der Definition des Buches Enoch kann der Menschensohn auch ein Richter am Tag des Jüngsten Gerichts sein – oder ein Engel. Dieser Menschensohn wird auf jeden Fall auf einem Throne der Herrlichkeit sitzen. Ist er ein himmlischer Erlöser?

Keine Frage, das Buch Enoch ist ein Quell für manch eine kühne Spekulation.

364 TAGE HAT EIN JAHR

Das astronomische Buch teilt das Jahr in 364 Tage ein. »Es ist der älteste Teil des äthiopischen Henochbuches und vermutlich ursprünglich als selbstständige Schrift [verfasst] worden«, mutmaßt der Theologe Rainer Schwindt in seiner Untersuchung »Das Weltbild des Epheserbriefes: eine religionsgeschichtlich-exegetische Studie«. »Vier in Qumran gefundene Handschriften zeigen, dass das astronomische Buch eine (…) Kurzfassung eines wesentlich umfangreicheren aramäischen Werkes ist, das spätestens im 3. Jh. v. Chr. abgefaßt worden ist.« Und weiter: »Dem Verfasser ist nicht an einer konkreten Beschreibung der Sternenwelt gelegen. Es geht ihm um den Erweis der Unveränderlichkeit der Gestirnbahnen.« Diese Idee geht auf babylonische Vorstellungen zurück. Auffällig ist die große Bedeutung, die der Autor dem Engel Uriel zugesteht: Er ist der Gestirnsführer, der Engel, den die Enoch-

Schriften aus Qumran als jenen benennen, »den der Herr der Herrlichkeit auf ewig über alle Lichter des Himmels am Himmel und in der Welt gesetzt hat, damit sie herrschen an der Oberfläche des Himmels und auf der Erde sichtbar werden und Führer für den Tag und die Nacht werden …«.

Interessant ist der Gedanke der Astralmetamorphose, der aus dem Buch Enoch in seiner Qumran-Interpretation hervorgeht: »Und ich sah (…) die Wohnungen der Heiligen und die Ruhe der Gerechten. Hier sahen meine Augen ihre Wohnungen bei den Engeln seiner Gerechtigkeit und ihre Ruheorte bei den Heiligen.«

Enochs Traumvisionen schließlich setzen sich mit der Geschichte der Welt und der Gründung eines messianischen Königreiches auseinander und weisen Parallelen zu den Offenbarungen des Johannes und dessen Endzeitvorstellungen auf. Die Reden, mit denen das Buch geschlossen wird, berichten unter anderem von der Geburt Noahs.

GEHEIMNISSE IM ZWEITEN BUCH

Das 2. Buch Enoch, auch Slawisches Henochbuch genannt, entstammt der Feder eines oder mehrerer unbekannter Autoren. Bis 2009 lagen ausschließlich in Kirchenslawisch, der Liturgiesprache der slawischen orthodoxen Kirchen, verfasste Abschriften des Buches vor: Die ältesten Abschriften stammen aus dem 12. Jahrhundert. Vermutlich waren es → Bogomilen, die das Buch nach Bulgarien brachten und dort erstmals übersetzten. 2009 konnte der deutsche Ägyptologe Joost Hagen auf dem Enoch-Seminar in Neapel den staunenden Fachleuten Fragmente einer koptischen Fassung des 2. Buches Enoch präsentieren. Diese wurden bereits 1972 bei Ausgrabungen im ägyptischen Qasr Ibrim entdeckt, aber erst in jüngerer Vergangenheit übersetzt. Sie konnten als literarische Texte der christlichen Ägypter identifiziert werden, die im Königreich Nubien, welches Teile des heutigen Süd-Ägyptens und des nördlichen Sudans umfasst, entstanden. Die Fragmente umfassen die Kapitel 36 bis 42 des 2. Buches Enoch. Eine genaue Datierung der Schriftstücke war bislang nicht möglich, da für eine solche Datierung eine Analyse des Papiers notwendig wäre, die von der ägyptischen Altertumsverwaltung jedoch mit dem Hinweis auf den schlechten Zustand der Fundstücke noch nicht zugelassen wurde (die Forscher arbeiten mit Fotografien). Anhand archäologischer Fundstücke aus dem Umfeld des Fundortes lässt sich schließen, dass die Schriftstücke mindestens aus dem 12. Jahrhundert stammen, möglicherweise aber auch aus dem frühen 10. Jahrhundert. Damit wären sie definitiv die ältesten Überlieferungen des 2. Buches Enoch.

Es wird auch das Buch der Geheimnisse von Enoch genannt, was nicht selten zu Missverständnissen führt: Geheimnisse? Sind es geheime Schriften, die die Kirchen den Gläubigen vorenthalten haben? Immerhin gibt es bis heute (offenbar) keine vollständige deutsche Übersetzung des Buches! So aber ist das nicht gemeint. Das Wort Geheimnisse bezieht sich vielmehr darauf, dass das 2. Buch Enoch etwas mehr über den Menschen Enoch preisgibt, dass es alles in allem etwas gefühlvoller erscheint, etwas persönlicher. Wenn es auch keine vollständige deutsche Übersetzung gibt, so liegt aber seit 1926 mit dem Titel »The Forgotten Books of Eden« eine offenbar recht wortgetreue englischsprachige Übersetzung vor. Historiker vermuten, dass das 2. Buch Enoch ursprünglich in Griechenland entstand, aufgrund fehlender Dokumente aber bleibt dies eine nicht mit letzter Sicherheit zu beweisende These.

Wie die Zitate aus dem Buch Enoch belegen, hat Danielle Trussoni die englischsprachige Übersetzung der Schrift recht genau studiert und die gesamte Ausgangssituation ihres Romans aus dem Buch des Enoch in die Handlung ihrer Fiktion übertragen: 200 Engel, die sich mit Menschenfrauen einlassen, Gott, der die Sintflut über die Erde schwappen lässt, um die Brut der Engel zu vernichten, die Verbannung der Engel in die Unterwelt.

So betrachtet, hat der Autorin das Buch Enoch genügend Stoff für ihren Roman geboten, so dass sie das 2. und das 3. Buch weitestgehend unbeachtet lassen konnte. Weitestgehend, aber eben nicht vollkommen. Im zweiten Kapitel ihres Romans, das sie »Die zweite Sphäre« nennt, unterhalten sich die jungen Angelologie-Schülerinnen Celestine und Gabriela über Enoch. Fast in einem Nebensatz erwähnt Gabriela, Enoch sei nach seinem Tod in den zweiten Himmel gekommen. »In den Zweiten?«, fragt daraufhin Celestine irritiert und wird von Gabriela darüber aufgeklärt, dass es sieben Himmel gebe und Enoch sie alle besucht habe.

Danielle Trussoni nimmt an dieser Stelle tatsächlich Bezug auf das 2. Buch Enoch. Zwar beschreibt das 1. Buch recht ausführlich die Himmelsreisen des Auserwählten, in Bezug auf die Zählung aber kommt es immer wieder zu Irritationen, da die Grenzen zwischen den Himmeln teilweise nicht als solche erkennbar sind. Er geht in den Westen, Osten, Süden, Norden, er reist umher: Aber wie viele Himmel er letztlich besucht, das bleibt der Interpretation des Lesers vorbehalten. Ja – besucht er überhaupt mehrere verschiedene Himmel? Die unterschiedlichsten Übersetzungen widersprechen sich in dieser Frage. Um Klarheit zu erlangen, müsste man den Original-

text lesen können. Aber wer kann schon Ge'ez lesen, jene altäthiopische Sprache, in der das älteste vollständige Manuskript des 1. Buches Enoch der Nachwelt erhalten wurde?
Doch das 2., das Slawische Enochbuch benennt die Zahl der Himmel exakt: Gottes Reich besteht aus sieben Himmeln.

- Der erste Himmel ist der Himmel der Gestirne und Wolken, die von den Engeln kontrolliert werden. Auch für die Wetterphänomene (Unwetter etc.) sind sie verantwortlich.
- Jene Engel, die sich Gott widersetzten, die die Nephilim gezeugt und damit Gottes Gebote missachtet haben, sind Gefangene des zweiten Himmels, in dem sie auf ihr Gericht warten.
- Gerechte und Gläubige leben gemeinsam mit den Engeln im dritten Himmel, dem Paradies. Erstaunlicherweise aber ist der dritte Himmel auch die Heimstätte der Hölle, die im Norden des dritten Himmels gelegen ist und in dem die Ungerechten gepeinigt und für ihre Sünden bestraft werden. Die Hölle, wie sie sich die Menschen des Mittelalters vorstellten und wie sie in gewisser Weise noch heute unsere Vorstellungswelt prägt, findet hier ihr direktes Vorbild!
- Sonne und Mond stehen im Zentrum des vierten Himmels. Im Osten und Westen sind je sechs Tore, durch die die Sonne – je nach Jahreszeit – geht; so erklären sich die unterschiedlich langen Sonnentage je nach Jahreszeit.
- Menschenähnliche Riesen bewachen den geheimnisvollen fünften Himmel.
- Sieben Engelschöre halten vom sechsten Himmel aus die Welt im Gleichgewicht und sorgen für die von Gott gewollte Ordnung.
- Im siebten Himmel schließlich sitzt Gott auf seinem Thron und wird umgeben von den Engeln, die ihm am nächsten

stehen: den Erzengeln, den Seraphim, den Cherubim und den Ophannim.

Sieben Chöre, die das Gleichgewicht halten, sowie vier Chöre im direkten Umfeld Gottes, das sind – elf Chöre! Die Schriften des → Dionysius Areopagita, die die christliche Angelologie maßgeblich beeinflusst haben, überliefern aber nur neun Chöre. Wird diese Zählung nicht im Allgemeinen anerkannt (→ Eine kleine Geschichte der Engelskunde)? Kann es sein, dass sich im 2. Buch Enoch jüdische und christliche Engelsmystik unkommentiert überschneiden?

Diese Diskussion sei Theologen überlassen, wir können sie an dieser Stelle nicht lösen.

Im eben erwähnten Gespräch zwischen Gabriela und Celestine sagt Gabriela außerdem, dass in frühchristlichen Zeiten Hunderte von Enoch-Manuskripten unter den Gläubigen kursierten. Auf der einen Seite bezieht sich dies auf die schlichte Tatsache, dass es verschiedene Bücher gab, von denen die meisten im Laufe der Zeit verloren gingen. Nur das 1. Buch Enoch, das dem Äthiopischen Bibelkanon angehört, blieb der Nachwelt in einer ausführlichen Fassung erhalten, schon das 2. Buch ist nur mehr eine Kopie einer Kopie. Auf der anderen Seite bezieht sich diese Bemerkung tatsächlich direkt auf das 2. Buch Enoch, in dem Gott einen Erzengel namens Bretil anweist, Henoch Feder und Papier zu geben und ihm alle Dinge über Himmel, Erde und Meer zu erklären; nach dreißig langen Tagen hat Enoch 360 Bücher verfasst, in denen er das Wesen des Himmels in all seinen Einzelheiten beschreibt. 360 Bücher in 30 Tagen – da gibt es wohl keinen Autor, der nicht blass vor Neid würde.

BURNE-JONES, EDWARD

Der britische Künstler findet an einer Stelle im Roman der Danielle Trussoni Erwähnung: »Und es gab eine Reihe von Kunstbänden [in der Bibliothek] mit Engelsdarstellungen, darunter ein außergewöhnliches Buch mit den Engeln des Malers Edward Burne-Jones, die Evangeline besonders liebte.«

Das Werk des am 28. August 1833 in Birmingham geborenen und am 17. Juni 1898 in London verstorbenen Künstlers galt lange Zeit als vergessen, da es teils als verkitscht bewertet wurde. Erst in den 1970er Jahren erfuhr es eine Wiederentdeckung, heute gilt Burne-Jones als einer der größten britischen Künstler des 19. Jahrhunderts.

Burne-Jones war Anhänger der Präraffaeliten. Als solche bezeichneten sich englische Künstler, die sich stilistisch an den Bildern der Renaissance orientierten. Sie stellten die Welt romantisierend dar. Der idealisierende Stil der Präraffaeliten bestimmte in Großbritannien bis zum Ende des Ersten Weltkriegs entscheidend das Kunstverständnis.

Nach dem Krieg erschien es nicht mehr zeitgemäß und geriet wie das Werk Burne-Jones für die nächsten fünf Jahrzehnte in Vergessenheit. Burne-Jones' arbeitete nicht nur mit dem Pinsel, sondern auch mit Keramik und Glas; am bekanntesten aber sind seine vielen Engelsbildnisse, wie sie die Renaissance nicht idealisierter hätte zustande bringen können.

CHERUBIM

In der christlichen Hierarchie der Engel sitzen sie in der ersten Sphäre (→ Drei Sphären der Engel). Der Cherub ist somit ein Engel von höchstem Rang. »Sowohl in der jüdischen wie auch in der christlichen Überlieferung heißt es, daß Gott östlich von Eden die Cherubim und das flammende Schwert aufgestellt hat, die den Zugang zum Baum des Lebens bewachen«, schreibt Malcolm Godwin in seinem Standardwerk »Engel – Eine bedrohte Art«. Der Prophet Hesekiel beschreibt sie als Erster (→ Engelsberichte nach Mose, Hesekiel und Lukas). Eindrucksvoll referiert er im zehnten Kapitel seines Buches von einer angeblichen Begegnung mit einem Cherub: »Ein jeglicher hatte vier Angesichter; das erste Angesicht war eines Cherubs, das andere eines Menschen, das dritte eines Löwen, das vierte eines Adlers.« Der Cherub ist demnach kein menschenähnliches Wesen wie etwa die → Seraphim, die gleichfalls in der ersten Sphäre einen wichtigen Platz einnehmen. Der Cherub ist ein Mischwesen, mit insgesamt vier Flügeln, von denen zwei seine Blöße bedecken, mit menschlichen Händen, aber eben auch mit Attributen, die wenig menschliche Züge aufweisen. Hesekiel stellt sie als Lenker des göttlichen Thronwagens (Merkaba) dar. Damit stehen sie in der Hierarchie Gott letztlich näher als andere Engel, wenn man so will, sind sie die persönliche Garde des Herrn.

Dem Gelehrten Hesekiel, der als sehr junger Mann ins Exil verbannt wurde, waren demnach natürlich auch die Geschichten der Babylonier bekannt. Seine Beschreibungen, die offenbar dazu dienen sollten, das Unfassbare fassbar zu machen, ähneln in ihrem Aussehen stark den Mischwesen der babylonischen Religion. Die Babylonier glaubten an eine Vielzahl von Göttern. An Ninurta, den Gott der Schlachten, Nergal, den Gott der Hölle, Adad, den Gott der Stürme und Gewitter und nicht zuletzt an Marduk, den obersten aller Götter des Pantheons, dem von manchen Priestern die Schaffung der Welt zugeschrieben wurde. Marduk ist deshalb so interessant, da der babylonische Glaube im Laufe der Zeit diverse Veränderungen durchlief (Anfänge des babylonischen Glaubens können bis ins 3. vorchristliche Jahrtausend zurückverfolgt werden!). So hat Marduk im Laufe der Jahrhunderte eine ganze Reihe von Eigenschaften absorbiert, die anfangs anderen, zumeist unbedeutenderen Gottheiten zugesprochen wurden. Es entwickelte sich sogar ein Glaube, der davon ausging, dass Marduk der einzige zu verehrende Gott sei. Dieser Gedanke ist nicht mit dem Monotheismus zu verwechseln, dem Glauben an einen Gott. Diese Verehrung wird vielmehr Monolatrie genannt. Dabei wird nur ein Gott angebetet, die Existenz anderer Götter wird allerdings nicht verneint. Dieser Gedanke ist übrigens auch dem Alten Testament nicht fremd.

Aber zurück zum Cherub und zu der babylonischen Religion und ihrer Mischwesen. Diese, so glaubten die Babylonier, seien zwar göttlichen Ursprungs, jedoch nicht gottgleich. Mehr noch: Im Gegensatz zu den Göttern, die mit ihrem Handeln den Lauf der Zeit beeinflussten und bestimmten, konnten diese Mischwesen nur auf Anweisung hin aktiv werden. Eine Eigenschaft, die sie mit den Engeln des jüdischen und christlichen Glaubens gemeinsam haben.

Eine eigene Persönlichkeit wurde nur wenigen dieser Wesen zugestanden, und wenn, dann war sie zumeist böser Natur. Eines dieser (bösen) Mischwesen hörte auf den Namen Lamaschtu. Auf Zeichnungen haben die Babylonier der Nachwelt ein löwenköpfiges Mischwesen hinterlassen, dessen Löwenköpfigkeit frappierende Ähnlichkeit mit der des Cherubs aufweist. Um diese Mischwesen entstand ein regelrechter Kult – der sich vor allem darauf konzentrierte, ihr Erscheinen abzuwehren. Sie dürfen nicht mit den Chimären, wie sie aus griechischen Sagen bekannt sind, verwechselt werden, die in den Sagen und Legenden ein durchaus eigenständiges Leben führten.

Der Begriff Cherub stammt aus der assyrischen Sprache; Cherubim ist die aus dem Hebräischen abgeleitete Pluralform. Karâbu bedeutet so viel wie »jemandem nahe sein«. Es kann die Nähe eines Dieners ausdrücken, aber auch die Nähe eines Leibwächters. In der Engelshierarchie nach → Dionysius Areopagita steht dem Cherub nicht nur deshalb eine Schlüsselposition zu, da er Gott so nahe steht, die Cherubim gelten auch als Verbreiter der Erkenntnis, sie bewahren die Weisheit. All das geht von ihren feinen Schwingungen aus.

In der Bibel findet man Hinweise auf die Cherubim bei Samuel, Jesaja, Daniel, aber auch in den Chroniken, im Exodus und eben bei Hesekiel.

Hervorzuheben ist der Brief an die Hebräer 9,5. Dieser Paulusbrief beinhaltet die Behauptung, über der Bundeslade, in der die Zehn Gebote verwahrt werden, würden Cherubim die Sühneplatte bewachen. Diese Idee nahm übrigens Steven Spielberg in seinem Indiana-Jones-Abenteuer »Jäger des verlorenen Schatzes« auf: Sie erklärt den Showdown, währenddessen die Schurken des Filmes nach der Öffnung der gerade entdeckten Bundeslade von stofflosen Wesen regelrecht verflüssigt werden. Dies sind die Cherubim, die die Lade bewachen. Die im Paulusbrief beschriebene Wächterfunktion führt dazu, dass dem Cherub in esoterischen Kreisen eine Schutzengelfunktion zugesprochen wird. Als Mitglied des zweithöchsten Engelsrangs ist er der Engel der Glorie und des Lichts, er hütet das himmlische Feuer. Auch gelten Cherubim als Geister der Harmonie, Gott hat ihnen die Fähigkeit gegeben, sein Wissen zu verstehen. Der Engelsglaube stellt darüber hinaus einige Cherubim heraus: Da gibt es Anachel, den Engel der Gnade, Amarushaya, den Engel der Segnungen, für den Erfolg ist Fortunata verantwortlich, Ariel* für die Natur.

Die Darstellung des Cherubs in der Kunst variiert. Neben solchen Bildnissen, die ihn in der Tradition Hesekiels darstellen, kann es zu massiven Abweichungen kommen. Abweichungen, die so weit gehen, dass alles animalische aus seiner Natur getilgt wird. Aus der Renaissance stammen Bilder, die Cherubim bei der Bewachung des Baums des Lebens zeigen. Diese Cherubim sind menschlichen Antlitzes: Die Cherubim ähneln eher entschlossenen Rittern denn furchteinflößenden Engelswesen, wie Hesekiel sie in seinen Schriften beschreibt.

In den Anfängen des Christentums wurden die Seraphim und die Cherubim von den noch jungen christlichen Glaubensgemeinschaften nicht als Teil der Engelshierarchie oder als eigene Engelschöre betrachtet (→ Drei Sphären der Engel). Dies basiert unter anderem auf dem Missverständnis, Seraphim und Cherubim seien lediglich alternative Bezeichnungen für → Throne, oder sie seien Versinnbildlichungen von Tugenden. Hinzu kam eine Fokussierung auf die Verehrung von Engeln und → Erzengeln, der Cherub mit seinem wenig menschlichen Äußeren passte in diese Verehrung nicht hinein.

Während die Seraphim und Cherubim dennoch sehr bald große Popularität in der Engelsverehrung der östlichen Kir-

---

* Ariel wird auch der »Feuerherd Gottes« genannt und ist der Schutzengel der Unschuld und der Reinheit; die jüdische Kabbala kennt ihn als Wasserengel, Shakespeare stellt ihn im »Sturm« als schelmischen Engel dar; im Rahmen einer Engelsbeschwörung gehört er zu den Engeln, die gerufen werden dürfen.

chen erlangten, blieben sie im Westen (Rom) lange Zeit unbekannte Himmelswesen.

Erst die Aufnahme der Cherubim und Seraphim in die Engelshierarchie des Dionysius Areopagita um das Jahr 500 herum schrieb ihren Status als eigene Engelschöre fest.

CLARA VON ASSISI

Danielle Trussonis Heldin Evangeline lebt in einem Franziskanerinnenkloster (→ Franziskaner). Franziskanerinnen werden Klarissen genannt. Sie leben nach dem Vorbild von → Franz von Assisi, gegründet aber wurde ihr Orden, dem Evangeline angehört, von Clara von Assisi (auch Klara, ital. Chiara), die wie Franz von Assisi aus einer sehr reichen Familie stammt. 1193 oder 1194 in Assisi in Umbrien geboren, wurde sie von einer Predigt des heiligen Franz derart mitgerissen, dass sie sich ihm anschloss und fortan nach seinen Regeln lebte. In der kleinen Kirche Portiunkula ließ sie sich das Gelübde abnehmen, und lange Zeit wirkte sie im direkten Dunstkreis des Franz von Assisi, zu dem sie, so die Überlieferung, ein ungemein herzliches Verhältnis pflegte. Franz half ihr bei der Organisation eines eigenen Frauenordens, bei der Clara mit großen kirchenrechtlichen Problemen zu kämpfen hatte. So stellte sie – als Frau – die Regeln auf, nach denen die Angehörigen ihren Ordens leben sollten. Ein ungeheurer Vorgang, denn kirchliche Regeln wurden von Männern bestimmt. Aus diesem Grund blieb ihrem Orden, trotz großer Popularität in Europa, lange Zeit die offizielle Anerkennung, genannt Solet annuere, verwehrt, die er dann aber schließlich doch am 9. August 1253 erhielt. Am 10. August bekam Clara die Bulle (oder auch Päpstliche Bulle = Urkunde) zugestellt, am 11. August verstarb sie.

Zwei Jahre nach ihrem Tod begann ihre Heiligsprechung, ihr Orden ist heute der zweitgrößte der katholischen Kirche. Clara selbst ist, man höre und staune, die Schutzheilige des Fernsehens.

DANTE

Seine »Göttliche Komödie«, auch bekannt als »Dantes Inferno«, gilt als eines der bedeutendsten Werke der italienischen, ja der Weltliteratur. Dante Alighieri, der 1265 in Florenz zur Welt kam und am 14. September 1321 in Ravenna starb, berichtet in seiner Komödie von einer Jenseitsreise, die seinen Protagonisten in drei Reiche führt: die Hölle, das Fegefeuer und das himmlische Paradies, das aus neun Sphären besteht. Wer es bis dorthin schafft, erlebt die Ewige Seligkeit im Angesicht Gottes.

Über das frühe Leben des Dante Alighieri ist wenig bekannt. Sein Vater war Geldverleiher, seine Familie von niederem Adel. Dante studierte Philosophie und entwickelte dabei besondere Vorlieben für die griechischen Klassiker und für den römischen Dichter Vergil – er machte sich aber auch einen Namen als Verfasser kirchenpolitischer und kirchentheoretischer Schriften, die gekennzeichnet waren von einem hohen ethischen Anspruch, den er von Adligen und dem Kirchenklerus gleichermaßen verlangte. Nach Dantes Auffassung ergaben die Schriften der frühen Kirchenlehrer – in Verbindung mit den Schriften der Bibel – eine göttliche Weltordnung, die den Menschen zur Selbsterkenntnis führen sollten.

Dante erlangte Ende des 13. Jahrhunderts den Titel Stadthauptmann von Florenz, Capitano del Popolo, und versuchte in einem Konflikt zwischen dem Papst und diversen Adligen der Region zu vermitteln. Das heutige Italien war zu dieser Zeit Schauplatz unzähliger Konflikte zwischen Klerus, niedrigen Adligen, hohen Adligen und dem Papst, bei dem es unter anderem darum ging, die Toskana dem Kirchenstaat einzuverleiben. Am Ende siegte der Papst, und Dante musste die Stadt verlassen, vermutlich nicht nur, weil er den falschen Leuten in diesem Machtkampf nahestand – es sind wohl eher die Schriften gewesen, die so manch einen gar nicht heiligen Kirchenmann schwer im Magen lagen.

Sein Ruf als hervorragender Philosoph litt unter seiner Verbannung nicht. Auch wenn nicht allzu viele Unterlagen über sein Exil existieren, hörten (weltliche) Mächtige auf die Worte Dantes. Als Heinrich VII. zum Kaiser des Heiligen Römischen Reiches deutscher Nationen gekrönt wurde, unterstützte Dante die Versuche des Monarchen, die verfeindeten italienischen Parteien zu befrieden, was dem allerdings misslang. Nach dem Tod des Kaisers 1312 beschleunigte Dante seine Arbeit an seiner »Göttlichen Komödie«, an der er offenbar bereits seit 1307 arbeitete. Er verstand sie als einen politischen Kommentar; dass sie zu einem der einflussreichsten Werke der Weltliteratur werden sollte, stellt quasi nur einen Nebeneffekt dar, der Dante vermutlich amüsieren würde: Er, der Verbannte, erschuf ein Werk von Ewigkeit, während die, die ihn verbannten, heute vergessen sind.

Ähnlich des Auserwählten → Enoch reist der Protagonist der »Göttlichen Komödie« durch die Himmel und wird von einem Führer begleitet, in diesem Fall von dem von ihm verehrten römischen Dichter Vergil. Dante selbst schlüpft in die Rolle seines Protagonisten. Er führt in der Hölle Gespräche mit Philosophen, die zu falschen Göttern beteten (sie wurden unschuldig schuldig), er trifft Kleopatra, Achilles und wird Zeuge einer tragischen Liebesgeschichte, die ihm die Sinne raubt. Tiefer und tiefer steigt er in die Hölle hinab und trifft an den Ufern des Flusses Styx Choleriker, die gegen die Fluten kämpfen, und Phlegmatiker, die einfach in den Fluten untertauchen. Er lernt den Choleriker Filipo Argenti kennen, und ihm wird klar, dass er, wenn er das Wesen der Hölle verstehen will, letztlich mit einem Choleriker wie Filipo seine Reise fortsetzen muss. Jedoch verwehren Legionen von Teufeln den beiden Reisenden den Zugang zur Höllenstadt.

Danielle Trussoni macht aus Dante einen der großen Engelskundler schlechthin und stellt ihn, den höchst realen Dramatiker und Philosophen, in einen Kontext mit dem nicht minder realen → John Milton und dem → hl. Augustinus. Kein Wunder, denn die »Göttliche Komödie« liefert ihr eine Reihe von Vorstellungen bezüglich ihrer Darstellung der Unterwelt. Wenn ihre Protagonisten in eine Unterwelt griechischer Mystik hinabsteigen müssen, um den Spuren der gefallenen Engel zu folgen, beruft sie sich eindeutig auf die Schriften Dantes und seine Vermischung griechischer und christlicher Höllenvorstellungen. Zwar finden sich Ansätze einer solchen Vermischung auch in anderen Schriften, wie etwa denen des Enoch, der explizit den griechischen → Hades in seinen Schriften erwähnt, doch Dante treibt es auf die Spitze. Es sind keine Unterscheidungen zwischen griechischer und christlicher Mystik in seinen Schriften erkennbar, er fügt zwei Welten zu einer zusammen und erschafft somit eine eigene Mythenwelt, die ihrerseits neue Vorstellungswelten kreiert.

DIONYSIUS AREOPAGITA

Dionysius Arepagita lebte um das Jahr 500 und verfasste die »De Coelesti Hierarchia« – die Hierarchie der Engel. Die gesamte Hierarchie, die → drei Sphären der Engel mit den → Seraphim an der Spitze und den einfachen → Engeln am untersten Ende dieser Ordnung, entstammt seinen Schriften. Dionysius Areopagita hat in dem diffusen, vollkommen ungeordneten Engelsglauben seiner Zeit eine Grundordnung geschaffen. Er hat sämtliche Engelsinformationen, deren er in biblischen und → apokryphen Schriften habhaft werden konnte, geordnet, kategorisiert und interpretiert. Herausgekommen ist ein System, das die Hierarchie der Engel in eine dreigliedrige, triadische Rangordnung einteilt. Besondere Beachtung fanden in den Schriften des Dionysius Areopagita die Bücher Daniel (er spricht im zehnten Kapitel von den »untersten Engelsfürsten«) sowie die Briefe des Paulus, der mehrfach verschiedene Ränge erwähnt. Auch die Schriften des → Enoch waren Dionysius Areopagita definitiv nicht unbekannt.

Wenn noch heute in katholischen Gottesdiensten gesungen wird »Darum singen wir mit den Engeln und Erzengeln, den Thronen und Mächten, und mit all den Scharen des himmlischen Heeres den Hochgesang von deiner göttlichen Herrlichkeit …«, dann geht all dies direkt auf Dionysius Areopagita zurück, der sich aber auch als theologischer Philosoph einen Namen gemacht hat: Er definiert Gott einerseits als »vollkommenes Selbstsein«, andererseits aber auch als das »Anderssein«. Gott ist die Bewegung und die Stabilität in einem, er ist bei uns und doch unerreichbar. Jesus indes ist Mensch und Gott zugleich, sein Menschsein hat seine göttliche Natur nicht gemindert. Trotz seiner Sterblichkeit ist es dem Menschen möglich, Erkenntnis durch Erleuchtung zu erlangen, jedoch ist dies nur durch einen Prozess möglich, in dem der Mensch von seiner Unvollkommenheit gereinigt wird. Dionysius Areopagita wurde von der griechischen Philosophie beeinflusst, und Theologen interessierten sich für seine Schriften noch über Jahrhunderte. So wurde das gesamte Werk des Dionysius Areopagita im 9. Jahrhundert ins Lateinische übersetzt.

Wer dieser Mann jedoch war, kann niemand genau sagen. Auf jeden Fall war er nicht Dionysius der Areopagite, ebenfalls Dionysius Areopagita genannt. Dieser Dionysius Areopagita lebte im 1. Jahrhundert nach Christus in Athen und war Mitglied des Gerichts, das auf dem Felsen Areopag tagte. Er gehörte zu den Richtern, die für öffentliche Angelegenheiten zuständig waren – das heißt, zu seinen Aufgaben gehörte auch das Richten über die Einführung neuer Gottheiten und Gebräuche! Als der Apostel Paulus in Athen vor dem Areopag seinen Glauben erläutern sollte, hielt er eine so glühende Rede, dass sie, so will es die Legende, einen solchen Eindruck auf Dionysius Areopagita hinterließ, dass dieser nicht nur sein Amt am Gerichtshof aufgab, sondern sich darüber hinaus Paulus anschloss. Dionysius Areopagita gilt heute als 2. Bischof von Athen, er ist der Schutzheilige der griechischen Hauptstadt, und er starb gegen Ende des Jahrhunderts einen Märtyrertod.

Aufgrund seiner adligen Herkunft, seiner hohen Bildung und seines ausgeprägten Gerechtigkeitssinns galt er vielen christlichen Philosophen als Vorbild; vermutlich nutzte aus genau diesem Grund ein bis heute unbekannter Philosoph seinen guten Namen, um die eigenen Schriften prominent zu plazieren. Auch er, der Unbekannte, verfasste seine Schriften auf

Griechisch, er führte manch einen Gedanken des wahren Dionysius Areopagita fort – und wer überprüfte zu seinen Lebzeiten schon die tatsächliche Herkunft eines Papiers? Vermutlich stammt der Mann, er unter dem Namen des Athener Bischofs seine Ansichten zu Papyrus brachte, aus Syrien. Bis zum Ende des 19. Jahrhunderts wurde über die Frage gestritten, ob der griechische Bischof Dionysius der Verfasser der Dionysius-Schriften sei oder ein unbekannter Namens-Plagiator. Heute ist die Autorenschaft eines Unbekannten unbestritten, daher wird er in der Literatur, auch zur Unterscheidung vom echten Dionysius, Pseudo-Dionysius Areopagita genannt. Der unbekannte Dionysius Areopagita könnte ein Schüler des griechischen Gelehrten Proklos gewesen sein, der Philosophie und Religion in Gänze als ein einheitliches, geschlossenes System darzustellen versuchte. Viele seiner Gedanken finden sich auch in den Schriften des unbekannten Dionysius Areopagita wieder – gerade seine Engelshierarchie als systematische Ordnung geht auf Ideen von Proklos zurück. War er kein Schüler von Proklos, war er zumindest mit dessen Schriften bestens vertraut.

Martin Luther schätzte die Arbeit des Areopagiten – wie der unbekannte Autor in Anlehnung an sein Pseudonym auch in der wissenschaftlichen Analyse genannt wird –, da er trotz aller Versuche, dem Himmelreich eine Systematik zu verleihen, an der Unerklärbarkeit Gottes nicht rüttelte und Gott somit »… unserem theoretischen Zugriff gegenüber doch ein letztlich verborgener und unbegreiflicher Gott bleibt«, wie Karl-Heinz zur Mühlen in der Untersuchung »Reformatorisches Profil – Studien zum Weg Martin Luthers und der Reformation« feststellt. Luther kannte Dionysius Areopagita. Aber vermutlich hatte auch er keine Ahnung, wer sich hinter diesem Pseudonym verbarg.

Von der »De Coelesti Hierarchia« liegt auch eine deutsche Übersetzung vor. Dennoch soll in diesem und anderen Texten ausschließlich der lateinische Titel Verwendung finden. Warum erklärt vermutlich der deutsche Titel, ohne eine weitere Erklärung zu benötigen: »An seinen Mitpresbyter Timotheus der Presbyter Dionysius über die himmlische Hierarchie«.

DREI SPHÄREN DER ENGEL

Die erste überlieferte christliche Engelshierarchie entstammt den Schriften des Clemens von Rom, des zweiten oder dritten Nachfolgers des Simon Petrus als Bischof von Rom (über die genaue Nachfolge streiten sich Kirchenhistoriker). Die gegen Ende des 1. Jahrhunderts von ihm verfasste Hierarchie umfasst elf Chöre, die nicht in einzelne Sphären oder Triaden aufgeteilt sind. In der Reihenfolge ihrer Bedeutung sind dies 1. Seraphim, 2. Cherubim, 3. Aeonen, 4. Heerscharen, 5. Gewalten, 6. Herrschaften, 7. Fürsten, 8. Throne, 9. Erzengel, 10. Engel, 11. Herrschaften (so die offiziellen deutschen Namen; im Englischen werden die Engel des sechsten Chors »Authorities« = »Autoritäten« und die des 11. Chores »Dominions« = »Herrschaften« genannt).

Nach der »Summa Theologica« des → Thomas von Aquin und der »De Coelesti Hierarchia« des → Dionysius Areopagita besteht die Hierarchie des Himmels jedoch aus neun Engelschören, die den Heiligen Thron Gottes in verschiedenen Sphären umkreisen. Um genau zu sein, sind diese neun Chöre, Stände oder Klassen – verschiedene Benennungen sind möglich – in drei Sphären aufgeteilt, die im Allgemeinen Triaden genannt werden. Diese Hierarchie hat sich schließlich durchgesetzt.

In der Oberen Triade, jener Gott am nächsten stehenden Klasse, sitzen, in der Reihenfolge ihrer Bedeutung, die → Seraphim, → Cherubim und → Throne. Die Mittlere Triade bilden → Heerscharen, → Mächte und → Gewalten, die Unterste Triade → Fürstentümer, → Erzengel und schließlich die einfachen → Engel. Aus den Reihen der Engel stammen die → Wächter (→ Söhne Gottes), die ursprünglich über die Menschen wachen sollten, die sich dann aber in die menschlichen Frauen verliebten und mit ihnen Kinder, die → Nephilim, zeugten.

Im Mittelalter kursierte unter Geistlichen die Ansicht, dass es zusätzlich zu den neun »offiziellen« Chören einen zehnten Chor geben müsse, der den Seligen und den erlösten Menschen vorbehalten sei. Sie füllten die Lücke, die die gefallenen Engel hinterlassen haben. Gefallene Engel wie die → Söhne Gottes. Oder jene Engel, die den Menschen um seine Seele beneideten (siehe zu diesem Thema die → Apokryphen).

Diese Systematik bezieht sich allein auf die christliche Triadenordnung westlicher Prägung. Trotz einiger Überschneidungen ist beispielsweise die → jüdische Engelshierarchie etwas komplexer gestaltet.

ENGEL (DER NEUNTE CHOR)

DER ARBEITER UNTER DEN ENGELN

Sie sind das Proletariat der Engel. Sie sind weder → Seraphim und singen unentwegt ein Loblied auf Gott, noch sind sie → Herrschaften und übernehmen wenigstens administrative Aufgaben. In der Hierarchie nach → Dionysius Areopagita sind sie der neunte Chor der dritten Triade. Zwar sind sie die Engel, die am häufigsten in der Bibel Erwähnung finden, die das Bild der Engel in der Kunst bestimmen, zu denen Kinder beten und an die Erwachsene denken, wenn sie mit dem Begriff Engel konfrontiert werden. X-fach in der Kunst dargestellt, verfremdet, immer und immer neu interpretiert, bleiben sie dennoch auf eine seltsame Weise gesichtslos. Sie sind Boten zwischen dem Himmelreich und der Menschheit, aber mit den → Erzengeln sind sie dennoch nicht vergleichbar – geht es nämlich um die großen Themen, dann nehmen die Erzengel diese selbst in die Hand. Vielleicht lassen sie sich mit verbeamteten Diplomaten vergleichen: Sie haben die Arbeit, aber wenn es dann um die großen Verträge geht, kommen die Minister, setzen ihre Unterschriften unter besagte Verträge und ernten den großen Applaus. Die, die diese Unterschrift erst möglich gemacht haben, bleiben im Verborgenen und unbekannt.

Wie viele Engel es gibt, ist schwer zu sagen, da man keine genauen Angaben dazu findet. In folgenden Textstellen entsteht vielmehr der Eindruck, es gäbe unendlich viele. »Ihr seid vielmehr zum Berg Zion hingetreten, zur Stadt des lebendigen Gottes, dem himmlischen Jerusalem, zu Tausenden von En-

geln, zu einer festlichen Versammlung«, heißt es im Hebräer-
brief. Jesus selbst sagt bei Matthäus im Kapitel 26, Vers 53:
»Oder glaubst du nicht, mein Vater würde mir sogleich mehr
als zwölf Legionen Engel schicken, wenn ich ihn darum
bitte?«

Vor allem aber interessant sind die Offenbarungen des Johannes, in denen geschrieben steht: »Ich sah, und ich hörte die
Stimme von vielen Engeln rings um den Thron und um die
Lebewesen und die Ältesten; die Zahl der Engel war zehntau-
sendmal zehntausend und tausendmal tausend.« Dies ist aber
eine interpretierende Übersetzung des griechischen Original-
textes, der nicht von »zehntausend« spricht, sondern von
»myrios«, Myriaden, was für unzählbar steht.

Die Darstellung eines Engels in der Kunst ist eine Sache, der
Glaube an sie eine andere. Der Vatikan besteht auf die Existenz der Engel, jedoch definiert sie Rom nicht mehr als geflügelte menschenähnliche Bewohner des Himmels, sie werden
heute vielmehr als Materiewesen ohne feste Körperlichkeit
betrachtet. Wie alle Engel gelten auch die rangniedrigsten für
gewöhnlich als geschlechtslos bzw. androgyn.

Umstritten ist der katholische Gedanke, dass Gott Maria über
die Engel erhoben hat, da ihr Glaubensgehorsam so groß war,
dass sie nun in seinem Erlösungsplan eine bedeutende Rolle
spielt.

SCHUTZENGEL

Eine besondere Gattung des gewöhnlichen Engels stellt der
Schutzengel dar, oder *angelus tutelaris*, wie er im Wörterbuch
der Gebrüder Grimm genannt wird. Schutzengel kannte
schon das alte Persien, auch den alten Ägyptern waren sie

nicht unbekannt. Im Judentum kennt man sie ebenso wie in neuen Religionen, in denen sie teils höchste Anerkennung erfahren. Sie sollen den Menschen in vielerlei Hinsicht zur Seite stehen – als persönliche Engel. Sie bekämpfen auch die Korruption, sie wachen über jene, die besonders schwach sind, wie etwa Kinder oder Menschen mit Behinderung.

Ein Beispiel für einen Augenzeugenbericht über die Erscheinung eines Schutzengels ist die Geschichte von Giovanni Maria Mastai-Ferretti, der einst berichtete, als junger Ministrant habe ihn ein Jüngling während eines Gottesdienstes so penetrant genervt, dass er gegen jede liturgische Regel seinen Platz verließ, um den jungen Mann anzusprechen. Kaum hatte er seinen Platz verlassen, stürzte ein Teil der Wand hinter ihm zusammen – und hätte ihn erschlagen, wenn der junge Mann nicht gewesen wäre. Jedoch: Der junge Mann, der Giovanni Maria Mastai-Ferretti das Leben gerettet hatte, war verschwunden, und niemand konnte sich daran erinnern, ihn gesehen zu haben. Für Giovanni Maria Mastai-Ferretti stand fest: Sein Schutzengel hatte ihm das Leben gerettet. Eine beeindruckende Geschichte, die allerdings einen Schönheitsfehler aufweist: Giovanni Maria Mastai-Ferretti ist niemand anderes als Papst Pius IX., bei dessen Namensnennung sich nicht nur Protestanten, Juden, orthodoxen Christen, Demokraten und anderen die Nackenhaare kräuseln, allesamt Personengruppen, die im Laufe seines Pontifikats mit ihm in Streit gerieten und keine sonderlich gute Meinung über ihn vertreten. Besagter Papst Piux IX. ist auch jener Bischof von Rom, der unter anderem 1870 seine Unfehlbarkeit verkünden ließ, woraufhin sich die Altkatholiken aus Ärger von der Kirche abspalteten.

Seit 1670 feiert die katholische Kirche den 2. Oktober als den Tag der Schutzengel, als deren Anführer der → Erzengel Michael gilt. Und bis heute sind auch Gebete an Schutzengel populär:

> *Heiliger Schutzengel mein,*
> *lass mich dir empfohlen sein;*
> *in allen Nöten steh mir bei,*
> *und halte mich von Sünden frei.*
> *In dieser Nacht, ich bitte dich,*
> *erleuchte, führe, schütze mich.*
> *Amen.*

Und dennoch, trotz aller Augenzeugenberichte, ist nicht zu leugnen, dass sie sich alle am Ende im Reich des Glaubens bewegen, nicht des Wissens, des Fassbaren. Dass Schutzengelberichte durchaus für Furore sorgen können, beweist die Geschichte der Engel von Mons. Von Schutzengeln, denen Soldaten auf Schlachtfeldern begegnen, gibt es unzählige Berichte. Die Engel von Mons aber sprengen jede Dimension. 1914 griffen deutsche Truppen die kleine Stadt in Flandern an und lieferten sich heftige Scharmützel mit vor Ort stationierten britischen Soldaten. Die Briten waren den Deutschen hoffnungslos unterlegen, dennoch leisteten sie nicht nur heftige Gegenwehr, es gelang ihnen sogar, den deutschen Vormarsch kurzzeitig zu stoppen, bevor sie sich zurückziehen mussten. Sie zwangen die Deutschen, Stellung an einem Ort zu beziehen, der dafür gar nicht vorgesehen war.

Kurze Zeit später berichteten Dutzende englische Soldaten von Engelserscheinungen, die überall entlang der Schlachtlinie beobachtet werden konnten. Engel (zumeist in Form weißer Astralwesen) erschraken vor allem die Pferde der deutschen Truppen. Die Geschichte wurde von Zeitungen aufgegriffen, es entstand sogar ein populärer Walzer, und die britischen Truppen feierten die Engel als wahre Patrioten. Diese Geschichte ist bis heute eine der großen britischen Legenden des Ersten Weltkriegs, nur leider ist diese wohl spektakulärste Engelssichtung des 20. Jahrhunderts nichts weiter als ein Märchen. Sie diente dazu, die demoralisierten britischen Truppen, die von den als überlegen geglaubten Deutschen förmlich überrannt wurden, wiederaufzubauen, ihnen das Gefühl zu geben: Gott ist auf unserer Seite!

Während Schutzengel im Katholizismus oder in der Orthodoxie Teil des Glaubens darstellen, ist die Einstellung der Protestanten zum Schutzengel weniger klar definiert. Engelsanbetung ist unter Protestanten an sich verpönt. Protestanten, die den reformierten Kirchen angehören (Calvinisten, Presbyterianer, evangelisch-reformierte Kirche in Deutschland, Schweizer Reformierte Kirche etc.), beziehen sich in ihrer Ansicht vor allem auf Calvin, der die Engelsanbetung (und damit auch den Glauben an Schutzengel) als einen höchst gefährlichen Kult verurteilte, da die Anbetung nicht zwischen Engeln und Gott unterscheidet. Obschon Calvin die besondere Stellung der Engel in Gottes Himmelreich nicht anzweifelte und von einem edlen und hervorragenden Teil der Schöpfung sprach, ließ sich die Engelsanbetung – seiner Ansicht nach – mit dem christlichen Glauben dennoch nicht vereinbaren. In Deutschland mögen die reformierten Protestanten im Vergleich zu den evangelisch-lutherischen Christen eine Minderheit darstellen, weltweit betrachtet aber ist die Zahl der Reformierten weitaus höher als die der Lutheraner. Die Lutheraner haben ein etwas entspannteres Verhältnis zur Engelsanbetung, da Luther (Schutz-)Engel als dem Menschen nützliche Helfer betrachtete, für die ein guter Christ Gott selbstverständlich danken dürfe. Ihre Verehrung sei sogar als Dankgebet an Gott zu verstehen. Einen Engelskult lehnte zwar auch er ab, seine Definition der Verehrung aber ließ einige Hintertürchen offen stehen. Als 1618 der Dreißigjährige Krieg ausbrach und halb Europa in Schutt und Asche legte, erhielten Schutzengel über alle christlichen Konfessionen hinaus einen große Bedeutung, denn im Gemetzel war es schließlich auch Calvinisten oder den Anhängern des strengen Reformators Zwinglis egal, wer sie errettete. Die Beziehung des Protestanten zum Schutzengel ist ein kompliziertes, der individuelle Glaube korrespondiert nicht zwingend mit der allgemeinen Lehrmeinung.

Eine klare Absage an das Schutzengeltum formulierte im 20. Jahrhundert der evangelische Theologe Rudolf Karl Bultmann, der eine Entmythologisierung des Neuen Testaments vorantrieb. Die Reduzierung des Glaubens auf das Wort Gottes ohne Schnickschnack, so könnte man seinen Ansatz – stark vereinfacht – bezeichnen. Viele nach dem Zweiten Weltkrieg bedeutende evangelische Theologen waren Schüler Bultmanns. Zumindest im deutschen Protestantismus hat der Schutzengel wohl ausgedient.

ENOCH

Je nach Übertragung aus dem Hebräischen heißt er mal Enoch, mal Henoch, auch die Übertragung Enos ist möglich, aber selten. Ohne das → Buch Enoch gäbe es den Engelsglauben, wie ihn das Christentum kennt und zelebriert, nicht. Dies kann wirklich nur als erstaunlich betrachtet werden, da das Buch Enoch weder von den West- noch von den Ostkirchen als Buch der Bibel anerkannt wird. Allein die christliche äthiopisch-orthodoxe Tewahedo-Kirche sowie mit ihr verwandte Glaubensgemeinschaften wie die Tewahedo-Kirche von Eritrea erkennen sein Werk an, zusammen haben diese Kirchen etwa 40 Millionen Mitglieder weltweit.

Wer aber war Enoch?

Niemand weiß es. Enoch ist eine mystische Gestalt. Es heißt, er sei der Erde entrückt und in den Himmel aufgestiegen. Hinterlassen hat er ein Buch, das von seinen Reisen durch den Himmel berichtet. Vermutlich ist der Name von verschiedenen Autoren benutzt worden. Im äthiopischen Christentum wird Enoch als Prophet verehrt, während die Esoterik Enoch mit dem Engel Metatron verbindet. Im Heiligen Buch der Juden, dem Tarnach, findet dieser Engel zwar mit keinem Wort Erwähnung, sehr wohl aber in der Zohar, dem bedeutendsten Schriftwerk der mystischen Kabbala.

In der Interpretation der Esoterik (basierend auf der sie inspirierenden jüdischen Kabbala-Mystik) ist Enoch wie gesagt nach seiner Entrückung von Gott zum Engel Metatron verwandelt worden, einem Seraph. Als Oberster der → Seraphim ist er seither die Stimme Gottes. Da Gottes wahre Stimme den Menschen in den Wahnsinn treibt, da der Mensch sie nicht verstehen, ja nicht einmal ertragen kann – erzählt die Legende –, bedarf es einer menschlichen Stimme, um die Worte Gottes für den Menschen erfahrbar zu machen. Enoch ist diese Stimme geworden, wandelte er doch als Mensch durch das Himmelreich und lernte, sein Wesen zu verstehen.

Im Glauben der Kabbala ist Metatron der höchste aller Engel, sein Name bedeutet übersetzt so viel wie »der einen Thron neben Gott einnimmt«. Er steht im Glauben der Kabbala über allen anderen Engeln und ist der Hüter des spirituellen Körpers; in der Magie wird er als Herr der Sonnensphären gefeiert.

Demnach ist Enoch also gar kein Mensch? Ist der von Danielle Trussoni in ihrem Roman genannte Enoch, dessen Schriften erst den himmlischen Kosmos fassbar gemacht haben, also ein Engel? – Dies lehrt zumindest die Kabbala.

Was aber weiß man letztlich über den Menschen oder Engel, dessen Leben mehr Fragen als Antworten zulässt? Nur Mythen, Legenden und ein paar Vermutungen.

Im Alten Testament findet Enoch relativ früh Erwähnung, um genau zu sein im fünften Kapitel des 1. Buch Mose, in jenen Versen, die Martin Luther wie folgt übersetzte: »Jared war hundertzweiundsechzig Jahre alt und zeugte Henoch und er lebte darnach achthundert Jahre und zeugte Söhne und Töchter; daß sein ganzes Alter ward neunhundert und zweiundsechzig Jahre, und starb. Henoch war fünfundsechzig Jahre alt und zeugte Methusalah. Und nachdem er Methusalah gezeugt hatte, blieb er in einem göttlichen Leben dreihundert Jahre und zeugte Söhne und Töchter; daß sein ganzes Alter ward dreihundertfünfundsechzig Jahre. Und dieweil er ein göttliches Leben führte, nahm ihn Gott hinweg, und er ward nicht mehr gesehen.«

Der Evangelist Lukas nennt Enoch einen menschlichen Vorfahren von Jesus Christus. Der Stammbaum Jesu, den er im dritten Kapitel seines Buches aufschlägt, beginnt zu der Zeit, als Jesus begann, Gottes Werk auszuführen: »Und Jesus war, da er anfing, ungefähr dreißig Jahre alt, und ward gehalten für einen Sohn Josephs, welcher war ein Sohn Eli's, der war ein Sohn Matthats, der war ein Sohn Levis, der war ein Sohn Melchis, der war ein Sohn Jannas, der war ein Sohn Josephs ...«, gefolgt von einer weitere dreizehn Verse umfassenden Ahnengalerie, die unter anderem Enochs Verwandtschaft mit → Noah belegt: »(...) Sems, der war ein Sohn Noahs, der war ein Sohn Lamechs, der war ein Sohn Methusalahs, der war ein

Sohn Henochs, der war ein Sohn Jareds, der war ein Sohn Mahalaleels, der war ein Sohn Kenans, der war ein Sohn des Enos, der war ein Sohn Seths, der war ein Sohn Adams, der war Gottes.«

Enoch entstammt also der Linie des dritten Sohnes von Adam und Eva, Seth, der der Überlieferung folgend nach dem Brudermord geboren wurde. Er ist also nicht identisch mit Enoch, dem – ebenfalls von Mose überlieferten – Sohn des Kain.

In den Höhlen von → Qumran wurden aramäische und hebräische Fragmente des 1. Buches Enoch entdeckt, die zwischen 130 vor und 68 nach Christus entstanden sein müssen. Ob diese Fragmente von einem Autor verfasst wurden oder von mehreren, ist nicht bekannt. Auch die Quellen, auf denen diese Schriften basieren, konnten bislang nicht ermittelt werden.

Gewisse Formulierungen in den Texten lassen darauf schließen, dass der Urtext im zweiten Jahrhundert vor Christus entstanden sein könnte. Die der Nachwelt erhalten gebliebene Fassung aus Äthiopien ist vermutlich die Übersetzung eines griechischsprachigen Textes, der seinerseits möglicherweise auf einem aramäischen Text basiert. Aber all das sind keine erwiesenen Tatsachen, sondern Vermutungen, die sich auf linguistische Feinheiten beziehen, auf Interpretationen anderer Texte, auf Zufallsfunde wie den Qumran-Rollen. Als Faktum gilt heute lediglich die Tatsache, dass das Buch weit vor Christi Geburt entstand. Bis vor wenigen Jahrzehnten ging die Forschung noch davon aus, dass der Text nicht vor dem 1. nachchristlichen Jahrhundert entstanden sein konnte, was sich allerdings inzwischen als Irrtum herausgestellt hat.

Wann die Enoch-Schriften verloren gingen (von der äthiopischen Fassung einmal abgesehen), ist nicht mit Sicherheit feststellbar. Die Schriften des Enoch waren dem falschen → Dionysius Areopagita definitiv nicht unbekannt, und der lebte im 6. Jahrhundert. Auch den Künstlern der Renaissance waren Enoch und seine Engelsschriften nicht fremd. Weiterhin entwickelte John Dee, seines Zeichens Hofastrologe der Königin Elisabeth I., die von 1558 bis 1603 auf dem englischen Thron saß, eine fremdartige Schrift, die er Henochisch nannte und auf Enoch zurückführte. Dee war der Überzeugung, Engel würden ihm Botschaften in einer fremden Sprache übermitteln, einer Engelsprache, die nur ein Mensch bis dato jemals beherrscht hatte: Enoch!

Im späten 18. Jahrhundert erzählten Reisende, in Äthiopien seien Schriften im Umlauf, die in Europa seit Jahrhunderten als verschollen galten. 1821 erschien dann in London eine erste englischsprachige Übersetzung des Buches von Enoch, zwölf Jahre später folgte eine deutsche Übersetzung.

Im 1. Buch Enoch berichtet der Autor von seiner Himmelsreise, von den → Söhnen Gottes, die sich mit menschlichen Frauen paaren, aber auch von der → Sintflut, mit der der Herr schließlich seine Schöpfung vernichtet, um die → Nephilim vom Erdball zu tilgen. Er berichtet von seinen Gesprächen mit dem → Erzengel Uriel, aber auch die Hölle findet in seinem Buch erstmals in der Form, wie wir sie uns heutzutage in der Regel vorstellen – als einen heißen, ungemütlichen, von Dämonen bevölkerten Ort –, Erwähnung. So entstammt das Fundament all unserer Höllenängste letztlich einem Buch, das nicht einmal in den Kanon der Bibel aufgenommen wurde, einem Buch, das jenseits der offiziellen Kirchenlehren die Jahrhunderte überdauerte, verloren ging, wiederentdeckt und neu interpretiert wurde, das von einem Autor stammt, dessen wahren Namen niemand kennt, ja dessen gesamte Herkunft vor allem Fragen aufwirft, auf die es so gut wie keine Antworten gibt.

Das 1. Buch Enoch hat nicht nur während des Mittelalters die Phantasie vieler Gelehrter beflügelt, auch die jüdisch-mystische Kabbalalehre ist von Enochs Schriften inspiriert. Genannt wird Enoch auch im »Buch der Jubiläen«, einem Werk, das nicht nur die Nephilim erwähnt, sondern auch die Engel in Hierarchien aufteilt, wenngleich auch nur in folgende vier Kategorien: die »Engel des Angesichts«, die »Engel der Heiligung«, die »Engel der Natur« und die »Schutzengel«. Auch das »Buch der Jubiläen« berichtet von den Söhnen Gottes, ihren mit den Menschenfrauen gezeugten Kindern und ihrem Untergang. Im weiteren Verlauf berichtet das Buch unter anderem vom Turmbau zu Babel, dem Verlust der hebräischen Sprache nach dem Einsturz des Turmes und von Enoch, der von göttlichen Mächten in die Kunst der Schrift eingewiesen wurde, woraufhin es ihm möglich gewesen sei, die Geheimnisse der Astronomie, der Geschichte und vieler anderer Dinge niederzuschreiben. Wie etwa auch die Geschichte der gefallenen Engel.

Neben dem 1. Buch Enoch existieren, wie bereits im Kapitel über das Buch Enoch erwähnt, ein 2. und 3. Buch. Das 2. Buch ist dem ersten Buch inhaltlich nicht unähnlich, bietet aber auch einige Unterscheidungen. So umfasst es eine weitaus ausgearbeitetere Himmelshierarchie. Die Autorenschaft ist ebenso ungeklärt wie die des 1. Buches. Wie der deutsche Name schon andeutet, gehen die ältesten überlieferten Schriften des 2. Buches auf in Kirchenslawisch verfasste Texte zurück, die in den orthodoxen Kirchen Verbreitung fanden.

Auf jeden Fall genoss Enoch – beziehungsweise die Schriften, die »in seinem Namen« verfasst wurden – im frühen Christentum eine hohe Achtung. Davon zeugt auch ein Bibelzitat, das sich in der redigierten Lutherbibel von 1984 wie folgt liest: »Es hat aber auch von diesen Henoch geweissagt, der

Siebente von Adam an, und gesprochen: Siehe, der Herr kommt mit seinen vielen tausend Heiligen, Gericht zu halten über alle und zu strafen alle Menschen für alle Werke ihres gottlosen Wandels, mit denen sie gottlos gewesen sind, und für all das Freche, das die gottlosen Sünder gegen ihn geredet haben.« So steht es im Brief des Judas, im Kapitel »Gottes Gericht über die Irrlehrer«, Vers 14 und 15. Diese Verse leiten sich aus den einleitenden Worten des Buches Enoch ab.

Das 3. Buch Enoch entspricht inhaltlich in vielen Belangen dem 1. und 2. Buch Enoch, es berichtet allerdings auch die bereits erwähnte Geschichte der Verwandlung des Enoch zum Engel Metatron.

ERZENGEL

WIE VIELE ERZENGEL GIBT ES?

Die Bibel nennt genau einen Erzengel! Und es ist nicht etwa Gabriel, der vermutlich berühmteste Engel, der immerhin Maria verkündet, dass sie einen Sohn gebären wird, der den Namen Jesus tragen soll. Nein, der einzige Erzengel, der auch tatsächlich in der griechischen Urfassung des Neuen Testaments als Archángelos, also Erzengel, bezeichnet wird, ist Michael, der, so steht es in den Offenbarungen, den Drachen (den Teufel, das Biest) besiegt.

Da heißt es in der Fassung der Lutherbibel aus dem Jahre 1912 im Buch der Offenbarungen, Kapitel 1, Vers 9: »Michael aber, der Erzengel, da er mit dem Teufel stritt und mit ihm redete über den Leichnam Mose's, wagte er das Urteil der

Lästerung nicht zu fällen, sondern sprach: Der Herr strafe dich!«

Das war's. Ein Erzengel – Michael. Oder vielleicht doch nicht?

Nein, denn auch Gabriel wird von allen Religionen, die Abraham als ihren Urvater betrachten, als Erzengel anerkannt. Zwar betrachten viele evangelische Theologen diese Aussage als problematisch, da Gabriel in der Bibel tatsächlich nicht ausdrücklich als Erzengel genannt wird, aber seine besondere Stellung ist unbestritten. Der Islam kennt ihn als Djibril, das Judentum als Gavri-El. Das Buch Daniel, das die Geschichte des Propheten Daniel erzählt und sowohl im Tanach als auch im Alten Testament verzeichnet ist, benennt Gabriel zwar nicht als einen Erzengel, sehr wohl aber seine herausragende Stellung im Himmelschor: »Und ich«, heißt es da im achten Kapitel ab Vers 16, »hörte eine Menschenstimme zwischen den Ufern des Ulai, die rief und sprach: Gabriel, lass diesen die Erscheinung verstehen! Und er trat an den Ort, wo ich stand; und als er herantrat, erschrak ich und fiel nieder auf mein Angesicht. Er aber sprach zu mir: Merke auf, Menschensohn! Denn die Vision gilt für die Zeit des Endes. Und als er mit mir redete, sank ich betäubt zur Erde auf mein Angesicht. Er aber rührte mich an und stellte mich auf meinen vorigen Platz. Und er sagte: Siehe, ich will dich erkennen lassen, was am Ende der Verfluchung geschehen wird; denn es gilt für die festgesetzte Zeit des Endes.« Dass ein Engel so mit einem Menschen spricht, ist in der Bibel eher selten der Fall. Und dass jener einem Propheten Dinge, die dieser gesehen hat, erklärt, das geschieht noch seltener. Schon im Alten Testament nimmt Gabriel eine Sonderstellung im ansonsten namenlosen Engelschor ein, und zu seiner endgültig herausragenden Bedeutung gelangt er schließlich im Lukasevangelium als Verkünder der guten Nachricht (→ Engelsberichte nach Mose, Hesekiel und Lukas).

Das wären also zwei Erzengel. Und weiter?

Da beginnt auch schon ein Streit, der sich nicht nur zwischen den drei großen Religionen Judentum, Islam und Christentum abspielt, die allesamt Erzengel kennen, aber ihre Anzahl und ihre Aufgaben unterschiedlich definieren. Das Judentum geht von sieben Erzengeln aus, der Islam kennt Erzengel, die den anderen Religionen fremd sind. Aber allein der innerchristliche Streit reicht aus, um gleich mehrere Bücher mit Inhalt zu füllen.

Der Vatikan erkennt drei Erzengel an. Neben Gabriel und Michael ehrt die römisch-katholische Kirche den Erzengel Raphael, der im Buch Tobit eine namentliche Erwähnung findet. Der Prophet Tobit errettet die Witwe Sara durch ein Gebet. Die junge Frau will sich umbringen, da ihre Männer, immerhin sieben an der Zahl, allesamt von einem Dämon dahingemetzelt worden sind. Doch stattdessen betet sie mit Tobit und siehe: »Das Gebet beider, Tobits und Saras, fand Gehör bei der Majestät des großen Rafael. Er wurde gesandt, um beide zu heilen: um Tobit von den weißen Flecken auf seinen Augen zu befreien und um Sara, die Tochter Raguëls, mit Tobits Sohn Tobias zu vermählen und den bösen Dämon Aschmodai zu fesseln. Denn Tobias sollte Sara zur Frau haben. Und Tobit kehrte zur gleichen Zeit in sein Haus zurück, als Sara, die Tochter Raguëls, aus ihrem Zimmer herabkam.«

Ebendieses Buch definierte Luther jedoch als → apokryph, weshalb man es in der Lutherbibel vergeblich sucht. Daher kennen die Protestanten auch keinen Erzengel Raphael und erkennen diesen nicht an.

Auf katholischer Seite wurde sogar kurzweilig über einen vierten Erzengel diskutiert. Die Schuld daran trägt Papst Gregor I. Gregory Dialogus, wie er auch genannt wird, erlangte nicht nur dadurch Berühmtheit, dass er im späten 6. Jahrhundert Missionare nach Britannien sandte und auf diese Weise eine starke Westachse innerhalb der Kirche formte, die den Führungsanspruch Roms im Christentum untermauerte. Er entfachte auch einen über Jahrhunderte andauernden Theologenstreit über die Frage, ob es einen vierten Erzengel gebe: Er selbst erkannte Uriel als vierten Erzengel an, der eine gewichtige Rolle im → Buch Enoch spielt und im Mittelpunkt des nicht-biblischen 4. Buches Esra steht, auf das sich der Papst im Besonderen bezog. Die nach Esra benannte Schrift ist eine Art Gesprächsprotokoll aus einem Dialog zwischen dem Propheten Esra und dem Erzengel Uriel. Seit der Synode von Laodicea (→ Konzil von Nicäa) galt die Anbetung von Engeln als verboten; dass nun ausgerechnet ein Papst nicht nur dieses Verbot aufweiche, sondern sogar einen Beschluss aus einem Buch ableitete, das von Rom nicht einmal zur Bibel als zugehörig betrachtet wurde, ist sicher mehr als nur bemerkenswert. Das führt nun zu dem Phänomen, dass der Vatikan nur drei Erzengel namentlich anerkennt, man in katholischen Kirchen rund um den Erdball allerdings immer wieder Darstellungen von vier Erzengeln findet, oftmals sogar in einer Gruppe stehend. In Deutschland gilt Uriel als Vorbild des Sensenmannes.

Trotz der Anerkennung Uriels durch Papst Gregor I. hat der vierte Erzengel niemals offiziell Einzug in den katholischen Engelskanon gehalten. In der Synode von Rom 745 wurde die Anbetung Uriels gar aufs schärfste verurteilt. Während die Anbetung von Engeln in verschiedenen Epochen äußerst unterschiedlich gehandhabt wurde – es gab Zeiten, da war sie streng verboten, dann wurden diese Verbote wieder aufgeweicht –, blieb Uriel die Anerkennung des Erzengelstatus verwehrt. Da die (katholische) Bibel nur drei Erzengel namentlich kennt, gibt es auch nur drei Erzengel. Da interessiert es auch die Kirchengewaltigen nicht, was ein Papst vor 1400 Jahren einmal gesagt haben mag.

Oder?

Seit 1992 gilt der Katechismus der Katholischen Kirche, der von einer Kommission unter Vorsitz von Kardinal Ratzinger, heute Papst Benedikt XVI., in jahrelanger Arbeit erstellt worden ist. Dieser KKK bestimmte, dass sich die Kirche in ihrer Liturgie mit den Engeln vereint, um den dreimal heiligen Gott anzubeten. Sie bittet unter anderem um Beistand der Engel und feiert ihr Gedächtnis unter besonderer Benennung von Michael, Gabriel, Raphael und der heiligen Schutzengel.

Das sind aber noch immer nur drei anerkannte Erzengel. Ist die Diskussion damit auch abgeschlossen?

Nein, denn es gibt eine nicht ganz unbedeutende Fußnote. Darum kehren wir noch einmal zum Buch Tobit zurück, das Rom ausdrücklich als biblische Schrift anerkennt. Und darum widmen wir uns dem Erzengel Raphael und dem, was dieser Prophet über seine eigene Herkunft im sechsten Kapitel des Buches offenbart: »Ich bin Rafael, einer von den sieben heiligen Engeln, die das Gebet der Heiligen empor tragen und mit ihm vor die Majestät des heiligen Gottes treten.«

Raphael ist einer der sieben heiligen Engel?

SCHAREN VON ERZENGELN

Doch man findet nicht nur die Nennung von sieben Erzengeln – zu der wir gleich noch genauer kommen –, es wird sogar noch von ganz anderen Größendimensionen gesprochen. Während der Papst heute das Oberhaupt von rund einer Milliarde Gläubigen weltweit darstellt, kannte die frühe Kirche kein solches Machtzentrum. Es verteilte sich vielmehr auf verschiedene Bischofssitze (→ Konzil von Nicäa). Nicht nur geographisch lagen diese Zentren des Glaubens weit auseinander, auch in Bezug auf den Glauben selbst entwickelten sich bereits frühzeitig gewisse Unterschiede, die teilweise bis heute Bestand haben. Während in Rom teils heftig über die Bedeutung der Engel gestritten wurde, entwickelte sich im ostkirchlichen Raum (Konstantinopel) bereits recht früh ein Engelskult, der insbesondere die vier Erzengel Michael, Gabriel, Raphael und Uriel hervorhob.

Vor allem die altorientalischen Kirchen pflegen bis heute einen entspannten, eher offen angelegten Engelsglauben. Diese Kirchen, im Englischen passender »Oriental Orthodoxy« genannt, sind vor allem in Armenien und Äthiopien weit verbreitet, wo sie die Bevölkerungsmehrheiten stellen. Aber auch in Ländern wie Syrien, Ägypten, dem Libanon und dem indischen Kerala stellen sie bedeutende Minderheiten dar. Diese Kirchen, die sich schon im 5. Jahrhundert von der römischen Reichskirche trennten, haben schon sehr früh begonnen, Engel in ihrer Kunst zu verehren. Aus Jerusalem stammt denn auch ein Gebet, das etwa im 8. Jahrhundert entstanden sein muss und nicht nur drei oder vier Erzengel erwähnt: »Gott und Vater unseres Herrn und Heilandes Jesus Christus, großnamiger Herr, selige Natur, neidlose Güte, Gott und Herr aller. Du bist gepriesen in Ewigkeit, du sitzt auf den Cherubim und wirst von den Seraphim verherrlicht, um dich stehen tausendmaltausend und zehntausend Myriaden heiliger Engel und die Scharen der Erzengel.«

Die Scharen der Erzengel?

In der orthodoxen Chrysostomosliturgie von 1526 wird diese Interpretation noch weiter auf die Spitze getrieben, da heißt es unter anderem: »Wir danken dir und deinem Sohn und deinem Heiligen Geist für dieses alles, für alle uns bekannten, offenkundigen und verborgenen Wohltaten, welche uns erwiesen worden sind. Wir danken dir auch für diesen Opferdienst, den du aus unseren Händen annehmen willst, obgleich Zehntausende von Erzengeln und Myriaden von Engeln, die Cherubim und die sechsflügeligen, vieläugigen, schwebenden und fliegenden Serafim bei dir stehen. Diese singen, schreien, rufen und sprechen den Siegeshymnus.

Heilig, heilig, heilig ist der Herr der Heerscharen. Himmel und Erde sind voll seiner Herrlichkeit. Hosanna in der Höhe. Gepriesen sei, der da kommt im Namen des Herrn. Hosanna in der Höhe.«

Zehntausende Erzengel? Diese Angaben werden jedoch von der katholischen und den prostantischen Kirchen nicht anerkannt.

SIEBEN ERZENGEL

Der Glaube an Engel ist in der gesamten Orthodoxie viel weiter verbreitet als in den westlichen Kirchen. »Daß im Gottesdienst der Kirche die Distanz von Himmel und Erde aufgehoben ist und deshalb Engel und Menschen hier miteinander den dreieinigen Gott loben und anbeten, – dieser bereits altkirchliche Gedanke gehört zu den grundlegenden Überzeugungen östlich-orthodoxen Glaubens. In den Kirchen des byzantinischen Ritus etwa findet er seinen sichtbaren Ausdruck in den Engel-Darstellungen des Kirchenraumes und der [Ikonenkunst]; (…)«, schreibt etwa Otfried Hofius in seinem Buch »Neutestamentarische Studien«.

Letztlich hat sich in der Orthodoxie die Verehrung der sieben namentlich und nicht namentlich genannten Erzengel durchgesetzt, jene, die Raphael Tobit offenbart. Wer sie sind, das offenbaren die vielen über die Jahrhunderte hinweg entstandenen Ikonen, die ihren Namen Gesichter geben. Da wären neben den bereits bekannten Michael, Gabriel, Raphael und Uriel auch Sealtiel (auch Selaphiel oder eingedeutscht Salathiel genannt), Jegudiel (Jhudiel/Jehudiel, im Hebräischen Yehudiel) sowie Barachiel. All diese Namen finden sich in der kirchenslawischen Bibelübersetzung des russischen Bischofs Gennadij, der um 1500 in seine Übersetzung Texte einband, die im Westen als nicht dem Kanon angehörend und folglich als → Apokryphen bezeichnet werden. Er bezog sich dabei auf ihm vorliegende lateinische Texte, die oftmals keine griechischen oder hebräischen Entsprechungen finden.

Die Zahl Sieben wird weiterhin durch ein Fresko erhärtet, das ein gewisser Amadeus Ménes de Silva im Jahre 1516 in der Kirche Sette Angeli in Palermo entdeckte. Das Fresko, welches schon damals alt war, stellt sieben Erzengel dar. In Briefen, die er an Förderer und Freunde in ganz Europa schrieb, berichtete Amadeus Ménes de Silva ausgiebig über seine Entdeckung, woraus sich ein regelrechter Sieben-Erzengel-Kult entwickelte. Maßgeblich zur Förderung dieses Kultes trug der sizilianische Priester Antonio Lo Doca bei. Auf sein Wirken hin entstand in der neu errichteten Kirche Santa Maria degli Angeli in Rom um 1562 ein Gemälde, das Maria inmitten der sieben Erzengel zeigt. Papst Piux IV. bestellte den Priester jedoch zu einem Gespräch, in dem er ihm untersagte, den Erzengelkult weiter voranzutreiben. Auf seinen Befehl hin mussten alle Hinweise, die die Engel als Erzengel darstellten, aus dem Bild entfernt werden. Dennoch verbreitete sich der Kult für eine kurze Zeit weiter. Unter anderem nahmen russische Ikonenkünstler die Idee der Maria und der sieben

Erzengel auf, aber auch auf niederländischen Stichen der Zeit finden sich Hinweise auf den Kult.

WARUM EIGENTLICH SIEBEN?

Schon in Mesopotamien (→ Engel: Eine Zeitreise von Mesopotamien nach Griechenland) galt die Sieben als magische Zahl. Als der Göttin Nintu ein Tempel errichtet wurde, verfügte dieser über je sieben Portale, zu dessen Einweihung 49 Ochsen und Schafe, also 7 mal 7, geopfert wurden. Der Baum des Lebens hatte nach babylonischer Überzeugung sieben Zweige, die Unterwelt wurde von sieben Toren beschützt, sieben heilige Planeten standen am Firmament – immer wieder taucht die Zahl Sieben als Glückszahl auf, von ihr geht ein magischer Funke aus. Vom Zweistromland aus fand der Glaube nach Griechenland. Sieben Weltwunder, sieben Helden von Theben, sieben Weltmeere – auch die Griechen waren von der Zahl besessen. Das Judentum berichtet davon, dass die Welt in sieben Tagen erschaffen wurde, der Sabbat wiederum ist der siebte Tag der Woche.

Das Christentum, das aus dem Judentum hervorgegangen ist, kennt die Zahl Sieben aus dem Neuen Testament. Als Jesus die 5000 nährt, hat er fünf Brote und zwei Fische, das Vaterunser besteht aus sieben Bitten, in den Offenbarungen sagt Johannes die Apokalypse in einem Brief an sieben Gemeinden voraus, sieben Posaunen läuten das Ende ein. Papst Gregor I., der in diesem Text ja schon eine nicht ganz unbedeutende Rolle spielte, stellte die bis heute geltenden sieben Tugenden Glaube, Hoffnung, Liebe, Klugheit, Gerechtigkeit, Tapferkeit und Mäßigung ebenso zusammen wie die noch bekannteren sieben Todsünden Stolz, Geiz, Wollust, Neid,

Völlerei, Zorn, Trägheit. Der Katholizismus kennt darüber hinaus die sieben Sakramente Taufe, Firmung, Eucharistie, Beichte, Ehe, Priesterweihe, Krankensalbung. Und die Siebententags-Adventisten und die Siebenten-Tags-Baptisten tragen die Zahl gar in ihren Namen. Warum also nicht auch sieben Erzengel?

In diversen theologischen Abhandlungen der letzten 250 Jahre wird zusätzlich zu den sieben anerkannten Erzengeln noch über die Existenz eines achten Erzengels, nämlich Jeremiel, diskutiert. Diese Nennung stützt sich auf ein Zitat aus dem Buch Esra in seiner kirchenslawischen Übersetzung nach Bischof Gennadij – sie ist umstritten.

DIE PHANTASTISCHEN VIER DES HERRN

Danielle Trussoni nutzt verschiedene Motive für die Beschreibung ihrer Romanwelt. Gerade in Bezug auf die Erzengel ist dies nicht zu übersehen. Die Autorin hält sich in vielen Details der von ihr konzipierten Romanwelt an Vorgaben, die sie als »bekannt« voraussetzen kann. Es gehört im westlichen Kulturkreis vermutlich zum Allgemeinwissen, dass Erzengel einen herausragenden Platz im Himmelreich einnehmen. Sie bezieht sich immer wieder auf die Schriften des → Dionysius Areopagita oder auf das Werk von → Enoch. Auch wenn beide Namen jenseits einschlägiger Fachzirkel nahezu unbekannt sein dürften, haben beide mit ihren Schriften den allgemeinen Engelsglauben stärker beeinflusst als die Bibel, denn ihre Schriften fanden im Volksglauben ihre Verbreitung, wurden interpretiert, und sie dienen bis heute als Fundament, auf dem sich der Engelsglauben selbst im 21. Jahrhundert weiterentwickelt.

Und auch Danielle Trussoni hat ihre Quellen sehr sorgfältig studiert. Sie kreiert eine Art Vorgeschichte der → Nephilim, sie berichtet, wie sich Engel mit Menschenfrauen einließen, wie sie Kinder zeugten – und wie die Erzengel dies beobachteten. »Michael, Uriel, Raphael und Gabriel, die Erzengel, die die Wächter von ihrem Abstieg in die Welt an beobachtet hatten, verfolgten auch das Wachsen der Nephilim«, schreibt sie in »Angelus«. »Als die Erzengel den Befehl dazu erhielten, traten sie den Wächtern gegenüber und umgaben sie mit einem Ring aus Feuer, und sie entwaffneten ihre Brüder. Die besiegten Wächter wurden in Ketten gelegt und in eine entlegene, unbewohnte Höhle hoch oben in den Bergen geschafft. Am Rande des Abgrunds angekommen, mussten sich die Wächter in ihren schweren Ketten hinabstürzen.«

Sie belässt es bei den vier bekannten Erzengeln und bleibt letztlich in der römisch-katholischen Engelswelt verhaftet – auch wenn sie Uriel ohne Einschränkung in den Kanon ihrer Romanmythologie aufnimmt. Interessant ist dabei die Darstellung der Erzengel als »Phantastische Vier«. Obwohl sie sich in Danielle Trussonis Roman einer Übermacht von 200 gegnerischen Engeln stellen müssen, behalten die vier Erzengel die Oberhand und gehen siegreich aus der Schlacht hervor.

Immer wieder ist zu lesen, dass Erzengel die Anführer der unterschiedlichsten Engelschöre sind. Wie etwa der im → Buch Enoch erwähnte Erzengel Camael (auch Chamael), der als Anführer der → Gewalten betrachtet wird. Immer wieder sind sie es, die in entscheidenden Momenten das Ruder an sich reißen und ihren »Job« im Sinne des Herrn erledigen.

Nach Dionysius Areopagita sind die Erzengel jene Boten, die die göttlichen Dekrete übermitteln. Sie sind jene Engel, die zum Zuge kommen, wenn es wirklich wichtig wird. Wie zum

Beispiel, wenn es darum geht, dem Teufel die Stirn zu bieten, wenn es eben nicht mehr um die üblichen Versuchungen und Scharmützel geht, mit denen das Böse versucht, die Menschheit zu verführen, sondern wenn die Apokalypse vor der Tür steht. Auch wenn die Erzengel in den → drei Sphären als eigener Chor eine recht niedrige Stellung einnehmen – sie stehen gerade einmal auf Platz acht –, sind sie doch die Lenker und Denker. Sie mögen vielleicht keine → ewige Anbetung wie die → Seraphim vollbringen, sie mögen auch nicht den Menschen so nahe stehen wie die Gewalten, aber dennoch – sie sind die Engel, die dafür sorgen, dass alles seinen rechten Gang geht. Das ist nicht einfach nur dahergesagt: Im Hebräischen mag Gavri-El, also Gabriel, »Mann, Kraft und Held Gottes« bedeuten, zurückgeführt aber wird der Name Gavri-El auf ein ähnlich klingendes sumerisches Wort, das einen Statthalter beschreibt.

In neureligiösen Zirkeln werden Erzengel als jene Gottesboten gedeutet, die das Licht aus den höchsten göttlichen Reichen in die menschlichen Herzen lenken. Sie sind es, die den Glauben verbreiten. Ihr fortwährender Kampf gegen die Finsternis stärkt den Glauben, und sie selbst sind derart vom göttlichen Licht durchdrungen, dass sie von Menschen augenblicklich als Wesen aus dem Reich Gottes erkannt werden.

In der Kunst werden die Erzengel selten als Schöngeister dargestellt. Erzengeldarstellungen beinhalten zumeist Schwerter, Rüstungen, Schilde. Im Fall des Erzengels Michael darf sich gerne auch ein erschlagener Drache um die Füße des siegreichen Boten schlängeln. Der Erzengel ist in der Regel von physischer Perfektion, und ist er einmal ohne martialische Rüstung zu sehen, gleicht sein Körper zumeist dem eines griechischen Gottes der Antike: perfekt proportioniert, ein Ideal von einem Körper, eine Erhöhung des Menschseins. Die einzige Ausnahme stellt Gabriel dar. Nicht etwa in Bezug auf seine körperliche Perfektion, wohl aber in seinem Auftreten. Gabriel ist der Erzengel, der schon einmal im einfachen weißen Gewand dargestellt wird – was ihn als Verkünder kennzeichnet. In den Darstellungen seiner Person schwingt oft eine überraschende Sanftmütigkeit mit. Im Gegensatz zu Michael, der stets als aufrechter Krieger dargestellt wird, wirkt Gabriel fast schon zurückhaltend.

ERZENGEL GABRIEL

DER VERKÜNDER

In der christlichen Glaubenslehre wird Gabriel letztlich von fast allen christlichen Glaubensrichtungen als → Erzengel anerkannt. Bei allen Unterschieden und auch dem evangelischen Einwand, dass er in der Bibel nicht explizit als Erzengel genannt wird, wird er doch weithin als ein ganz besonderer Engel betrachtet: Er ist schließlich jener Engel, der Maria die Geburt ihres Kindes offenbart (→ Engelsberichte nach Mose, Hesekiel und Lukas). Gabriel wird eine Verehrung zuteil, die einzigartig sein dürfte. Dies ist allerdings erstaunlich, denn in seiner Gesamtheit ist er alles andere als frei von Widersprüchen – was deutlich wird, wenn man aus all den Informationen, die die verschiedenen Religionen über Gabriel verbreiten, über die Ansichten, die der Volksglaube über ihn hegt, aus all den Geschichten, die über ihn kursieren, versucht, eine Art Charakterporträt zu erschaffen. Dass Gabriel in der Regel als ein Engel der Demut, der Liebe, der Verkündigung und des Verständnisses dargestellt wird, ist unbestritten. Aber all die Geschichten, die im Laufe der Zeit über ihn entstanden, erwecken eben nicht nur den liebenden Erzengel Gabriel zum Leben.

SEINE BESONDERE BEDEUTUNG
IM CHRISTENTUM

Das Christentum verehrt Gabriel wie keinen anderen Engel, eben weil er die Gute Nachricht überbrachte. Aber nicht nur im biblischen Kontext wird Gabriel verehrt, mit ihm sind auch viele Legenden verbunden, die sich dem biblischen Umfeld entziehen.

Unter anderem soll er der heiligen Johanna, auch bekannt als Jeanne d'Arc, in einer Vision erschienen sein, um ihr den Befehl zu erteilen, die Engländer aus Frankreich zu vertreiben. Wie es einem Bauernmädchen gelang, den Dauphin, wie ein Thronerbe zur Zeit der Dynastien der Valois und der Bourbonen genannt wurde, davon zu überzeugen, ihre Worte ernst zu nehmen und mit ihr tatsächlich in den Krieg gegen die verhassten englischen Besatzer zu ziehen, darüber gibt es nur Spekulationen. Angeblich ließ Jeanne d'Arc ihn an einer ihrer Visionen teilhaben. 1429 zog die junge Bauernmaid in den Kampf gegen die Engländer, ein Jahr später starb sie auf dem Scheiterhaufen. Heute ist die heilige Johanna die Schutzheilige Frankreichs. Welchen Groll Gabriel allerdings ausgerechnet gegen die Engländer gehegt haben soll, warum er so viele Kriege geschehen ließ, aber dieses eine Mal in den Krieg zog, sich aber keinesfalls dem Dauphin, sehr wohl aber einem eher schlichten Bauernmädchen offenbarte, wurde der Nachwelt leider nicht überliefert.

Der Name Gabriels wird erstmals im Buch Daniel erwähnt. Im achten Kapitel berichtet der Prophet: »Und Gabriel trat nahe zu mir. Ich erschrak aber, als er kam, und fiel auf mein Angesicht. Er aber sprach zu mir: Merk auf, du Menschenkind! Denn dies Gesicht geht auf die Zeit des Endes. Und als er mit mir redete, sank ich in Ohnmacht zur Erde auf mein Angesicht. Er aber rührte mich an und richtete mich auf, sodass ich wieder stand. Und er sprach: Siehe, ich will dir kundtun, wie es gehen wird zur letzten Zeit des Zorns; denn auf die Zeit des Endes geht das Gesicht. Der Widder mit den beiden Hörnern, den du gesehen hast, bedeutet die Könige von Medien und Persien. Der Ziegenbock aber ist der König von Griechenland. Das große Horn zwischen seinen Augen ist der erste König. (…) Und gegen das heilige Volk richtet sich sein Sinnen, und es wird ihm durch Betrug gelingen und er wird überheblich werden, und unerwartet wird er viele verderben und wird sich auflehnen gegen den Fürsten aller Fürsten; aber er wird zerbrochen werden ohne Zutun von Menschenhand.«

Es gibt viele Interpretationen der Worte Daniels. Daniel, der in Babylon lebte, spricht hier über den Widder mit den beiden Hörnern, was als Medo-Persien gedeutet wird. Die Meder und die Perser lebten im heutigen Iran, die Meder im Norden, die Perser im Süden, wobei zu den Zeiten von Daniel die Meder weitaus mächtiger waren als die weithin bekannteren Perser. Als der Perserkönig Kyros aber Medien eroberte, wurde das neue Reich durch einen Widder dargestellt, dessen beiden Hörner unterschiedlich groß dargestellt wurden. Der König Griechenlands wäre niemand anderes als Alexander der Große, der die bedeutend mächtigeren Perser eines Tages in die Knie zwingen würde. Sagte der Erzengel Gabriel tatsächlich die Zukunft voraus, so wie viele dies deuten? Schreibt Daniel, der um 600 vor Christus lebte, hier tatsächlich über Ereignisse, die erst Jahrhunderte später geschehen sollten? Es gibt viele Möglichkeiten, die Worte Daniels zu interpretieren, letztlich kommt es darauf an, was man in seinen Worten lesen will, und nicht unbedingt darum, was seine Worte aussagen. An dieser Stelle aber geht es nicht um die Interpretation von Daniels Worten, es geht ganz einfach um die erste Nennung Gabriels, der sich dem Propheten offenbart und ihn Visionen erleben lässt, die dieser letztlich selbst zu deuten versucht. Tritt Gabriel, wie oft behauptet wird, auch hier als Bote göttlicher Worte auf? Gibt er Daniel nur zu verstehen, was Gott ihm aufgetragen hat, dem Propheten mitzuteilen?

GABRIEL – EIN WEIBLICHER ENGEL?

Im neunten Buch berichtet Daniel von einem weiteren Zusammentreffen mit dem »Mann Gabriel«, der ihm dieses Mal weitaus vertrauter als beim ersten Zusammentreffen erscheint und der diesmal auch weitaus sanftmütiger, weit weniger mystisch-metaphorisch mit ihm spricht als während ihres ersten Treffens. Leider bleibt Daniel eine genaue Beschreibung des Erzengels schuldig. Wie erscheint er ihm? Als Mensch, als himmlisches Wesen, als Projektion seines Unterbewusstseins?
Gabriel wird in alten jüdisch-rabbinischen Schriften als Engel aus Feuer beschrieben, ein Engel mit nicht weniger als 140 Flügeln, dessen Anmut und unbeschreibliche Schönheit einen Menschen nicht nur zu faszinieren, sondern ihm auch Angst einzuflößen vermag.
Im Buch Lukas fürchten sich die Hirten jedenfalls zunächst, denen Gabriel von der Geburt Jesu berichtet. Erst der Kraft

seiner Worte gelingt es, die Hirten von seinem ehrenwerten Anliegen zu überzeugen (→ Engelsberichte nach Mose, Hesekiel und Lukas). Gabriel erscheint nicht nur Maria, er verkündet auch Zacharias die Geburt seines Sohnes Johannes (genannt Johannes der Täufer). Er ist der entscheidende Verkünder des Neuen Testaments, dennoch gilt Gabriel – vor allem in der katholischen Lehre – hinter Michael, dem höchsten aller Engel, nur als die Nummer zwei der Erzengel. Nach katholischer Auffassung sitzt Gabriel darüber hinaus im Norden vor Gottes Thron. Katholiken, Anglikaner und Protestanten gedenken seiner am 29. September, während die Gedenktage anderer christlicher Glaubensgemeinschaften variieren. Als Patron ist er dem Fernmelde- und Nachrichtendienst zur Seite gestellt, er ist der Schutzheilige der Boten, Postboten, Postbeamten und Briefmarkensammler. Weiterhin wirkt er als Patron gegen eheliche Unfruchtbarkeit, was mit seinem Erscheinen vor Zacharias zusammenhängt, dessen Ehe lange kinderlos geblieben war, bis Gabriel die Geburt seines Sohnes Johannes verkündete.

Der Volksglaube, der sich nicht auf biblische Schriften beziehen lässt, sieht in Gabriel auch jenen Engel, der für die Erziehung der Seelen ungeborener Kinder verantwortlich ist und sie auf ihr Dasein als Mensch vorbereitet.

Mag dies ein Grund dafür sein, dass Gabriel oft auch als Frau dargestellt wird? Kein anderer Engel wird so oft mit weiblichen Attributen charakterisiert wie Gabriel. Seine Sanftmütigkeit gegenüber den Seelen wird als mütterliche Sorge interpretiert. In esoterischen Schriften wird im Zusammenhang mit Gabriel oft von »ihr« gesprochen. »Sie« ist der einzige bekannte weibliche Engel. Die Idee, dass Gabriel ein weiblicher Engel ist, wurde in der Kunst vielfach thematisiert. In der amerikanischen Comicverfilmung »Constantine« aus dem

Jahre 2005, einer freien Interpretation des britischen Comics »Hellblazer«, stellt demnach auch Tilda Swinton den Erzengel dar. Sie porträtiert Gabriel als ein androgynes Wesen, das sich bewusst einer klaren Männlich-weiblich-Definition entzieht. Auf vielen Gemälden wird Gabriel als Engel mit weichen Gesichtszügen dargestellt, oft mit wehendem Haar, ein Wesen, das sich auch hier einer klaren Geschlechtszuweisung verschließt.

In »Angelus« ist es Gabriel, der den gefallenen Engeln nach ihrer Verbannung die Lyra schenkt, um ihren Schmerz erträglich zu machen. Mitgefühl ist ein zutiefst menschliches Attribut, das sich so tatsächlich nur auf wenige Engel projizieren lässt. Der Befehl lautet, die Brut der Engel auszulöschen. Und die Erzengel führen den Befehl aus – gnadenlos. Bis auf Gabriel, der im Moment des Sieges Mitgefühl für die Besiegten empfindet und daher ihren Schmerz mildern möchte. Ist Mitgefühl ein weibliches Attribut?

WIDERSPRÜCHE EINES CHARAKTERS

Ebenso, wie sich Gabriels Geschlecht nicht bestimmen lässt, ist auch sein Wesen undurchschaubar. In den Evangelien des Lukas wird Gabriel als Synonym der Barmherzigkeit dargestellt, der Verkünder, der Engel, der den Menschen die Ankunft des Herrn ankündigt. Daniel wiederum offenbart er die Zukunft, er nimmt in gewisser Weise an seinem Leben teil; doch in der jüdischen Überlieferung ist Gabriel auch der Engel, der Sodom zerstört, ohne Gnade walten zu lassen.

Wie man sehen kann – frei von Widersprüchen ist Gabriel nicht. Dieses widersprüchliche Wesen thematisiert auch der amerikanische Thriller »God's Army« aus dem Jahre 1995:

Hier ist Gabriel Anführer eines Engelsheers, das einen Krieg gegen Gott führt. Da Gott den Menschen einst die Seele schenkte, wandte sich Gabriel enttäuscht von Gott ab, um sich zu holen, was ihm, wie er fand, zustand. Glaubte er zunächst, die meisten Engel würden sich seinem Kampf anschließen, entbrannte doch ein Krieg im Himmel, da die meisten Engel nicht von Gottes Seite wichen. Und so findet eine letzte Schlacht statt, die darüber entscheiden wird, ob es eine Zukunft für die Menschheit und, im wahrsten Sinne des Wortes, ihr Seelenheil geben kann.

Dass der Satan persönlich schließlich den Menschen zu Hilfe kommen muss, ist die bittere Ironie der Geschichte. Er hilft den Menschen nicht etwa, weil er sein Herz für die Menschheit und die eigene Menschlichkeit entdeckt hätte. Er kann schlicht und ergreifend nicht dulden, dass Gabriel seinen Kampf gewinnt – denn das würde das Gleichgewicht von Gut und Böse aus den Fugen geraten lassen. Außerdem kann es nur einen Teufel geben.

Im → Buch Enoch erklärt der Prophet, Gabriel sei der sechste Erzengel und der Anführer der → Cherubim. Auch dies trägt nicht gerade dazu bei, Gabriels Wesen klarer zu zeichnen, vielmehr offenbart auch diese Definition einen gewissen Widerspruch: Gabriel, und nicht der → Erzengel Michael, ist Anführer der kriegerischen Cherubim? Nun mag das Buch Enoch für evangelische und katholische Christen eine → apokryphe Schrift darstellen, auf der anderen Seite haben Enochs Schriften die christliche Mystik maßgeblich beeinflusst.

In der Esoterik bittet man mit der Anbetung des Erzengels Gabriel um gute Nachrichten, Unterstützung vor und während der Geburt und die Erlangung der innerer Balance durch das Erkennen des eigenen Seelenlebens. Gabriel wird von den Juden als Fürbitter und Schutzengel des Volkes Israel betrachtet, zusammen mit dem Erzengel Michael, aber er ist in ihrem Verständnis auch der Straf- und Todesengel.

Der Islam verehrt Gabriel als jenen Engel, der Mohammed den Koran diktiert hat. Im sunnitischen Islam wird er als Geist der Heiligkeit bezeichnet – Djibril wird er genannt –, als Engel der Offenbarung nimmt er generell eine besondere Stellung im moslemischen Glauben ein, und auch der Koran berichtet, wie Gabriel der Maria (Maryam) die Geburt ihres Sohnes Jesus (Isa) verkündet.

ERZENGEL MICHAEL

DER DRACHENTÖTER

Sein Name ist schon fast so etwas wie eine Drohung: »Wer ist wie Gott?« Es sind der Überlieferung nach die letzten Worte, die der Teufel vernahm, bevor ihn der → Erzengel in die Hölle warf. »Mi kamocha elohim?«, rief ihm der Erzengel hinterher. »Wer ist wie Gott?«

Mi kamocha elohim – Michael/Mikael/Miguel ... Aus dem hebräischen Ruf entstanden viele Versionen eines Namens.

Michael ist also der Engel, der den Teufel in den Offenbarungen des Johannes besiegt. Er ist Anführer der himmlischen Heerscharen, er ist der General Gottes. Kapitel 12 der Offenbarungen des Johannes berichtet vom Erscheinen eines großen, roten Drachens mit sieben Köpfen und zehn Hörnern. Der Drache ist der Teufel, der zur letzten Schlacht ruft, der die Welt in den Untergang reißt, bis sich ihm Michael in den Weg stellt: »Und es erhob sich ein Streit im Himmel: Michael und seine Engel stritten mit dem Drachen; und der Drache stritt und seine Engel, und siegten nicht, auch ward ihre Stätte nicht mehr gefunden im Himmel. Und es ward ausgeworfen der große Drache, die alte Schlange, die da heißt der Teufel und Satanas, der die ganze Welt verführt, und ward geworfen auf die Erde, und seine Engel wurden auch dahin geworfen. Und ich hörte eine große Stimme, die sprach im Himmel: Nun ist das Heil und die Kraft und das Reich unsers Gottes geworden und die Macht seines Christus, weil der Verkläger unserer Brüder verworfen ist, der sie verklagte Tag und Nacht vor Gott. (…) Darum freuet euch, ihr Himmel und die darin wohnen!«

Die Geschichte des Höllensturzes entstammt Legenden, die etwa im 6. Jahrhundert entstanden. Michael ist neben Gabriel der einzige Erzengel, dessen namentliche Nennung in der Bibel von allen Christen anerkannt wird. Die Legende des Höllensturzes korrespondiert natürlich mit den Offenbarungen des Johannes, und in gewisser Weise macht die Legende des Höllensturzes die Szenerie greifbarer. Es ist offensichtlich, dass die, die die Geschichte erzählten, ihre Zuhörerschaft in den Bann reißen wollten und die Worte des Johannes in ihren Schilderungen der Geschehnisse ausschmückten. Der Kampf des Erzengels gegen den Drachen erhält eine fast menschliche Ebene und entwickelt sich zu einem Kampf Mann gegen Mann. Ja sogar Michaels Wutausbruch nach seinem gewonnenen Kampf lässt ihn weit menschlicher erscheinen als die nüchterne Schilderung seines Sieges über den Drachen in den Offenbarungen des Johannes. »Wer ist wie Gott?« – das ist keine Verhöhnung, es ist der geballte Hass des Erzengels, der sich in diesen Worten entlädt. Der, der sich aufschwang, Gottes Schöpfung in Frage zu stellen, der ihn herausforderte – er ist besiegt.

SCHUTZPATRON DEUTSCHLANDS UND
FRANKREICHS

Schon vor 2000 Jahren nannten ihn die Juden ihren Schutzengel. Möglicherweise zogen sie sogar mit dem Ausruf »Micha'el« in die Schlacht. Bereits im Jahre 813 bestimmte der Frankenkönig Ludwig der Fromme, der Sohn Karls des Großen, Michael zum Schutzpatron seines Volkes, das eines Tages unter dem Namen die Deutschen eine oftmals zweifelhafte Berühmtheit erlangen sollte. Auch die Franzosen betrachten Michael (oder Saint Michel) als ihren Schutzpatron, eine Gemeinsamkeit mit den Deutschen, die aufgrund der langen Feindschaft der beiden Länder eher überrascht.

Dass Michael auf die Deutschen einen besonderen Reiz ausübt(e), ist kein Zufall.

Ludwig der Fromme wählte bewusst Michael als Engel für sein Volk aus, da der streitbare Erzengel, der noch heute oft und gerne mit Schwert und Schild dargestellt wird, Ähnlichkeit mit dem germanischen Schlachtengott Wotan aufweist. Auch Wotan (oder Odin) ging in den Sagen, die um ihn ranken, schließlich keinem noch so übermächtigen Gegner aus dem Weg. Die Menschen verehrten Wotan als einen gerechten Gott, einen aufrechten Krieger, einen Gott von Würde und Anstand – als harten Hund eben. Ludwig trieb wie sein Vater die Christianisierung voran, wobei er allerdings kein blindwütiger Missionar war, der die Menschen vor die Wahl stellte, den Kopf zu behalten und Christ zu werden – oder das Christentum abzulehnen, mit all seinen unangenehmen Konsequenzen. Ludwig ließ den Menschen ihren alten Glauben und zog das Christentum einfach wie ein neues Hemd darüber. Es hieß zur Zeit Ludwigs, Michael führe die Toten ins Himmelreich – das Gleiche galt für Wotan. Michael führte die

himmlischen Heerscharen an – so wie Wotan die sogenannte Wilde Jagd. Als Ludwig 813 während des Konzils von
Mainz einen Tag für die Verehrung des Erzengels festlegte,
wählte er den Tag, an dem auch Wotan angebetet wurde: den
29. September. Dieser 29. September gilt heute noch als Tag
Michaels in Form eines Festes der Erzengel Michael, Gabriel,
Raphael.

MICHAEL – DER KILLER

»Evangeline vergaß die Gefahr, die mit der Beschwörung verbunden war, und die bedrohlichen Ungeheuer, die sie zu allen
Seiten umgaben. Sie starrte nur den Engel an. Er war riesen-
haft, und seine goldenen Flügel reichten quer durch die Kuppel. Er breitete die Arme aus, als lade er alle ein, doch näher
zu kommen.«
So läutet Danielle Trussoni den Showdown ihres Romans ein.
Ein Engel erscheint im Kloster der hl. Rosa und stellt sich
dem Kampf mit den → Giborim. Sie schreibt:

»Der Engel verströmte ein intensives Licht, und seine
Gewänder loderten heller als Feuer. Sein Leuchten flute-
te über die Nonnen hinweg und auf den Marmorboden,
glühend wie flüssige Lava. Sein Körper schien materiell
und ätherisch zugleich zu sein; er schwebte über ihnen,
und trotzdem war Evangeline sicher, dass sie durch ihn
hindurchsehen konnte. Und vielleicht seltsamer als alles
andere war: Der Engel nahm Celestines Züge an und sah
aus, wie Celestine in ihrer Jugend ausgesehen haben
musste. Er verwandelte sich in das exakte Ebenbild sei-
ner Beschwörerin, in einen goldenen Zwilling Celestines,

und Evangeline sah das junge Mädchen, das Celestine einmal gewesen war.

Funkelnd und gelassen schwebte der Engel in der Luft, und als er sprach, klang seine Stimme süß und singend durch die Kirche, vibrierend von übernatürlicher Schönheit. ›Rufst du mich im Guten?‹

Celestine erhob sich mit erstaunlicher Leichtigkeit aus ihrem Rollstuhl und kniete in der Mitte des Kerzenkreises nieder. ›Ich rufe dich als Diener des Herrn, damit du das Werk des Herrn tust.‹

›In Seinem Heiligen Namen‹, antwortete der Engel, ›frage ich dich, ob deine Absichten rein sind.‹

›So rein wie Sein Heiliges Wort.‹ Celestines Stimme wurde lauter und kraftvoller, als habe die Erscheinung des Engels sie gestärkt.

›Fürchte dich nicht, denn ich bin ein Bote des Herrn‹, sagte der Engel, und seine Stimme war wie Musik. ›Ich singe das Lob des Herrn.‹

Himmlischer Chorgesang erfüllte die Kirche.

›Schutzengel‹, sagte Celestine. ›Der Drache hat unser Heiligtum entweiht. Unser Haus angezündet, unsere Schwestern getötet. Wie der Erzengel Michael den Kopf der Schlange zertrat, zertrete du, ich bitte dich, diese gottlosen Eindringlinge.‹

›Leite mich‹, sagte der Engel. Er schlug leicht mit den Flügeln, und sein geschmeidiger Körper drehte sich in der Luft. ›Wo verstecken sich die Teufel?‹

›Sie sind hier bei uns und verwüsten Sein Heiligtum.‹

Ehe Evangeline sich versah, war aus dem Engel eine Feuerwand geworden, die sich in hundert Flammenzungen spaltete, und jede Flamme formte sich zu einem Engel. Evangeline hielt Gabriellas Arm fest und stemmte sich gegen den Sturmwind. Ihre Augen brannten, aber sie konnte sich nicht abwenden, als die kriegerischen Engel mit erhobenen Schwertern in der Kapelle herabkamen. Entsetzt stoben die Nonnen in alle Richtungen auseinander, und ihre Panik riss Evangeline aus der Trance, die sie bei der Beschwörung erfasst hatte. Die Giborim wurden erschlagen, sie brachen auf dem Altar zusammen und stürzten im Flug aus der Kuppel.«

Es ist nicht der Erzengel in Person, der im Showdown von »Angelus« auftritt. Es ist ein namenloser Engel der Heerscharen. Oder ist der unbekannte Engel doch Michael? Letztlich bleibt Danielle Trussoni eine Antwort auf diese Frage schuldig – sie muss sie aber auch nicht beantworten. Namen sind Schall und Rauch, für einen Engel ist der eigene Name vollkommen bedeutungslos. Ein jeder Engel hat seine ganz spezifische Aufgabe, heißt es im Volksglauben. Und daher definiert sich seine Persönlichkeit durch seine Aufgabe, nicht durch seinen Namen. Die Aufgabe des Michael besteht darin, das Wort des Herrn zu verteidigen. Ohne Wenn und Aber.

MICHAEL IM JUDENTUM

War Michael der Engel, der nach Sodom ging? War er der Engel, der die Armee des Assyrerkönigs Sennacherib vernichtete? »Und in dieser Nacht«, steht es im 2. Buch der Könige in der Lutherübersetzung zu lesen, »fuhr aus der Engel des Herrn und schlug im Lager von Assyrien hundertfünfundachtzigtausend Mann. Und als man sich früh am Morgen aufmachte, siehe, da lag alles voller Leichen.«

185 000 tote Soldaten? Der Assyrerkönig Sennacherib führte

Kriege unter anderem gegen das Königreich Juda, das er besiegte. Er stahl Schätze aus Jerusalem, er deportierte Mitglieder des Königshauses. Schließlich wurde er vermutlich von seinen eigenen Söhnen ermordet. Verloren hat er keine Schlacht gegen Juda. Und 185000 Soldaten in seinem Sold – mit denen hätte er um 700 vor Christus, der Zeit seiner Regentschaft, die Welt erobern können. Dennoch – der Engel, der den Finsterling abwehrt, wird ebenso als Michael interpretiert wie jener Engel, der im Buch Daniel drei junge Männer aus einem Feuer errettet.

Zusammen mit Gabriel, so der Glaube, sei Michael der Schutzengel des Volkes Israel. Er ist gleichzeitig der Engel, der die himmlischen Bücher führt, was ihn gleichzeitig als obersten Richter definiert. Im Gegensatz zu christlichen Darstellungen, die ihn martialisch mit Schwert und Schild zeigen, besteht er nach rabbinischer Tradition aus Schnee.

In den → Qumran-Rollen, die 1947 entdeckt wurden, findet sich ein interessanter Hinweis darauf, dass Michael auch Fürst des Lichts genannt wurde, da er die Heerscharen in einen erfolgreichen Kampf gegen Belial führte, einen Dämon, der in jüdischen → Apokryphen erwähnt wird und am ehesten eine jüdische Entsprechung des Teufels darstellt, den die Heilige Schrift des Judentums offiziell nicht kennt. Aufgrund dieser Tat, heißt es dort, sei Michael der Titel Vizekönig des Himmels verliehen worden (auch »Kleiner Jahwe«). Im neunten Band der »Theologische Realenzyklopädie« wird darauf hingewiesen, dass kein anderer namentlich genannter Engel im Judentum eine ähnlich herausragende Stellung wie Michael genießt, dessen Name in nahezu allen jüdischen Schriften, seien sie Teil der Heiligen Schrift oder anderer Herkunft, auftaucht. Er wird unter anderem als Kenner des wahren Gottesnamens und des Geheimnisses der Schöpfung betrachtet. Der

Legende nach ist Gottes wahrer Name von einer solchen Kraft und Energie geladen, dass ein jeder, der ihn vernähme – wahlweise – dem Wahnsinn verfällt oder vernichtet wird.

MICHAEL IM CHRISTENTUM

Der Höllensturz wurde bereits eingangs in diesem Artikel thematisiert. Michael soll im Osten vor Gottes Thron stehen, und auch dem Christentum ist Michael als oberster Gerichtsherr nicht unbekannt: Er führt jenes Verzeichnis, das alle guten und schlechten Taten eines Menschen aufführt, und sorgt dafür, dass die guten Seelen ins Paradies einziehen. In vielen Darstellungen seiner Person trägt er daher zusätzlich zu Schwert und Schild eine Waage – er wägt die Schuld der Menschen ab. Weder im Alten noch im Neuen Testament finden sich jedoch Hinweise, die eine solche Tätigkeit rückfolgern ließen. Vermutlich wurde sie auf Michael projiziert, weil der Glaube an ein Totengericht, einen Seelenführer, einen Richter zu Zeiten des Urchristentums so weit verbreitet war, dass folglich auch das junge Christentum einen solchen Seelenwäger brauchte. Tatsächlich kennt die ägyptische Mythologie einen Mondgott namens Thot, der ebenso im Totengericht tätig ist wie etwa der akkadische Weisheitsgott Nabu, der sehr genau Buch über die Menschen führt, ebenso wie die sumerische Göttin Nisaba. In Griechenland kannte man wiederum Hermes als Seelenbegleiter, der in Bezug auf den Engelsglauben eine nicht unwesentliche Rolle spielt (→ Engel: Eine Zeitreise von Mesopotamien nach Griechenland).

ERZENGEL RAPHAEL

Direkt taucht der Erzengel Raphael nur einmal im Roman der Autorin Danielle Trussoni auf, nämlich wenn von der Vernichtung der → Nephilim berichtet wird. Ansonsten belässt sie es bei Anspielungen, nämlich im Namen des Dr. Raphael Valko, eines exzellenten Engelskundlers, der mit seinen Arbeiten den Lauf der Romangeschichte maßgeblich beeinflusst.

Dass die Autorin den Erzengel ansonsten in ihrer Geschichte weitestgehend ausspart, ist leicht zu erklären: Es ist der ungeklärte Status des Erzengels. Die Protestanten nämlich erkennen ihn als solchen nicht an, da er, wenn auch nicht namentlich genannt, im Buch Tobit Erwähnung findet, das für Protestanten, die es das Buch Tobias nennen, jedoch eine → apokryphe Schrift darstellt. Nun mögen katholische Christen keine Einwände gegen die Bezeichnung Erzengel für Raphael vorbringen, ginge mit der (nicht namentlichen!) Nennung des Raphael im Buche Tobit nicht auch die Feststellung einher, er sei einer der sieben Engel, die vor der Herrlichkeit des Herrn stehen. Das wiederum würden orthodoxe Christen sicher so unterstreichen, da sie sieben Erzengel als solche anerkennen, nicht aber der Vatikan, der nur drei als solche ehrt (→ Erzengel).

Da Raphael den Propheten Tobit auf seinen Reisen begleitet, ist er der Patron der Reisenden, Seeleute und Auswanderer.

ERZENGEL URIEL

»Sein Licht entfacht die wahre Gottesliebe, die den Menschen vorandrängt, in Gott zu erwachen«, schreibt Jeanne Ruland in ihrem Werk »Das große Buch der Engel«. Und sie zählt ihn zu den sieben → Erzengeln. Wenn es denn sieben Erzengel gibt, vielleicht sind es ja nur drei. Oder zwei? Uriel zumindest wird in der Bibel namentlich nicht genannt, selbst die korrekte (lateinische) Schreibung seines Namens ist umstritten. Auch Ariel oder Auriel sind durchaus verbreitete Schreibweisen.

In den frühen Christengemeinden wurde Uriel als Engel verehrt, spätestens aber mit der Synode von Laodicea im 4. Jahrhundert büßte er seine Verehrung wieder ein, da nur der offiziell – kanonisch genannt – anerkannt wurde, wer auch in der Heiligen Schrift Erwähnung findet. Zumindest in der Kirche, die wir heute die römisch-katholische Kirche nennen. Anders sieht dies bei den Kopten in Ägypten aus, die Uriel bis heute verehren. Oder den orthodoxen Christen, deren Erzengelzählung bekanntlich stark von der des Vatikans abweicht.

Die Verehrung des Erzengels in der Orthodoxie ist leicht zu erklären: In der sogenannten kirchenslawischen Übersetzung der Bibel wird Uriel in einem Kapitel des Buches Esra, das Protestanten und Katholiken gleichermaßen als → apokryphe Schrift betrachten, namentlich erwähnt. Dass das Buch Esra als unecht gilt, liegt daran, dass für die entsprechenden Textstellen keine hebräischen oder griechischen Dokumente vorliegen, die beweisen könnten, dass sie tatsächlich vom Propheten Esra verfasst wurden. Die kirchenslawische Übersetzung leitet sich in diesem Fall aus lateinischen Schriften ab, deren Ursprünge umstritten sind.

Eine besondere Verehrung genießt Uriel unter äthiopischen Christen, die ihn nicht nur als Erzengel anerkennen, da er im Buch Esra Erwähnung findet. Für sie ist seine Bedeutung als Führer des → Enoch im → Buch Enoch maßgeblich.

Danielle Trussoni bezieht sich bei der Nennung Uriels auf dieses Buch und nicht auf das Buch Esra. »Als die Erzengel den Befehl dazu erhielten«, ist in ihrem Buch zu lesen, »traten sie den Wächtern gegenüber und umgaben sie mit einem Ring aus Feuer, und sie entwaffneten ihre Brüder.« Im Buch Enoch beobachtet Uriel das Treiben der → Wächter auf Erden mit Trauer und Bestürzung. Schließlich wird er von Gott zusammen mit den anderen Erzengeln auf die Erde gesandt, um dem Treiben der → Nephilim Einhalt zu gebieten. Uriel ist jener Engel, der eine maßgebliche Führungsposition innerhalb des Engelsheers antritt, der mit Gabriel, Raphael und Michael am Thron Gottes sitzt und der das Tor zum → Hades öffnet. In rabbinischen Schriften ist er zudem der Engel, der über das Tor zum Paradies wacht. Dabei handelt es sich allerdings um eine umstrittene Interpretation, die sich auf das 1. Buch Mose und den Sündenfall bezieht. Nach dem Auszug aus dem Paradies bewachen zwei Engel dessen Tor – die jedoch keine namentliche Nennung finden. Auch wird in rabbinischen Schriften die Behauptung aufgestellt, Uriel sei der Engel, der → Noah die → Sintflut verkündet. Auch dies stellt lediglich eine Interpretation des entsprechenden Textes dar.

Aus den Nag-Hammadi-Schriften – den frühchristlichen Texten, die im Dezember 1945 nahe dem kleinen ägyptischen Ort Nag Hammadi zufällig von Bauern entdeckt wurden – ist darüber hinaus die Apokalypse des Paulus bekannt. Die Schriften sind eine Offenbarung über die Entrückung und Himmelsreise des Apostels Paulus: Auf dem Weg ins Paradies wird er von zwei singenden Engeln, Uriel und Suriel, begleitet.

Uriel als Fremdenführer im Himmelreich? Auch Enoch berichtet, auf seiner Himmelsreise vom Engel Uriel begleitet und in die Geheimnisse des Paradieses eingeweiht worden zu sein: »Siehe ich habe dir gezeigt alles, o Henoch!«, heißt es da. »Und alles offenbarte ich dir, Du siehst jene Sonne, und jenen Mond und diejenigen, welche führen die Sterne des Himmels, und alle die, welche verursachen ihre Wirkung und ihre Zeiten und ihren Ausgang« (Kapitel 79 in der deutschen Übersetzung von 1833).

Erstaunlich ist die Tatsache, dass eine Reihe von evangelikalen Freikirchen in den USA Uriel als einen Erzengel anerkennen, obschon diese Kirchen die kanonisierte Bibel besonders verehren. Auch in der Esoterik ist Uriel von großer Bedeutung, eben weil er, wie das Eingangszitat belegt, in besonderer Weise die Gottesliebe der Menschen entfacht.

Die Nennung des Erzengels im Islam ist umstritten. Theologen setzen Uriel häufig mit Israfil gleich; auch in der Heiligen Schrift der Juden, dem Tanach, ist seine Nennung umstritten, denn auch für die Juden stellen die Esra-Schriften über den 24. Vers hinaus → apokryphe Schriften dar. Einer rabbinischen Überlieferung zufolge, die vermutlich aus dem 13. Jahrhundert stammt, gelingt ein Tageswerk, wenn man Uriel zehnmal in einem Atemzug am Morgen anruft.

Die christliche Kunst, vor allem die der Äthiopier und Kopten, stellt Uriel oft mit Schwert und Flammen dar. In der Esoterik gilt überdies, dass die Energie Uriels besonders kraftvoll, stärkend, stabilisierend, strukturgebend und das Leben ordnend sei. Und siehe da: Ähnlich den jüdischen Schriften aus dem 13. Jahrhundert gilt auch in der Esoterik, dass Uriel dem Menschen hilft, mit Schwung ein Tagesziel zu erreichen.

EWIGE ANBETUNG
(EWIGES GEBET)

Die Ewige Anbetung, ein Ewiges Gebet, ist keine Erfindung der Autorin Danielle Trussoni. In ihrem Roman nutzen die Nonnen diese Form des Gebets, um das Kreuz auf dem Altar nicht aus den Augen zu verlieren, welches in ihrem Hause nicht nur als Symbol des Christentums verehrt wird, sondern noch eine weitere Überraschung bereithält, wie der Leser des Romans erfahren wird.

Populärer als das Ewige Gebet ist möglicherweise das Vierzigstündige Gebet. Vom Jahre 1553 an verbreiteten Jesuiten diese Form des Gebets in vielen Teilen Europas. In Notzeiten sollte damit der Herr in tiefster Demut angebetet werden; es gab (und gibt) diesen Brauch allerdings auch im Zusammenhang mit Karneval: In dieser recht zügellosen Zeit soll das Vierzigstündige Gebet eine besondere Sühne darstellen. Die Ursprünge dieser Tradition liegen jedoch vermutlich viel weiter in der Vergangenheit, die vierzig Stunden beziehen sich auf die vierzig Stunden Grabesruhe von Christi.

In den meisten Ländern des Westens ist die Ewige Anbetung heute ein eher sinnbildliches Erlebnis. Ein Beispiel für ein Ewiges Gebet, wie es in der Gegenwart von vielen Gemeinden gefeiert wird, bietet eine Gemeinde im Freistaat Bayern: Die katholische Kirche von Obertrubach in Oberfranken lädt am 3. Januar eines jeden Jahres zur Ewigen Anbetung ein. Diese Tradition geht auf die Anordnung eines Fürstbischofs zurück, der die Order ausgab, an jedem Tag solle in mindestens einer Kirchengemeinde seines Bistums Bamberg ein Gebetstag stattfinden – ein Ewiges Gebet, das nicht auf einen

Altar, auf einen bestimmten Ort beschränkt war. In der oberfränkischen Gemeinde hat sich dieser Brauch gehalten, und an jedem 3. Januar zwischen 8 und 17 Uhr wird ein Gebetstag (inklusive Prozession) abgehalten – der dann Ewiges Gebet genannt wird. Untrennbar mit der Ewigen Anbetung, so die alternative Bezeichnung, ist das Abendmahl verflochten.

Die Ewige Anbetung mag in unserer weltlich ausgerichteten Gegenwartsgesellschaft oftmals nur mehr eine Versinnbildlichung für eine zeitlich begrenzte katholische Feierlichkeit darstellen. Man findet den Begriff der Ewigen Anbetung oft in Klosternamen wie »Klostergemeinschaft der Franziskanerinnen der ewigen Anbetung Schwäbisch Gmünd« oder dem »Kloster der Benediktinerinnen von der ewigen Anbetung zu Osnabrück«. Menschen, die ihr Leben in den Dienst Gottes stellen, die als Mönche oder als Nonnen ihren Dienst an Gott und der Gemeinschaft verrichten, befinden sich, wenn man es einmal etwas frei formulieren möchte, in einem stetigen Anbetungsprozess, ihr Leben ist ein Gebet zur Ehre Gottes. Diese Definition mag manch einem Kirchengelehrten Kopfschmerzen bereiten, aber andererseits: Wenn ich als Mensch mein Leben Gott widme, widme ich es einem ewig andauernden Gebet, denn durch meinen Dienst lobpreise ich an jedem Tag meines Daseins den Herrn.

Trotz der heute zumeist metaphorischen Idee des Ewigen Gebets heißt das nicht, dass es keine »echten« Ewigen (ununterbrochenen) Anbetungen mehr gäbe. In einigen Bistümern ist nach wie vor die Tradition verbreitet, Ewige Gebete über ein Jahr auf verschiedene Gemeinden in einem Bistum zu verteilen, so dass eine zwar räumlich getrennte, zeitlich jedoch weitestgehend zusammenhängende Gebetskette im Rahmen von Abendmahlfeierlichkeiten entsteht.

Jenseits der Blicke der Öffentlichkeit zelebrieren diverse Klöster eine Ewige Anbetung in der Form, wie sie Danielle Trussoni in ihrem Roman darstellt: Nach einem exakten Zeitplan wechseln sich Mönche beziehungsweise Nonnen eines Klosters ab, um in ihrer Kapelle den Herrn anzubeten. 24 Stunden am Tag, 365 Tage im Jahr.

Im Kloster Le Mont Sainte Odile im elsässischen Ottrott wird eine Ewige Anbetung seit dem 5. Juli 1931 zelebriert. Auf Wunsch des Leiters weihte der Bischof von Straßburg im Jahre 1931 das Kloster ganz offiziell als einen Ort der Ewigen Anbetung ein – und kam der Bitte des Klosters nach, besonders Laien einzuladen, an dem Gebet teilzunehmen. Seit diesem Tag lösen sich Woche für Woche Gruppen von Männern und Frauen ab, um an diesem Ort zu beten. Die Gruppen bestehen meist aus zwanzig bis dreißig Personen. Ein abgeschiedener Ort ist Le Monte Sainte Odile wahrlich nicht, denn zum Kloster gehört unter anderem ein Hotel mit angeschlossenem Restaurant, Gäste sind also jederzeit willkommen.

Geweiht ist die Kirche der heiligen Äbtissin Odilia, der Schutzpatronin des Elsass, die nicht nur durch ihre Frömmigkeit, sondern vor allem durch ihre Barmherzigkeit Bekanntheit erlangte.

In ganz Südamerika wird derweil die heilige Rosa von Lima verehrt, die als erste Heilige Südamerikas gilt. Sie verbrachte ein Leben in Demut, war aber auch dem Schönen nicht abgeneigt und verdiente unter anderem als Gärtnerin ihren Lebensunterhalt, weshalb sie als Schutzpatronin der Gärtner gilt. Im Januar 2008 wurde in der peruanischen Hauptstadt Lima eine neue, nach ihr benannte Pfarrei geweiht, die Schlagzeilen dadurch generierte, dass sie eine Ewige Anbetung initiierte. 24 Stunden, rund um die Uhr, wird dort gebetet. Allerdings nicht nur, um Gott zu ehren. Der Nachrichtendienst des Vatikans, Fides, teilte 2008 ausdrücklich darauf hin, dass die Gläubigen in der Kirche zur – wörtlich – »desagravio por el pecado del aborto« zusammenkommen, was nichts anderes heißt als »Sühne für die Sünde der Abtreibungen« zu leisten und stellvertretend für alle Sünder um Verzeihung zu bitten. Seltsamerweise findet sich in dem Bericht der vatikanischen Nachrichtenagentur kein Hinweis darauf, dass beispielsweise gegen die soziale Ungerechtigkeit in einem armen Land wie Peru gebetet werden soll. Wer an einem Ewigen Gebet als spirituelle Erfahrung teilnehmen möchte, frei von Politisierung, scheint im Frankenland oder im Elsass auf jeden Fall besser aufgehoben zu sein.

FRANZ VON ASSISI

Der heilige Franz oder auch Franziskus (aus dem Italienischen: Franciscus) gehört mit Sicherheit zu den populärsten Heiligen der katholischen Kirche. Nicht zuletzt aufgrund der Tatsache, dass er angeblich mit den Tieren sprach und ein durch und durch friedfertiges Leben lebte. Vor allem aber gehörte er nicht zur Kategorie jener Heiligen seiner Generation, die von Kindheit an angeblich einem Ruf folgten, und die sich geißelten, da sie sich selbst als unwürdig betrachteten, oder sich selbst malträtierten (→ Rosa von Viterbo) und dann von Schmerz und Irrsinn gepeinigt glaubten, die Engel zu ihnen sprechen zu hören. So war Franz von Assisi ganz und gar nicht.

Giovanni Bernardone, so sein richtiger Name, war ein eher unbekümmerter junger Mann, der das Leben liebte, in den

Tag hinein lebte, ja vielleicht war er sogar das, was man einen Hallodri nennen würde. Er liebte das höfische Leben, war den Frauen und der Philosophie zugetan.

Das Licht der Welt erblickte er 1181 oder 82 in Assisi in Italien als Sohn eines reichen Kaufmanns und dessen französischer Ehefrau (er wuchs zweisprachig auf und lernte im Laufe seine Leben diverse weitere Sprachen). Während einer gewalttätigen Auseinandersetzung zwischen Assisi und Perugia geriet er in Gefangenschaft und blieb ein Jahr interniert, bis er 1203 aus der Gefangenschaft nach Hause zurückkehren durfte. Was in diesem Jahr geschehen ist, weiß niemand mit Sicherheit zu sagen. Der junge Mann beschloss auf jeden Fall, eine Wallfahrt nach Rom anzutreten. Doch er beließ es nicht bei einem spirituellen Ausflug, er begann sich Leprakranken zu widmen, er pflegte sie und wurde in kurzer Zeit eine Berühmtheit – da er bei seiner Arbeit unter den Kranken stets zu lächeln pflegte. Die Kranken liebten ihn, da er keine Angst vor ihnen zeigte, ihnen Geschichten erzählte, mit ihnen scherzte – ganz so, als würde er ihre Krankheit nicht sehen. Außerhalb der Leprakolonien hielt man ihn im besten Fall für seltsam, im schlimmsten Fall für verrückt. Als er eine kleine baufällige Kirche renovieren wollte, klaute er seinem Vater einige Tuchballen und verkaufte sie. Der Überlieferung nach kam es daraufhin zwischen Vater und Sohn zu einem Streit in Anwesenheit eines Bischofs, während dessen sich Franz entkleidete und kurzerhand erklärte, er werde fortan allen weltlichen Besitztümern entsagen. Armut wurde zum Erkennungszeichen der → Franziskaner, jenes Ordens, den er um 1210 gründete. 1212 nahm er die junge → Clara von Assisi in seine Gemeinschaft auf, und die junge Frau gründete daraufhin einen weiblichen Franziskanerorden, die Clarissen (Klarissen). Gilt die Männervereinigung als erster Orden, so sind die Clarissen der zweite; Franziskus gründete allerdings auch noch einen dritten Orden, den man heute als Laienvereinigung betrachten würde.

Geliebt wurden die Franziskaner von der offiziellen Kirche nicht gerade. Der radikale Lebensstil des heiligen Franz missfiel vielen Kirchenoberen, vor allem die Tatsache, dass er das Armutsgelübde wirklich ernst nahm und nicht selten den Reichtum der Kirche scharf kritisierte. Andererseits war er beim Volk ein beliebter Mann, dem man Glauben schenkte, den man schätzte. Viele Legenden ranken sich um ihn. Als beispielsweise das Städtchen Gubbio von einem Wolf tyrannisiert wurde, ging Franziskus hinaus in den Wald, um das Tier zu zähmen. Die Menschen beteten für ihn, glaubten ihn tot. Da kehrte er nach ein paar Tagen nach Gubbio zurück – mit dem Wolf an seiner Seite. Er habe ihm das Versprechen gegeben, erklärte er den Menschen, sie würden für ihn sorgen, denn nicht etwa Bösartigkeit habe ihn getrieben, sondern Hunger. Zwei Jahre, berichtet die Legende weiter, habe der Wolf daraufhin friedlich unter den Menschen gelebt, bis er eines natürlichen Todes starb.

Während des Fünften Kreuzzugs reiste auch Franziskus in den Nahen Osten. Allerdings verurteilte er die Gewalt des Kreuzzugs, er wollte die Muslime mit dem Wort bekehren. Eine historische Tatsache stellt sein Besuch am Hof des Sultans el Malik el Kamil in Kairo dar. Um diesen Besuch ranken sich eine Reihe von Legenden, einwandfrei überliefert ist jedoch, dass ihn der Sultan nach anfänglichem Misstrauen als einen geschätzten Gast behandelte. Im Gegensatz zu anderen christlichen Orden genossen die Franziskaner unter Muslimen hohen Respekt.

Christliche Nächstenliebe bedeutete für Franz von Assisi, ein Leben in den Dienst der Allgemeinheit zu stellen. Nächstenliebe wurde von ihm nicht nur gepredigt, sondern auch gelebt, weshalb er vermutlich bis heute der populärste Heilige der katholischen Kirche sein dürfte (vielleicht von Sankt Nikolaus einmal aufgrund dessen besonderen Status als Schutzheiligem der Kinder abgesehen). Wie viele andere Heilige sicher auch war Franz auf seine Art bis zum Extrem leidenschaftlich – aber er war kein Fanatiker, der versuchte, anderen Menschen seine Sicht der Dinge aufzuzwingen. Dies hätte sich mit seinem Verständnis von Jesus Christus, dessen Leben er in gewisser Weise versuchte nachzuleben (= Imitatio Christi) nicht vereinbaren lassen. Bedingungslose Liebe bedeutete für ihn, tatsächlich andere Menschen zu akzeptieren, zu respektieren, ihnen eine Hand als Freund zu reichen, ohne sie ihnen aufzudrängen. Mit seinen insgesamt drei Orden gab er anderen Menschen die Gelegenheit, an seinem Leben teilzunehmen, wobei diese Teilnahme stets auf Freiwilligkeit beruhte. Er starb am 3. Oktober 1226 in seiner Heimatstadt, zwei Jahre später bereits wurde die Heiligsprechung eingeleitet. Nach seinem Tod, berichtet die Legende, wurden an seinen Händen Wundmahle – Stigmata – entdeckt. Diese hatte er vor den Menschen jedoch verborgen gehalten. Angeblich wurden sie ihm von einem → Seraph zugefügt.

FRANZISKANER

WER JESUS ERKENNT,
FINDET DEN WEG ZUM VATER

Das Denken der Franziskaner ist trinitarisch, also dreieinig, geprägt. Gott der Vater, der Sohn, der Heilige Geist. → Franz von Assisi, der Gründer des Ordens, ging von der Annahme aus, dass alle Wege zu Gott alleine über Jesus Christus führen. Jesus, so seine Auslegung des Glaubens, sei der Mittler, ihm gegenüber hat man Ehrfurcht zu erbringen, er ist der Schlüssel zum Verständnis des Universums, er ist die Mitte aller Erkenntnis. Wer Jesus erkennt, findet den Weg zum Vater.

Niemand weiß, wann genau der Orden seine Gründung erlebte, als Gründungstag gilt jedoch offiziell der 16. April 1209. Papst Innozenz III. bestätigte demnach an diesem Tag – mündlich! – das Gesuch des Franz von Assisi um Anerkennung seiner Gemeinschaft als Orden. Tatsächlich existieren aus dieser Gründungsphase keinerlei Dokumente, die eine genaue Datierung zulassen. Auch sind die Worte des Papstes nicht überliefert, so dass sich nur vermuten lässt, wie der Papst den zur Armut verpflichteten Brüdern entgegentrat. Franz' bedingungslose Friedfertigkeit, sein Leben in Armut, seine Worte und seine Ansicht, dass ein jeder Mensch über Jesus Christus Gott erfahren könne, bargen im Kontext der Zeit politischen Sprengstoff. Indem Franz predigte, Gott sei für jeden Menschen – über Jesus Christus – direkt erfahrbar, opponierte er letztlich gegenüber der Kirche, die sich als unverzichtbarer Mittler betrachtete und auf diesen Weg ihre weltliche Macht festigte.

Franz von Assisi reagierte mit seinem Armutsgelübde auf die bedrohliche soziale Kluft zwischen Armen und Reichen. Auf der einen Seite häuften Adel und Klerus, aber auch die Städte und ihre wohlhabenden Kaufmannschaften Schätze von großem Wert an und entwickelten eine erstaunlich produktive Geldwirtschaft, auf der anderen Seite standen die Entrechteten: Wanderarbeiter, Bauern und Handwerker, die von dem, was sie erwirtschafteten, kaum leben konnten. Zum Sterben zu viel, zum Leben zu wenig. Von dieser Entwicklung besorgt, entschloss sich Franz, seine eigene wohlsituierte gesellschaftliche Position aufzugeben und in der Religion eine Antwort auf die brennenden Fragen seiner Zeit zu suchen. Er fand seine persönliche Antwort im Leben von Jesus Christus, der als Gottes Sohn als Mensch unter Menschen lebte – als armer, besitzloser Mensch.

Franz schloss sich der mittelalterlichen Armutsbewegung an – Menschen wie Franz verzichteten freiwillig auf ein Leben in Sicherheit und sogar Wohlstand, um in einem Leben in Armut Jesus Christus zu erkennen. Es gab verschiedenste Richtungen innerhalb dieser Bewegung. Es gab Radikale, die ihren Weg als den einzig wahren Weg betrachteten, und es gab Strömungen, die zusätzlich zur Armut den Schmerz als einen Weg ansahen, um Gott nahe zu kommen. Franz erlangte Berühmtheit, da er dem Weg von Jesus Christus möglicherweise am konsequentesten folgte: friedlich, in Respekt vor allen Geschöpfen Gottes, aufrichtig und eben in Armut.

Die Aufgabe seiner gesicherten bürgerlichen Existenz wurde zum Vorbild vieler, die sich seinem Weg anschlossen. Die ersten Franziskaner entschieden sich nicht nur für ein Leben in Armut und Demut vor Gott: Die ersten Franziskaner ver-

zichteten vielmehr auf die Schaffung von Rückzugsräumen –
Klöstern –, um ihr Leben dem Gebet zu widmen. Die ersten
Franziskaner lebten unter den Menschen, sie teilten ihre Leben mit ihnen, sie lebten im besten Sinne in der Nachfolge
Christi. »Die befreiende Erfahrung«, schreibt der Autor Johannes Schlageter im elften Band der »Theologischen Realenzyklopädie« aus dem Jahre 1983, »dass in diesem Bund mit
der Armut die evangelische Hoffnung auf Gottes Reich (…)
erneut lebendig wird und Brüderlichkeit unter den Armen
stiftet (…), wird verstanden als charismatischer Auftrag, die
darin erlebte Wirkmacht des Evangeliums als Rufer zur Umkehr und zum Frieden zu bezeugen. Als wandernde Arme, als
Gelegenheitsarbeiter und Bettler, wollen die Brüder dem Sendungsbefehl Jesu gehorchen.«

VOM LOCKEREN ZUSAMMENSCHLUSS
ZUM STARKEN ORDEN

Am Anfang ihres Bestehens stellten die Franziskaner eine unorganisierte Wertegemeinschaft dar. Das Wachsen der Bewegung aber machte schon bald eine innere Organisation notwendig. Durch die mündlich erteilte Aufnahme der Franziskaner in den Schoß der Kirche wurden Rahmenbedingungen
erschaffen, die es vor allem den Anhängern des Franz von Assisi ermöglichten, sich von ihrem spirituellen Führer zu trennen und sein Wort dennoch in seinem Geiste weitergeben zu
können. Durch die sogenannte »Regula non bullata«, die 1223
als endgültiges Regelwerk verabschiedet wurde, wurden Regeln aufgestellt, nach denen die Anhänger des Franz von Assisi zu wirken hatten. Damit entwickelte sich aus der unorganisierten Gemeinschaft ein Mönchsorden. Aus den Anhän-

gern des Franz von Assisi wurden somit die Franziskaner. Auch als Mönche lebten sie weiter nach den Regeln des Franz von Assisi; das Armutsgelübde ist den Franziskanern bis heute heilig, denn in der »Regula bullata« von 1223 wurde außerdem festgeschrieben, dass das Mönchsgelübde für alle Zeiten bindend sei und ein Austritt aus dem Orden somit unter keinen Umständen mehr möglich war. Ganz freiwillig scheinen die Franziskaner diese strenge Regelung nicht eingeführt zu haben, sie scheint vielmehr unter Druck entstanden zu sein. Eben weil sich die Franziskaner allein der Botschaft von Jesus Christus verpflichtet sahen, untergruben sie – zumindest aus dem Kontext der Zeit heraus betrachtet – die Autorität der Kirche respektive des Heiligen Stuhls. Wie soll der Mensch ohne die Heilige Kirche Gott erfahren? Franz hatte auf diese Frage eine Antwort – und die konnte der Kirche des späten Mittelalters eigentlich nicht gefallen. Die Aufnahme der Brüdergemeinschaft in den Schoß der Kirche stellt daher – rückblickend betrachtet – einen intelligenten Schachzug von Papst Innozenz III. dar. Es gab zwei Wege, um auf die Botschaft des Franz von Assisi zu reagieren: mit Gewalt oder Diplomatie. Man hätte die Anhänger des heiligen Franz ja schließlich auch zu Ketzern erklären können, zu Ausgestoßenen. Aber wäre seine Botschaft damit auch wirklich gestorben? Der Papst wählte einen intelligenteren Weg: Er bezog die Franziskaner in die Gestaltung des Glaubens ein, indem er ihnen den Status eines Mönchsordens verlieh. Mit dieser Verleihung ging nicht nur die Erstellung der bereits angesprochenen »Regula bullata« einher, diese Ordensverfassung etablierte auch Strukturen innerhalb des zentralistisch geführten Ordens, an dessen Spitze bis heute ein Generalminister steht. Der ist einem Generalkapitel, einer Versammlung, gegenüber verpflichtet, die ihrerseits die Belange des Ordens vertritt. Auf regionaler Ebene steht dem Orden bis heute ein Provinzialminister vor, das Generalkapitel findet seine Entsprechung in den Provinzialkapiteln.

Durch die »Regula bullata« erlangte der Orden eine innere Ordnung, eine hierarchische Struktur – und der Heilige Stuhl konnte somit ein Auge auf die Aktivitäten des nunmehr geordneten Mönchsordens werfen und nötigenfalls ein Machtwort sprechen, wenn ihm dessen Aktivitäten nicht behagten. Interessant ist in diesem Zusammenhang dennoch die Tatsache, dass es dem Orden gelang, die Hierarchien flach zu halten. Priore oder Äbte sucht man unter Franziskanern bis heute vergeblich. Ebenso wie Jesus Christus unter seinesgleichen lebte, leben Franziskaner unter den Menschen, für die sie arbeiten. Als Brüder im Geiste sehen sie sich nicht nur Gottes Wort verpflichtet, sondern auch dem Dienst an der Allgemeinheit.

Im späten Mittelalter erkannte man die Angehörigen des Minderbrüderordens (lateinisch: Ordo Fratrum Minorum) an ihren schlichten grauen Gewändern und ihrem Barfußgang. Da es den Ärmsten oft am einfachsten Schuhwerk mangelte und an keiner Stelle der Bibel vermerkt wird, dass Jesus mehr trug als ein schlichtes Gewand, verzichteten auch die Franziskaner auf das Tragen von Sandalen oder anderem Schuhwerk. Im Laufe der Jahrhunderte änderte sich die Kleidung der Franziskaner, unter anderem auch, da es verschiedene »Franziskanerschulen« gab, die Franz von Assisi unterschiedlich interpretierten, ohne dabei jedoch an den Fundamenten ihres Ordens zu kratzen oder gar neu zu definieren. Das bekannteste Gewand ist ein langes, braunes Leinengewand mit Kapuze, das von einem weißen Strick, der Cordelière, an der Taille festgezurrt wird.

Das Verfassen der »Regula bullata« ermöglichte es nicht nur

dem Heiligen Stuhl, ein wachsames Auge auf die frommen Männer zu werfen, auch die Mönche profitierten letztlich von ihrem Status als anerkannte Ordensgemeinschaft: Zogen sie in fremde (christliche) Fürstentümer und Königreiche, um dort Ableger ihrer Gemeinschaft zu gründen, standen sie nunmehr unter dem Schutz des Heiligen Stuhls. Franz von Assisi stand diesen Schutzbriefen allerdings ablehnend gegenüber, was unter anderem anhand seiner spirituellen Beziehung zu → Clara von Assisi erklärt werden kann, jener Heiligen, die in Danielle Trussonis Roman mehrfach Erwähnung findet und als Gründerin des weiblichen Franziskanerordens eine gewichtige Rolle im Handlungsgeflecht ihrer Phantasie darstellt.

DEMUT UND FREIHEITEN

Schon im späten Mittelalter galt die Devise: Es gibt nichts geschenkt. Indem die Franziskaner den Schutzbrief annahmen, akzeptierten sie auch die vom Heiligen Stuhl aufgestellten Spielregeln. Als Mönchsorden genossen die Franziskaner ihre kleinen Freiheiten. Sie lebten eben nicht hinter Klostermauern wie Mönche andernorts, sie verzichteten auf ein strenges hierarchisches Gebilde, sie lebten in Demut und Bescheidenheit und jenseits des Prunks, den der Heilige Stuhl nach und nach anhäufte, vor allem aber hielten sie sich aus der Politik heraus. Weltliche Politik stellte in ihrer Lehre ein Gebilde ohne Wert dar, wobei sie allerdings durch die Annahme eines Schutzbriefes eben genau dieser (Kirchen-)Politik unterworfen wurden. Wenn die Kirche schon ihren Schutz garantierte, erwartete sie als Gegenleistung auch, dass ihre Anordnungen befolgt würden. Dazu gehörten zwei Dinge. Erstens: Die Kirche verlangte von ihren Orden, dass diese in den Ländern, in denen sie durch ihren Schutzbrief geschützt arbeiten konnten, an einer sozialen Absicherung ihrer Arbeit interessiert sein mussten. Die Regelung zwang die Franziskaner also, Vermögen anzuhäufen, um diese Absicherung zu gewährleisten. Für einen auf Armut basierenden Orden war diese Anordnung nicht leicht umzusetzen, ohne die eigenen Prinzipien zu verletzen.

Der zweite Punkt betraf Clara von Assisi, und dafür müssen wir ein wenig ausholen. Wie der heilige Franziskus entstammte auch Clara einer wohlhabenden Familie. Eine Predigt von Franz jedoch berührte ihr Herz derart, dass sie ihr wohlbehütetes Leben aufgab und Franz folgte. Auch sie verzichtete auf jede Form von Besitz, auch sie versprach, ihr Leben einzig und allein der Nachfolge von Jesus Christus zu widmen, um in seinem Namen Gutes zu tun und auf diesem Weg den trinitarischen Gedanken zu verkünden. Franz half ihr beim Aufbau ihrer Gemeinschaft armer Frauen, doch agierten beide in einem Graubereich. Frauen durften zwar nach den Lehren des Franz von Assisi in Armut und Demut leben, aber im Gegensatz zu den Männern war ihnen die Wanderschaft, das Leben unter den Menschen, verboten. Doch Graubereiche sind dazu da, um in ihnen Regeln umgehen zu können. Sie halfen zum Beispiel Kranken oder verkündeten das Wort des Franz von Assisi. Als Predigerinnen hätten sie nicht fungieren dürfen, das Priesteramt wird den Frauen von der katholischen Kirche bekanntlich bis heute verweigert. Aber die Worte eines Ordensbruder zu verkünden? Das konnte ihnen niemand verbieten, auch wenn sie letztlich nur wiedergaben, was dieser wiederum über den Herrn Jesus Christus verkündete.

In der heutigen Kirchenforschung bezweifelt niemand mehr,

dass Jesus Christus nicht nur die ihm ergebenen zwölf Jünger folgten, sondern viel mehr Menschen, die gebannt seinen Worten lauschten. Diese mochten nicht alle Wege mit ihm beschreiten, aber sie folgten ihm und verbreiteten ihrerseits die Worte des Mannes, den wir heute als Gottes Sohn bezeichnen. Und unter diesen Menschen befanden sich selbstverständlich auch Frauen. Frauen, die Jesus als seinesgleichen betrachteten, als Kinder Gottes. Mann und Frau gleichberechtigt? Das ist selbst heute noch nicht überall der Fall, denn tatsächlich gibt es in nur wenigen Kulturen ein System der komplementären Dualität – also einer tatsächlichen Gleichstellung von Mann und Frau. In der klassischen chinesischen Kultur beispielsweise erkennen sich in Frau und Mann Yin und Yang, zwei Kräfte, die einander ergänzen wie Himmel und Erde, Licht und Dunkelheit und so weiter. Dass allerdings auch in China Gleichberechtigung eher auf einer theoretischen denn auf einer realen Ebene existiert, sei ebenso nur als Fußnote angemerkt wie die Tatsache, dass keine Glaubensschrift die Unterdrückung der Frau in irgendeiner Form toleriert.

DAS ENDE DER GRAUBEREICHE

Im Fall der Clara von Assisi stand der Heilige Stuhl vor einem Problem. Durch das Aufkommen einer Laienkultur im 12. Jahrhundert entwickelte sich auch ein neues Frauenbild, das vor allem durch die höfische Dichtung geprägt war. Im Minnesang etwa wurde die Frau verherrlicht und idealisiert. Der Heilige Stuhl erkannte in dieser Verherrlichung zunächst eine große Chance – und förderte seinerseits den sich vermenschlichenden Marienkult, der heute noch in weiten Teilen der katholischen Kirche von großer Bedeutung ist. Maria stieg zur idealen Frau auf. Diese Idealisierung änderte im Allgemeinen nichts an der Stellung der Frau in der Gesellschaft, aber zumindest in den besser betuchten Kreisen kamen Diskussionen zum Beispiel über die richtige Bildung für Frauen auf. Allein die Tatsache, dass über Bildung gesprochen wurde – und mag sie noch so limitiert ausgefallen sein –, ist erstaunlich. Weniger erstaunlich dürfte sein, dass dies den meisten Männern gewaltig missfiel. So schrieb → Thomas von Aquin, der Mann sei Ausgangspunkt und Ziel der Frau, von Natur aus stehe die Frau dem Manne nicht nur in Sachen Kraft, sondern auch in Sachen Würde nach. Immerhin gestand Thomas von Aquin der Frau zu, nicht nur der Fortpflanzung zu dienen, weshalb der Mann sie mit einem gewissen Respekt zu behandeln habe.

Die Entgegennahme des Schutzbriefes hatte für die Frauen um Clara von Assisi nun eine verheerende Wirkung: Die oben beschriebenen Graubereiche wurden im Sinne des Heiligen Stuhl gesäubert, das heißt: Wollten die armen Frauen, Clarissen genannt, weiterhin nach den Regeln des Franz von Assisi leben, dann ging dies nur und ohne Ausnahme hinter Klostermauern – dies war die zweite Anordnung des Schutzbriefes. Es ist überliefert, dass Franz von Assisi vehement gegen diese Anordnung zu Felde zog. Er sträubte sich gegen die Annahme des Schutzbriefes, da er eine Verwässerung seiner Lehren fürchtete, ein langsames Aufsaugen seines Ordens durch andere, dem Heiligen Stuhl gefälligere Orden, doch der Tod beendete seinen Kampf. Franz von Assisi starb im gleichen Jahr, Clara von Assisi musste der Anweisung aus Rom folgen.

Entgegen den Befürchtungen des Franz von Assisi erlebten die Franziskaner einen ungeahnten Aufschwung. 1227 übernahm Gregor IX. das Pontifikat in Rom. Ihn faszinierte die ungeheure Disziplin, mit der die Franziskaner ihrer Berufung nachgingen. Der Bildungsgrad der Franziskaner galt als überdurchschnittlich hoch. Gregor IX. entschloss sich dazu, die Franziskaner enger an die Kirche zu binden, und begann das Verfahren zur Heiligsprechung Franzens von Assisi. Bereits 1228 wurde der heilige Franziskus in den Kanon der Kirche aufgenommen, und ihm zu Ehren entstand eine prunkvoll ausgerichtete Grabeskirche, die seinen letzten Willen, der genau eine solche Verehrung ausdrücklich nicht wünschte, ad absurdum führte. Der Papst kassierte das Testament einfach ein. Er sandte ausgewählte Franziskaner an bedeutende theologische Hochschulen der Zeit, beispielsweise nach Oxford oder Paris, wo sie Priester ausbildeten.

Der Papst erklärte die noch vor wenigen Jahren misstrauisch beäugten Franziskaner zu einem privilegierten Orden. Dass dies auch unter den Mönchen Spuren hinterließ, liegt auf der Hand. Elias, seit 1232 Generalminister, schien sich auf jeden Fall daran zu stören, dass der heilige Franziskus – obwohl selbst ein Mann von Bildung und hoher Intelligenz – mit Bauern und Handwerkern die gleiche Sprache sprach wie mit Mönchen und Gelehrten und bei der Auswahl seiner Gefolgsleute wenig Wert auf Bildung und den richtigen familiären Hintergrund legte. Was tat Elias also: Er schmiss die Tertiarier, die Mitglieder des dritten von Franz gegründeten Ordens, der »Laienorganisation«, aus der Gemeinschaft der Franziskaner. Zwar durften die Tertiarier in der häuslichen Arbeit noch immer über Gott diskutieren oder einem Nachbarn etwas Gutes tun, aber das Predigen, das Verkünden von Gottes Wort – das konnte man doch keinem ungebildeten Laien überlassen, so Elias. Franz von Assisis Lehren wurden hier auf den Kopf gestellt, Franz hätte vermutlich gegen diesen Beschluss mit der Tatsache argumentiert, dass Jesus ein einfacher Zimmermann gewesen sei und seine zwölf Jünger Fischer. Über diesen Umstand scheint Elias gnädig hinweggeschaut zu haben.

Während die Mönche an Bedeutung gewannen, mussten die Frauen um Clara von Assisi um ihre Anerkennung kämpfen, obwohl ihr Orden stetig wuchs und in vielen Staaten Klöster entstanden, in denen Frauen nach dem Vorbild des heiligen Franziskus lebten. Nicht nur, dass die Nonnen ihr Leben hinter den Mauern des Klosters fristen mussten, aufgrund des Wachsens ihres Ordens waren ranghohe Kirchenvertreter gleichfalls der Ansicht, dass es an der Zeit wäre, das Leben der Nonnen strenger zu ordnen, weshalb sie fortan nicht mehr nach den Regeln des heiligen Franziskus, sondern denen der Benediktinerklöster leben sollten. Erst 1253 erreichte Clara die Anerkennung ihrer Gemeinschaft als offiziellen weiblichen Franziskeranerorden, da sie sich auf Schriften des heiligen Franziskus berufen konnte, die ausdrücklich die Einrichtung eines Frauenordens bestätigten.

Innerhalb der Franziskanergemeinde entstanden im Laufe der Jahrzehnte und Jahrhunderte unterschiedliche Strömungen. Da gab es jene, die treu dem Heiligen Stuhl dienten und als gute Lehrer und Gelehrte das Wort Gottes verbreiteten. Auf der anderen Seite mussten im Zeitalter der Inquisition Franziskaner im Untergrund leben, da sie sich offen gegen die Barbarei der Inquisition aufgelehnt hatten. Während der Kreuzzüge gab es Franziskaner, die den Kampf guthießen. Andere hingegen suchten den Dialog mit den Muslimen, lernten Arabisch, erkämpften sich allein mit ihrem Glauben und ihrer Opferbereitschaft den Respekt der Sarazenen.

DIE FRANZISKANER UND DIE REFORMATION

In der Zeit der Reformation bekundeten viele Franziskaner offene Sympathien für Martin Luther, denn dessen Forderung nach einer Rückbesinnung auf die tatsächlichen Werte des Glaubens entsprach durchaus der Auffassung der Franziskaner. Eine Abspaltung aber stand für die Franziskaner außer Diskussion, die Einheit der Kirche war für sie heilig. Daher wandten sich die Franziskaner – allen Sympathien zum Trotz – schließlich vehement gegen die Reformation, als aus der Reform- eine Spaltungsbewegung erwuchs. Reform? Ja! Spaltung? Niemals!

Hier und da gab es zwar Mönche und Nonnen, die ihr Gelübde brachen und ihre Orden verließen, um sich der reformatorischen Bewegung anzuschließen, es blieb jedoch bei vereinzelten Fällen.

Ihr entschlossenes Nein zur Reformation bezahlten viele Franziskaner in Deutschland mit ihrem Leben, wie etwa die Äbtissin Caritas Pirckheimer vom seinerzeit bedeutenden Clara-Kloster in Nürnberg.

Während der Eroberung Süd- und Mittelamerikas folgten viele Franziskaner den Eroberern. Ihre Rolle als Missionare ist nicht unumstritten. Auf der einen Seite gab es viele, die sich entschlossen auf die Seite der Unterdrückten stellten, die jeglicher Art von Gewalt mit Friedfertigkeit entgegentraten, die Schulen bauten und später auch Hospitäler einrichteten. Aber vor allem in Mittel- und Südamerika, wo die Franziskaner über einen erheblichen Einfluss innerhalb der Kirche verfügten, machte sich im Laufe der Jahrhunderte eine gewisse Bequemlichkeit breit. Die Macht der katholischen Kirche als Staatskirche in den meisten katholischen Ländern des Kontinents machte die Kirche reich, mächtig und träge. Sehr zum

Missfallen der sich etablierenden aufgeklärten Bürgerschicht, der Militärs, der reichen Großgrundbesitzer, mit deren Machtgewinn ein Machtverlust der katholischen Kirche in Bezug auf ihre politische Stellung hervorging. Vor allem die Franziskaner traf dieser Bedeutungsverlust.

EINE BETRACHTUNG DER GEGENWART

Spirituell hat dies den Franziskanern, egal ob männlich oder weiblich, nicht geschadet. Im Gegenteil: Gerade der Aderlass in Süd- und Mittelamerika Ende des 19. Jahrhunderts leitete einen Besinnungsprozess auf die Ursprünge des Franziskanertums und mit ihm einhergehend auf den heiligen Franziskus ein. Gerade in dieser Rückbesinnung liegt möglicherweise der Schlüssel zum Erfolg, denn im Gegensatz zu anderen Orden zeigen Franziskaner auch heute noch in vielfacher Hinsicht Präsenz in der Öffentlichkeit. Als Autoren, als Mitarbeiter in sozialen Einrichtungen, als Gelehrte. Trotz Nachwuchsproblemen müssen sich die Franziskaner um die Zukunft nicht sorgen.

FÜRSTEN / FÜRSTENTÜMER

Principatus, Archaii, die Tugendkräfte. Als Engel des siebten Chors stehen sie an oberster Stelle der dritten und untersten Triade (→ Drei Sphären der Engel). Für die Maler der Renaissance stellten die Fürsten einen Quell der Inspiration dar, denn als die Beschützer der Städte und Völker wurde ihnen eine besondere Beziehung zu den Errungenschaften der Menschheit nachgesagt – wie etwa der Kunst. Ganz so nah wie etwa die → Gewalten stehen sie den Menschen zwar nicht, aber genau dies schien die Künstler der Vergangenheit zu faszinieren. Sie sind eher Intellektuelle und schützen die Religionen.

Die Benediktinerin → Hildegard von Bingen, die wohl bekannteste deutsche Mystikerin des Mittelalters, sah die Fürsten in weißen Marmor gekleidet. Die Menschen würden sie an den brennenden Fackeln, die über ihren Häuptern schweben, erkennen, und eine eisenfarbige Wolke würde sie umgeben.

Engelskundler, vor allem aus dem Umfeld des New Age, sehen an der Spitze der Fürsten einen → Erzengel namens Anael stehen. Anael ist unter anderem auch für den Schönsinn zuständig, er ist ein Engel der reinen Liebe, ohne der menschlichen Sexualität abgeneigt zu sein. Seine Entsprechungen in den Mythologien des Altertums sind die griechische Aphrodite, die römische Venus, die ägyptische Isis sowie die chaldäische Inanna (die allerdings auch für den Streit zuständig war, wobei eines das andere bekanntlich nicht ausschließt). Möglicherweise gehen sie alle auf die mesopotamische Göttin Ištar zurück, die als Göttin der Liebe auch noch gleich als Steigerung den Krieg abdeckte.

Die Fürsten oder Fürstentümer haben in vielerlei Hinsicht nicht nur Künstler der Renaissance, sondern auch Romantiker wie Goethe, Schiller und Novalis beeinflusst. Und auch Lord Byron, Schöpfer des »Vampyrs«, und »Frankenstein«-Autorin Mary Shelley waren Verehrer der Fürstentümer.

In der Moderne haben die Fürsten jedoch an Interesse verloren. In künstlerischen Darstellungen werden andere Engelschöre bevorzugt. Selbst in der modernen Engelsliteratur, egal welche Richtung sie einschlagen mag, gehören die Fürsten zu jenen Chören, die kaum größeres Interesse generieren.

GEWALTEN

DAS SCHWERT DES GEISTES

In seinem Brief an die Epheser erwähnt der Apostel Paulus, dass »… hoch über alle Fürsten und Gewalten, Mächte und Herrschaften und über jeden Namen« der Name von Jesus Christus stehen wird. In der Engelshierarchie der → drei Sphären werden die Gewalten als der sechste Chor bezeichnet. Sie sind damit der rangniedrigste Chor der zweiten Triade. Im Gegensatz jedoch zu den eher spirituellen → Herrschaften und → Mächten sind die Gewalten äußerst widersprüchliche, vor allem aber wehrhafte Engel.

In diesem Fall muss man keine → apokryphen Schriften zur Hand nehmen, um entsprechende Hinweise zu finden, denn diesen liefert Paulus in seinem Epheserbrief – und das mit höchst martialischen Worten, denn die Lutherübersetzung von 1912 betitelt den entsprechenden Absatz: »Die Waffenrüstung Gottes«: »Zuletzt, meine Brüder, seid stark in dem Herrn und in der Macht seiner Stärke. Ziehet an den Harnisch Gottes, daß ihr bestehen könnet gegen die listigen Anläufe des Teufels. Denn wir haben nicht mit Fleisch und Blut zu kämpfen, sondern mit Fürsten und Gewaltigen, nämlich mit den Herren der Welt, die in der Finsternis dieser Welt herrschen, mit den bösen Geistern unter dem Himmel. Um deswillen ergreifet den Harnisch Gottes, auf daß ihr an dem bösen Tage Widerstand tun und alles wohl ausrichten und das Feld behalten möget. So stehet nun, umgürtet an euren Lenden mit Wahrheit und angezogen mit dem Panzer der Gerechtigkeit und an den Beinen gestiefelt, als fertig, zu treiben das Evangelium des Friedens. Vor allen Dingen aber ergreifet den Schild des Glaubens, mit welchem ihr auslöschen könnt alle feurigen Pfeile des Bösewichtes; und nehmet den Helm des Heils und das Schwert des Geistes, welches ist das Wort Gottes. Und betet stets in allem Anliegen mit Bitten und Flehen im Geist, und wachet dazu mit allem. Anhalten und Flehen für alle Heiligen und für mich, auf daß mir gegeben werde das Wort mit freudigem Auftun meines Mundes, daß ich möge kundmachen das Geheimnis des Evangeliums, dessen Bote ich bin in der Kette, auf daß ich darin freudig handeln möge und reden, wie sich's gebührt.«

→ Fürsten und Gewaltige, die in der Finsternis herrschen? Das klingt erst einmal beängstigend. → Dionysius Areopagita allerdings schließt aus Worten wie diesen, dass die Gewalten jene Engel sind, die die Grenzen des Himmels bewachen. 144 000 Engel soll dieses Quasi-Corps umfassen, sie sind es, die das Gute, den Himmel, gegen die Dämonen verteidigen. Wenn Paulus nun vor ihnen warnt, dann aus gutem Grund: Die Gewaltigen sind die Engel, die keine Fragen stellen. Sie sind keine vergeistigten Überwesen wie Herrschaften und Mächte, sie sind vielmehr jene, die sich dem Bösen stellen müssen. Aus diesem Grund ist ihre Energie nicht so rein wie die der anderen, höher gestellten Engel, die aufgrund ihrer Nähe zu Gott wenig Kontakt mit Nicht-Engeln haben. Die Gewalten wären demnach jene Engel, die sich auch schon mal die Hände schmutzig machen müssen, die ständig Versuchungen ausgesetzt sind und die diesen Versuchungen möglicherweise nicht immer widerstehen. Wer das Böse bekämpfen will, muss das Böse verstehen. Und wer das Böse versteht, steht oft nur eine Elle von einem Übertritt auf die Seite des Bösen entfernt. Gut und Böse sind ein Dualismus, die Grenze ist oft fließend. Aus diesem Grund ist im Mittelalter der Glaube entstanden, dass von allen gefallenen Engeln die meisten aus den Reihen der Gewalten stammen.

Das ist natürlich für den Roman von Danielle Trussoni von großem Interesse, denn dieser Glaube impliziert, dass Engel sehr wohl anfällig für das Böse sind. Und das nicht nur, weil sie so seltsam entrückt von der Welt der Menschen erscheinen. Sind die → Nephilim daher nur so etwas wie die logische Konsequenz aus diesem Gedanken?

DER SEELENTRÖSTER

Die Gewalten (lateinisch: Potestates) verkörpern die unzerstörbare Harmonie. Daher wird den Gewalten in Gänze die Aufgabe zugeschrieben, die Seelen verstorbener Menschen ins Jenseits zu geleiten. Dieser althergebrachte Glaube hat in der Esoterik noch eine Intensivierung erhalten: Hier sind die Engel der Gewalten nicht nur die Begleiter der Seelen, sie sind auch deren Beschützer. Sie beschützen sie nicht nur vor den Anfeindungen dunkler Mächte, sie beschützen sie vor allem vor sich selbst. Da die Seele, so die Erklärung dieses Gedankens, durch die Trennung vom Körper in Panik geraten kann, ist es die Aufgabe der Gewalten, die Seele zu beruhigen – was wiederum einschließt, dass die Gewalten so nah am Wesen des Menschen stehen wie keine andere Engelsgattung. Sie erleben menschliche Gefühle wie Angst, Hass, Gleichmut und Freude – Gefühle, die anderen Engeln verborgen bleiben. In einem Artikel über das Engels-Abc der Tageszeitung *Die Welt* vom 17. Dezember 2000 wird denn auch ein Umstand erwähnt, der zum Nachdenken anregt: Lebten Engel im Paradies? Tatsächlich gibt es darauf in der Bibel keinen Hinweis. »Erst nach ihrer Vertreibung stellte Gott«, schreibt der Autor des Artikels und beweist seine Festigkeit in Engelsfragen, »vor den Eingang einen → Cherub mit Flammenschwert, um die Rückkehr der Sünder zu verhindern.«

Die Frage nach dem Paradies ist auch eine Frage nach der Seele: Haben Engel eine? Sie haben das Ewige Leben, sie stehen an der Seite Gottes, sie sind von Gott erschaffene Wesen jenseits des stofflichen Lebens – so betrachtet sind sie von göttlicher Energie, also brauchen sie keine Seele. Oder vielleicht doch?

Wenn die Gewalten über die Seele wachen, dann sind sie auch diejenigen unter den Engeln, die die Seele des Menschen der göttlichen Quelle zuführen, was eben auch bedeutet, die Seele von all den Widersprüchen des Menschseins zu reinigen und auf eine höhere Ebene des Daseins zu führen.

Wenn Engel keine Seelen haben, sehr wohl aber durch göttliche Energie erschaffen wurden, berühren sich bei diesem Vorgang für einen Moment Menschsein und Göttlichkeit. Dies ist eine Erfahrung, die den meisten Engeln, beruhend auf den eher nüchternen Engelslehren des → Dionysios Areopagita, verborgen bleibt. Und wer sagt, dass dieses Gefühl des Menschseins einen Engel der Gewalten unbeeindruckt ließe? Ist es nicht der Widerspruch, der das Menschsein erst interessant macht? Die Gewalten gehören zweifelsohne zu den interessantesten Chören, eben weil sich eine Unmenge an Gedankenspielen auf sie projizieren lassen.

Das → Buch Enoch nennt einen → Erzengel namens Camael (auch Chamael) als Fürst der Gewalten. Dieser Name findet sich auch in einigen mystischen Engelsschriften, aber auch in der Kabbala. Interessant ist, dass es zwei Interpretationen seiner Persönlichkeit gibt. Jene, die ihn als einen Racheengel betrachten, der treu in Gottes Diensten steht, aber auch solche, die behaupten, er habe längst die Seiten gewechselt. Tatsächlich findet man seinen Namen auch in okkultistischen Lehren.

GIBORIM

Die Giborim sind die Kriegerkaste der → Nephilim. Danielle Trussoni beschreibt sie als stark und brutal – aber auch etwas einfältig, wenn nicht gar dumm. Sie sind in ihrem Roman effiziente Befehlsempfänger. Sie tun, was die ihnen höher stehenden Nephilim befehlen, und stellen keine Fragen. Sie sind wie Drohnen, die ihre Aufgaben erledigen, weil dies der einzige Grund für ihre Existenz darstellt.

Eine Existenz, die sich aus einem Missverständnis ableitet. Im 1. Buch Mose, Kapitel 6, wird im hebräischen Originaltext im Zusammenhang mit den Kindern der Engel und der Menschenfrauen einmal von »den Riesen« gesprochen (haNefilim) und einmal von »den Helden« (haGiborim).

Schaut man sich den besagten Vers einmal in der Übersetzung von Luther an, im Folgenden in der redigierten Fassung von 1984, erschließt sich das Missverständnis auf einem Blick: »Als aber die Menschen sich zu mehren begannen auf Erden und ihnen Töchter geboren wurden, da sahen die Gottessöhne, wie schön die Töchter der Menschen waren, und nahmen sich zu Frauen, welche sie wollten. (...) Zu der Zeit und auch später noch, als die Gottessöhne zu den Töchtern der Menschen eingingen und sie ihnen Kinder gebaren, wurden daraus die Riesen auf Erden. Das sind die Helden der Vorzeit, die hochberühmten.«

Riesen und Helden? Die Riesen (Nephilim) SIND die Helden (Giborim).

Dennoch haben es die Giborim, trotz ihrer bemerkenswerten Nichtexistenz, zu den Hauptfiguren einiger Schauermärchen auch in Deutschland gebracht. Märchen, die längst dem Vergessen anheimgefallen sind. Wie sie ausgesehen haben müssen, lässt ein Zitat aus der »Aeltesten Urkunde des Menschengeschlechts, vierter Theil« aus dem Jahre 1776 erahnen: »Was bei den Griechen Titanen, Kyklopen und Heroen in der Kindererzählung waren; was in anderen Ländern andere riesenhafte, schreckliche und gräßliche Sagen alter Zeit sind; das sind hier Nephilim und Giborim – Furchtnamen der Vorwelt. Da in den ersten Jahren die Einbildungskraft der Kinder sich gerne mit solchen Schreckensbildern beschäftiget, weil diese mehr Eindruck auf sie machen, als einfältige Wahrheit selbst: (…) so wird es wohl keiner Nation an solchen Riesenmärchen fehlen.«

Übrigens: Die in einigen englischsprachigen Texten verwendete Schreibweise »Gibborim« ist falsch, wird aber sogar vom englischsprachigen Wikipedia verbreitet.

HL. AUGUSTINUS

Er ist unter verschiedenen Namen bekannt: Augustinus von Hippo, Augustinus von Thagaste oder auch Aurelius Augustinus. Hinter all diesen Nennungen verbirgt sich der heilige Augustinus, der als früher Kirchenlehrer eine Reihe von Schriften verfasste, die noch heute die Kirchenphilosophie maßgeblich beeinflussen. Interessant ist in diesem Zusammenhang, dass er auch von orthodoxen Christen und von Protestanten geehrt wird. In Thagaste, einer Ortschaft, die heute Souk Ahras heißt und sich in Algerien befindet, wurde er am 13. November 354 geboren. Er starb am 28. August 430 in Hippo Regius, dem heutigen ebenfalls in Algerien angesiedelten Annaba. Als Sohn eines Nichtchristen und einer Christin kam er bereits früh in Kontakt mit christlichen und griechisch-philosophischen Texten, die ihn nachhaltig prägten. Das Christentum spiegelte seinen Glauben wider, und die griechische Philosophie stellte ihm sein wissenschaftliches Rüstzeug zur Interpretation des christlichen Glaubens zur Verfügung.

Augustinus entwickelte eine Systematik, die erstmals eine wissenschaftliche Auseinandersetzung mit dem noch jungen Christentum ermöglichte. »Ich glaube, um zu erkennen« lautete denn auch ein von ihm formulierter Glaubensgrundsatz, in dem nachhaltig seine Faszination der griechischen Philosophie mitschwingt.

Er reiste nach Rom und Mailand, in seinen späteren Lebensjahren war er Bischof von Hippo Regius. In seiner Eigenschaft als Geistlicher auf der einen Seite und als Gelehrter auf der anderen hinterließ er der Nachwelt ein umfangreiches theologisches Werk. Aus diesem Grund wird er Kirchenvater genannt.

Aufgrund seiner ausgiebigen Engelsstudien wird Augustinus heutzutage in esoterischen Kreisen verklärt. In vielen Foren findet sich beispielsweise ein Gedicht, das ihm zugeschrieben wird:

»Ich lobe den Tanz,
denn er befreit den Menschen
von der Schwere der Dinge,
bindet den Vereinzelten
an die Gemeinschaft.

Ich lobe den Tanz,
der alles fordert und fördert,

Gesundheit und klaren Geist
und eine beschwingte Seele.
(…)

Ich lobe den Tanz!
Oh Mensch lerne tanzen,
sonst wissen die Engel
im Himmel mit dir
nichts anzufangen!«

Nur leider kann dieses Gedicht gar nicht von Augustinus stammen, denn er lehnte den Tanz ab – vielleicht nicht so radikal wie andere Kirchenvertreter seiner Zeit, aber groß fielen seine Sympathien für den Tanz nicht aus. Die frühchristliche Kirche verdrängte den Tanz aufgrund seines heidnischen Ursprungs als Anbetungsritual aus dem Glauben. Eine enge Liaison sind Christentum und Tanz niemals eingegangen, bis heute passen sie nur schwer zusammen. Rhythmische Bewegungen zu einem Gospelsong sind erlaubt, aber mehr?

Interessanterweise wusste Augustinus sehr wohl um den hohen Stellenwert, den der Tanz im Alten Testament einnahm. Man nehme den Psalm 149, der verlangt, die Kinder Zions mögen über ihren König jauchzen und seinen Namen beim Reigentanz loben.

Schroff gesagt: Das frühe Christentum ist nicht für seinen Humor bekannt, und Augustinus trägt seinen Anteil an der Humorlosigkeit des Glaubens, denn sein strenges hierarchisches Denken gilt letztlich als Anleitung für den Aufbau eines Kirchensystems, wie wir es heute kennen. Streng organisiert, genau in seinen Aufgaben definiert, mit einem klaren Machtsystem, das letztlich die Mündigkeit der einfachen Gläubigen einschränkt. Man darf sein Denken nicht aus der Perspektive des Jahres 2010 beurteilen und kritisieren. Viele Ideen des heiligen Augustinus sind in Wissenschaften wie etwa der Linguistik eingeflossen, die moderne Staatskunde basiert auch auf Ideen des Bischofs, denn selbst wenn er die Mündigkeit des Einzelnen einschränken mochte, verlangte er doch von den Mächtigen ein verantwortungsbewusstes Ausüben ihrer Macht zum Wohle der Allgemeinheit.

Das Problem in Bezug auf den heiligen Augustinus stellt aus heutiger Sicht nicht nur die Unmenge an Schriften dar, die er der Nachwelt hinterließ – es sind die Interpretationen seiner Schriften, die sein Werk nicht übersichtlicher machen. Laut dem Zentrum für Augustinusforschung in Würzburg existieren um die 50 000 Sekundärtitel über das Leben und Werk des heiligen Mannes, das jedes Jahr um 200 bis 300 Titel anwächst. Augustinus interpretieren zu wollen ist inzwischen fast eine Unmöglichkeit geworden, denn auf jede These kommt mindestens eine, die das Gegenteil behauptet. Fachleute mögen immer wieder neue Ansichten entdecken, neue Übersetzungen mögen hier und da Sichtweisen etwas revidieren, für den Laien aber ist diese Forschung nicht mehr verständlich. Für den Laien bleibt Augustinus ein Kirchenvater, der »was mit Engel« gemacht hat.

Allerdings scheint die Hölle auf ihn eine weitaus größere Faszination ausgeübt zu haben. Während er in seiner Interpretation des Gottesstaates die Idee der Hierarchien aufnimmt und eine sachliche Schilderung dieses Systems liefert, die später vom falschen → Dionysius Areopagita weiterverarbeitet wurde (→ Drei Sphären der Engel / siehe außerdem das Kapitel über den heiligen Augustinus im Text → Eine kleine Geschichte der Engelskunde), geht er in Bezug auf die Hölle in die Vollen: Seiner Ansicht nach muss der Mensch in der Hölle ewige Qualen leiden, da er aufgrund der Erbsünde, die der

Mensch Eva zu verdanken hat, schlicht und ergreifend im Grunde böse ist. Von der Idee, dass eine Sünde einen Menschen auf den rechten Weg führen kann, wenn er in der Sünde das Unrecht erkennt, hielt er nichts. Läuterung? Vergebens! Ein gutes Leben mit einem einzigen, ganz kleinen Ausrutscher? Nein, böse ist böse. Es spielt keine Rolle, ob man fremde Völker überfällt oder vom Baum im Nachbarsgarten ein paar Äpfel stiehlt: Augustinus sah höchstens einen Unterschied im Grad der Bestrafung. Seine Schriften strotzen darüber hinaus von einer Körper- und Sexualfeindlichkeit. Frohsinn oder Lebensfreude kann man aus seinen Werken wahrlich nicht ziehen.

Nun mögen seine doch etwas drastischen Ansichten im Laufe der Zeit eine Abschwächung erfahren haben, vielleicht ist auch die hier zugrunde gelegte Interpretation seines Werkes falsch, bei 50 000 Titeln können schon mal extrem voneinander abweichende Interpretationen eines Werkes aufeinanderprallen – doch seine Ansichten über die Erbsünde, Evas Sündenfall, haben ihre Spuren in der Geschichte der christlichen Kirchen hinterlassen, und auch das Fegefeuer wurde erst durch seine Schriften populär. So betrachtet, hat sich Augustinus sehr ausführlich mit Welten auseinandergesetzt, in denen Engel existieren mögen, doch eine gewisse morbide Faszination für die dunklen Welten lässt sich auch ohne eine ausführliche Interpretation seiner Arbeiten in seinem Werk erkennen. Dass ausgerechnet aus der Feder dieses Mannes die erste kirchengeschichtlich relevante Musiktheorie stammt, weist auf das komplizierte Wesen des heiligen Mannes hin, das sich in ein paar Sätzen nicht fassen lässt.

In Bezug auf die Engel bezieht sich Augustinus unter anderem auf das Buch Daniel und dessen Beschreibung der Engelsschar im siebten Kapitel, das Luther mit den Worten übersetzte: »Und von ihm her ging ein langer feuriger Strahl. Tausend mal tausend dienten ihm, und zehntausend mal zehntausend standen vor ihm.« Die Existenz eines Engelheeres stand für ihn nicht in Frage und damit auch nicht deren Ordnung.

Von Augustin stammt der Gedanke, dass die Engel am zweiten Schöpfungstag erschaffen wurden. Er legte die Worte Gottes »Es werde Licht« so aus, dass damit keinesfalls die Schaffung der Sonne, des Mondes und der Sterne gemeint war, die ja eigentlich erst am vierten Schöpfungstag genannt werden, nein: Das Licht sind in Augustinus' Interpretation die Engel, die somit weit vor dem Menschen erschaffen wurden und zu einer Zeit bereits an der Rechten Gottes saßen, bevor all das, was wir heute kennen und mit unserem Geist erfahren können, existierte. Aus diesem Grund wird sein Engelsbild in der Regel so interpretiert, dass der Mensch dem Engel weit untersteht. Jedoch: Engel ist die Bezeichnung eines Amtes (womit wir wieder bei der Hierarchie wären – in einer Hierarchie übt ein jeder Engel eine Aufgabe aus), seinem Wesen nach ist der Engel ein Geist, seinem Handeln nach – eben ein Engel.

Auch das Böse ist, laut Augustinus, fast so alt wie das Licht, denn das Böse ist die Finsternis. Augustinus kolportiert die Geschichte der gefallenen Engel, die gegen Gottes Schöpfung rebellierten.

Bevor Augustinus seinen Weg zum frühen Christentum fand, wandte er sich als junger Mann dem Manichäismus zu, einer Religion, die im aktiven Bemühen stand, Weisheit und Wissen anderer Religionen aufzunehmen. Ein Perser namens Mani (216–277) gilt als Vater dieser Religion, die eng mit zoroastrischen Ansichten verhaftet ist. Kritiker des Augustinus halten ihm genau diese Faszination für den Manichäismus vor: Er habe sich zu theoretisch mit dem Glauben beschäftigt und dabei das tatsächliche Wesen des Glaubens, das sich nicht in ein wissenschaftliches Korsett zwängen lässt, vergessen oder möglicherweise niemals wirklich verstanden.

HERRSCHAFTEN

Die mittlere Triade der Engelshierarchie nach → Dionysius Areopagita ist die vermutlich am wenigsten greifbare. Im Gegensatz zur ersten Triade mit ihren → Seraphim und → Cherubim, die ihre Gesichter haben beziehungsweise denen Künstler im Laufe der Jahrhunderte ein Antlitz verliehen, sind die mittleren Triaden mit ihren Herrschaften, den → Mächten und den → Gewalten abstrakt. Sie haben keine Gesichter, Beschreibungen wie die eines Hesekiel fehlen vollkommen (→ Engelsberichte nach Mose, Hesekiel und Lukas). Künstler taten und tun sich schwer damit, den Engeln dieser Ebene eine Körperlichkeit zu verpassen. Cherubim oder gewöhnliche Engel machen es nicht nur Künstlern leichter, sie als Persönlichkeiten zu sehen. Auch Autoren, die sich mit dieser Thematik befassen, geraten leicht an ihre Grenzen, wenn sie erklären sollen, was eigentlich die Herrschaften, der vierte Chor, sind.

Es ist aber nicht so, dass die Kunst keine Darstellung der Herrschaften kennt. In der Renaissance wurden sie als wunderschöne Menschen mit wunderschönen Flügeln dargestellt, gekleidet in einfachen weißen Chorhemden. In der Rechten tragen sie einen goldenen Stab, in der Linken das Siegel Gottes. Nur in der Bibel findet man eine solche Beschreibung nicht. Und die Beschreibung – weiße Chorhemden – passt auch zu diversen anderen Engelschören. In der → jüdischen Engelshierarchie nennt man Herrschaften auch Hashmallim, und aus der jüdischen Mythologie stammt der Glaube, dass sich Herrschaft nur selten Menschen in körperlicher Gestalt zeigen.

Den Namen Herrschaften verdanken sie ihrer lateinischen Bezeichnung »dominatio« beziehungsweise in der Mehrzahl »dominationes«, was in diesem Fall als Herrschaften übersetzt worden ist. Die Herrschaften regeln die Pflichten der Engel. Sie sind also eine Art Oberaufsicht oder das gehobene Beamtentum der Engelshierarchie. Zwar mögen Seraphim, Cherubim und → Throne über ihnen stehen, diese aber üben ihre Aufgaben in einem direkten Umfeld zu Gott aus. Sie haben, wenn man so will, für die alltäglichen Arbeiten keine Zeit. Es heißt, die Herrschaften seien auch Bewahrer, denn in ihrem Besitz sollen sich angeblich die himmlischen Buchstaben des heiligen Namens Gottes befinden. Zadkiel ist, laut hebräischen Überlieferungen, der Name ihres Anführers. In esoterischen Zirkeln ist besagter Zadkiel für die Weiterentwicklung des Menschen zuständig. In der Meditation sei es möglich, heißt es, sich mit Zadkiels Hilfe von inneren und äußeren Zwängen zu lösen, so dass der Mensch spirituelle Freiheit erringt.

Im Volksglauben steht Zadkiel nicht allein an der Spitze dieses Chores. Er erhält vielmehr Unterstützung von Hashmal, Yahriel und Muriel und Chasmal.

In der fiktionalen Literatur finden Engel dieses Chores so gut wie nie Erwähnung. Im Gegensatz zu den spektakulären Cherubim oder den → Erzengeln wirken sie auf Autoren vermutlich eher etwas ausdruckslos.

HONORIUS VON AUTUN

Danielle Trussoni erwähnt ihn in einem Nebensatz als Verfasser von Schriften über das Phänomen der Schutzengel und den Trost, den sie uns spenden können. Der Name Autun bezieht sich möglicherweise auf die gleichnamige Stadt in Burgund, deren Kathedrale bereits in Schriften des 9. Jahrhunderts Erwähnung findet. Ob Honorius von Autun gebürtig aus Burgund stammt, wie heute allgemein behauptet wird, oder nur einige Zeit in Autun wirkte, ist wie so vieles über diesen Mann nicht bekannt. Er selbst nannte sich in seinen Schriften »Honorius Augustodunensis ecclesiae presbyter et scholasticus«. Wie alt er wurde, aus was für einer Familie er stammt – all das sind auch nur Mutmaßungen. Bekannt ist, dass er einige Zeit als Mönch in England lebte und Schüler des Anselm von Canterbury war. Verstorben ist er vermutlich im Jahre 1151. Die letzten Jahre seines Lebens verbrachte er offenbar in der heutigen Oberpfalz in dem vom irischen Missionar Marianus gegründeten Schottenkloster St. Jakob in Regensburg. Da zu dieser Zeit ausschließlich irische Mönche nach den Regeln der Benediktiner in diesem Kloster lebten, widerspräche dies der Annahme, er sei in Burgund geboren. Aber auch das ist nur eine Spekulation.

Honorius von Autun erlangte im 12. Jahrhundert Bekanntheit als Autor volkstümlich verfasster christlicher Schriften. Obschon theologisch offenbar hoch gebildet, zog er sich zum Bibelstudium nicht hinter Klostermauern zum Schriftenstudium zurück, sondern versuchte die Erkenntnisse der Gelehrten in einer für das einfache Volk verständlichen Sprache zu verfassen. Seine Denkschriften erlangten zeitweise eine solch hohe Bekanntheit, dass sie in viele europäische Sprachen übersetzt wurden.

Seine bekanntesten, heute noch zugänglichen Werke sind zum einen das »Elucidarium«, eine Erklärung der christlichen Theologie in Form eines Dialogs, und zum anderen das »Eucharistion«, eine Arbeit über den Körper und das Blut Christi. Honorius von Autun verfasste auch Schriften über Plato und griechische Philosophie, in seinem Hauptwerk jedoch, dem »De Imagine mundi« widmete er sich der Kosmologie, der Wetterkunde und Geographie sowie der Geschichte der Welt. Teil des »De Imagine mundi« ist eine Darstellung des Wirkens der Schutzengel. Vor allem dieser Teil seines Werkes erfreute sich beim einfachen Volk aufgrund seiner kraftvollen, aber einfachen Worte großer Popularität.

Dass Honorius von Autun nicht in Vergessenheit geriet – obwohl wir heute nicht einmal mit Sicherheit wissen, ob er wirklich Honorius hieß –, ist vermutlich einem Verbot zu verdanken. Im Jahre 1210, also rund 60 Jahre nach dem Tod des Honorius von Autun, wurden die Schriften des Theologen und Philosophen Eruigenas aus den Bibliotheken verbannt, da sich dessen Ansichten über Gott, die teilweise von der Philosophie des Aristoteles beeinflusst waren, nicht mit den Ansichten des Heiligen Stuhls deckten. Da den Gelehrten fortan der direkte Zugriff auf das Werk des Eruigenas verwehrt blieb, wählten sie einen indirekten Weg und nutzten Schriften des Honorius von Autun, der sich zu seinen Lebzeiten äußerst intensiv mit Eruigenas auseinandergesetzt und ihn mehrfach zitiert hat. Sie holten sich ihr Wissen also über einen Umweg – und pflegten die Schriften des Honorius von Autun, so dass diese die Zeiten überdauerten.

JÜDISCHE ENGELSHIERARCHIE

Engel sind ein Glaubensbestandteil der drei großen monotheistischen Weltreligionen: des Judentums, des Christentums und des Islams. In ihrem Roman »Angelus« erwähnt auch Danielle Trussoni, dass Engelskunde keine rein christliche Disziplin sei: »Im Laufe der Zeit gab es jüdische, christliche und muslimische Angelologen – in den Kosmologien der drei Religionen haben Engel einen zentralen Platz –, und es gab noch ungewöhnlichere Forscher: Gnostiker, Sufis und einige Vertreter asiatischer Religionen«, lässt die Autorin schließlich auch Gabriella, die Großmutter ihrer Protagonistin Evangeline sagen. Dennoch erschafft sie eine Engelswelt in ihrem Roman, dessen Ordnung ganz klar christlich geprägt ist. Sie hält sich sehr an das von → Dionysius Areopagita entworfene Bild einer Engelshierarchie, ein Bild, das natürlich auf jüdischen – da alttestamentarischen – Vorstellungen basiert, aber dennoch klar im Christentum angesiedelt ist.

Aber auch das Judentum verfügt über eine höchst interessante Engelshierarchie, mit den Chayot (alternativ auch Hayyoth oder Chaioth ha-qadesh genannt) an der Spitze. Der Glaube an die Chayot basiert auf dem ersten Kapitel des Buches Hesekiel (→ Engelsberichte nach Mose, Hesekiel und Lukas). Im christlichen Glauben existieren diese Chayot nicht, sie sind in der christlichen Engelslehre am ehesten mit den → Seraphim zu vergleichen. Dieser Vergleich ist jedoch mit äußerster Vorsicht zu genießen, da die Seraphim, wie wir noch sehen werden, selbst einen Chor in dieser Engelshierarchie darstellen.

Die Chayot, so die jüdische Engelslehre, stehen direkt am Thronwagen, dem Merkaba Gottes. Den Chayot folgen die

Ophanim, auch die Vieläugigen genannt. Sie entsprechen in ihrer Funktion am ehesten den → Thronen der christlichen Engelskunde nach Dionysius Areopagita. Die Erelim (auch Arel, Ar'el, or Er'el genannt) finden im Christentum keine direkte Entsprechung als Chor oder Gruppe, aber sie weisen eine Verwandtschaft zum Engel Ariel auf, der auch der Löwe Gottes genannt wird, aber nicht aus dem »offiziellen« christlichen Kanon stammt. Sehr wohl aber verschmilzt er im Volksglauben oft mit dem → Erzengel Uriel zu einer Person, der seinerseits nur in den → apokryphen Schriften des → Enoch Erwähnung findet.

Auf der nächsten Ebene stehen die Hashmallim, die in der christlichen Hierarchie am ehesten den → Herrschaften zugeordnet werden können, gefolgt von den Seraphim und den Malakhim. Diese Gruppierung lässt sich nur schwer auf die christliche Ordnung übertragen. Sie sind die Boten, also die »normalen« Engel, aber sie weisen auch Eigenschaften der Erzengel auf. Sie sind außerdem in der Religion des Zoroastrismus als Engel bekannt (→ Engel: Eine Zeitreise von Mesopotamien nach Griechenland).

Über die Elohim, den Engeln der nächsten Stufe, streiten sich die Gelehrten. Der Begriff entstammt vermutlich der vorjüdischen Mythenwelt Kanaans, seine aramäische Ableitung Elah bedeutet Gott. Und so widersprechen sich auch die deutschen oder englischen Bibelübersetzungen, die das Wort Elohim mal als »Engel«, mal als »Gott« in die jeweilige Landessprache übertragen. Die letzte deutschsprachige, die Zürcher Übersetzung benennt die Elohim als Engel: dort, wo sie im Alten Testament genannt werden, ist es nicht Gott, der direkt zu den Menschen spricht, sondern ein Engel, der diese Aufgabe für ihn übernimmt. Demnach wären die Elohim die »normalen« Engel des christlichen Glaubens.

Und nun wird es für Leser von Danielle Trussoni interessant – denn die achte Ebene wird von den Bene Elohim besetzt – den → Söhnen Gottes! Sie werden in der jüdischen Engelshierarchie als eigene Gruppe aufgeführt.

Interessant ist auch die neunte Ebene, auf denen die → Cherubim vermerkt werden, die in der christlichen Mythologie als Leibgarde Gottes eine herausragende Position einnehmen. Die Ishim schließen dieses hierarchische Gebilde ab.

Die jüdische Engelshierarchie basiert auf den Schriften Moses Maimonides', eines um 1135 in Cordoba geborenen Arztes, Rechtsgelehrten und Philosophen, der sich bereits vor 900 Jahren für eine Versöhnung von Naturwissenschaften und Religion einsetzte. Als Arzt verfügte er über ein – für seine Zeit – enormes Wissen, auch als Astronom machte er sich einen Namen, ebenso als energischer Gegner der Astrologie, die er als eine Art Bastard der Astronomie betrachtete. Sein Hauptwerk ist der »Führer der Unschlüssigen«, ein Werk, das sich in vielen Belangen oftmals selbst widerspricht – und widersprechen soll, da es Maimonides unter anderem genau darum ging: aufzuzeigen, dass es nicht auf jede Frage, die ein Mensch stellt, auch eine klare Antwort gibt. Maimonides wandte sich nicht gegen eine wörtliche Lesart religiöser Schriften, sondern stellte ihren oft sinnbildlichen Charakter hervor. Er setzte sich mit Überlegungen auseinander, die dem Menschen einen freien Willen attestieren, weshalb jeder Mensch sein Leben letztlich selbstverantwortlich führen muss, ohne dass er sich stets auf das Schicksal, Gott oder andere Mächte berufen darf. Maimonides' Schriften inspirierten deutsche Juden wie Moses Mendelssohn und David Friedländer zur Haskala, der jüdischen Aufklärung, welche die Emanzipation des Judentums in Europa verfolgte.

KONZIL VON NICÄA

WEGWEISER DES CHRISTENTUMS

Danielle Trussoni stellt das Konzil in einen fiktiven Kontext
mit einem angeblich in Sosopol veranstalteten Konzil (→ Konzil von Sosopol), auf dem die Angelologie ihre Geburtsstunde
erlebt. Während das Konzil von Sosopol allein der Phantasie
der Autorin entspringt, ist das Konzil von Nicäa (oder Nizäa,
Nicae, es gibt eine Reihe verschiedener Schreibweisen) mehr
als nur eine Fußnote in der Geschichte des Christentums. In
seiner Bedeutung kann dieses Konzil nicht hoch genug bewertet werden, ohne dieses Konzil hätte die Geschichte des
Christentums eine vollkommen andere Richtung einnehmen
können, ja vielleicht gäbe es das Christentum in seiner Form,
wie wir es heute kennen, überhaupt nicht.

DIE POLITISCHE SITUATION VOR DEM KONZIL

Das Christentum wuchs, und mit dem Wachsen begann es
sich zu organisieren, und zwar zum Beispiel in diese fünf Pa-
triarchate: Rom, Konstantinopel, Alexandria, Antiochia und
Jerusalem. Gleichzeitig litt das Christentum unter der Verfolgung im Römischen Imperium, was das Wachsen des Christentums aber nicht aufzuhalten vermochte. Dieses Wachsen
wurde sicher auch dadurch begünstigt, dass das einstmals so
große Reich erste Ermüdungserscheinungen aufwies. Nicht
nur im Norden, wo Franken, Alemannen und andere die
Grenzen unsicher machten, auch innerhalb des Reiches kam

es immer wieder zu Machtkämpfen unterschiedlichster Interessengruppen, die nicht selten kriegerisch ausgetragen wurden. Und zu den Waffen griff auch Flavius Valerius Constantinus, später auch Konstantin der Große oder Konstantin I. genannt, um seine Ansprüche geltend zu machen. Konstantin wurde irgendwann zwischen 272 und 285 geboren, genauere Daten gibt es nicht.

Im Jahre 293 rief Kaiser Diokletian die Römische Tetrachie ins Leben, womit er auf den Umstand der machtpolitischen Querelen im Reich reagierte. Verschiedene Häuser deklarierten ihren Machtanspruch auf den römischen Kaiserthron, und da Diokletian erkannte, dass seine Position zu schwach war, um auf lange Sicht den Frieden im Reich gewähren zu können, erklärte er sich zur Teilung der Macht einverstanden. Zunächst berief er Maximian zu seinem Mitkaiser, 293 ernannte er zwei weitere Konkurrenten, Constantius I. und einen gewissen Galerius zu Caesares, zu untergeordneten Kaisern. Constantius I. war der Vater von Konstantin, seine Mutter war eine Konkubine des Vaters. Constantius I. starb während einer Schlacht in der Nähe des heutigen York in England. Während Constantius selbst monotheistischen Glaubensideen offen gegenüberstand, wenngleich sich seine Vorstellungen nicht unbedingt mit denen des Christentums decken mochten, fand sein Sohn offenbar frühzeitig zu den Lehren der Schriften der Evangelisten. Es ist bis heute umstritten, ob Konstantin I. bereits ein Christ war, als er begann, seinen Machtanspruch auf den Kaiserthron militärisch durchzusetzen, oder ob er erst auf dem Totenbett tatsächlich zum Christentum konvertierte. Es ist auch nicht ganz klar, ob er aus persönlichen, glaubensimmanenten Gründen das Christentum unterstützte oder einfach die Macht des Christentums als potenziellen Verbündeten erkannte. Je nach Ausrichtung der

Geschichtsschreibung werden viele Gründe für seine Unterstützung genannt, die Christen auf jeden Fall nahmen seine Unterstützung gerne an. Nicht zuletzt aufgrund der Verfolgung, die sie ab dem Jahre 303 unter Galerius zu erleiden hatten – eine Verfolgung, die die Austrottung des Christentums intendierte.

SIEG UND KONZIL

»In hoc signo vinces« – »in diesem Zeichen wirst du siegen« – das Christus-Monogramm nutzte Konstantin als sein Feldzeichen. Er erhob Anspruch auf den Kaiserthron und erlangte einen ersten bedeutenden Sieg 312 über seinen Schwager Maxentius, der ihm an Truppen und Ausrüstung an sich haushoch überlegen war. Historiker deuten eine bestimmte Handlung Konstantins als Zeichen dafür, dass er bereits zu diesem Zeitpunkt mit dem alten römischen Glauben gebrochen hatte: Nach dem Sieg über Maxentius brachte er dem römischen Obergott Jupiter kein Opfer dar. Ein Jahr nach seinem Sieg über Maxentius handelte er mit Licinius, dem Herrscher im Osten des Reiches, das Mailänder Edikt aus, das im Römischen Reich Religionsfreiheit garantierte, wovon fortan vor allem die Christen profitierten, die erstmals im ganzen Reich ihren Glauben offen leben durften. Jedoch nicht ohne Rückschläge, denn Licinius startete 320 eine neue Christenverfolgung, die schließlich zu einem Krieg auf dem Balkan gegen die Truppen Konstantins führten. Am Ende siegte Konstantin nicht nur, er ließ seinen Gegenspieler ermorden und riss somit endgültig alle Macht an sich. Für das Christentum bedeutete dies die Gleichstellung mit der römischen Religion. Konstantin rief schließlich ein Konzil ein. Da er selbst in Konstantinopel residierte, lud er die Bischöfe ins nahe gelegene Nicäa ein und bezahlte ihre Reisekosten aus der Staatskasse.

ZUSAMMENKUNFT IN NICÄA

In Nicäa, dem heutigen İznik, kamen ab dem 20. Mai 325 etwa 300 Bischöfe von insgesamt 1800 zusammen. Bis dahin dominierte in der christlichen Kirche Griechisch als Sprache der Gelehrten, denn von den rund 1800 Bischöfen im Reich stammten etwa 1000 aus dem griechischen Sprachraum. Der bekannteste Teilnehmer dürfte Nikolaus von Myra gewesen sein, dem noch heute verehrten Sankt Nikolaus, dem Schutzpatron der Kinder.

Von einer Organisation nach heutigen Vorstellungen war die Kirche zu dieser Zeit noch weit entfernt. Es gab im gesamten Römischen Reich starke Gemeinschaften, vor allem entlang des Mittelmeeres. Jedoch auch in der Diaspora waren längst christliche Gemeinden entstanden, bis nach Indien drang die Lehre Jesu vor. Mit der Einberufung des Konzils brachte Konstantin I. die unterschiedlichsten Gruppen an einen Tisch, der Bischof von Rom – der Papst – war übrigens nicht persönlich anwesend, er ließ sich vertreten.

Heute wird dieses Zeitalter aus Kirchensicht die »Alte Kirche« genannt, was suggeriert, dass es schon damals »eine Kirche« gab! Doch gab es sie wirklich, diese eine Kirche? Wie bereits gesagt, trafen verschiedenste Strömungen in Nicäa zusammen: Da waren die Gnostiker, die den Menschen durch »Wissen« und »Erkenntnis« über ihr wahres Wesen aufzuklären versuchten und oft christliche, heidnische und philosophische Ansätze miteinander verbanden, oder die Apologeten, die vom → Hellenismus beeinflusst wurden und eine Art

225

Religion der Vernunft suchten. Vor allem aber ging es um eine Frage auf diesem Konzil, die diese Alte Kirche in zwei unversöhnliche Fraktionen spaltete: Es ging um die Frage der Dreifaltigkeit. Auf der einen Seite standen die Anhänger der Dreifaltigkeitslehre, auf der anderen die sogenannten Arianer, die diese Dreifaltigkeit als Irrtum betrachteten.

Die Dreifaltigkeit (auch Dreieinigkeit oder Trinität genannt) bezeichnet in der christlichen Theologie die Einheit von Gott dem Vater, Gottes Sohn Jesus Christus und dem Heiligen Geist. Sie ist Grundlage fast aller christlichen Religionsgemeinschaften weltweit. Aus diesem Grund beten Christen in Deutschland zum Beispiel heute das Glaubensbekenntnis wie folgt: »Ich glaube an Gott, den Vater, den Allmächtigen, den Schöpfer des Himmels und der Erde. Und an Jesus Christus, seinen eingeborenen Sohn, unsern Herrn, empfangen durch den Heiligen Geist (...).«

Hätten sich vor knapp 1700 Jahren die Arianer durchgesetzt, so würde dieses Bekenntnis heute anders klingen. Als Auslöser des Streits gilt ein alexandrinischer Gelehrter und Presbyter namens Arius. Sein Widersacher war Alexander von Alexandria (der heute von der koptischen Kirche als 19. Papst verehrt wird). Ihr Streit eskalierte derart, dass sich der gesamte christliche Osten in zwei Lager spaltete. Interessanterweise betrachtete der Kaiser den Streit persönlich offenbar als eher geringfügig, da schließlich weder Alexander noch Arius Gottes Allmacht in Frage stellten. Letztlich stritten sich die beiden um die Frage, ob Jesus Gott »wesensähnlich« (griechisch = homoiousios) ist, wovon die Arianer überzeugt waren, oder ob er Gott »wesensgleich« (homoousios) ist. Da die Dreifaltigkeit von der Dreieinigkeit Gott Vater, Gott Sohn, Heiliger Geist ausgeht, vertrat Arius die Ansicht, es könne nur einen Gott geben. Er zweifelte nicht die spirituelle Nähe von Jesus zu Gott an, auch er verehrte Jesus als einen besonders von Gott gesegneten Menschen, ja auch er erkannte ihn als seinen Sohn an. Aber eben einen spirituellen Sohn, nicht als Teil eines dreieinigen Gottes.

Der Kaiser betrachtete den Streit, so die Überlieferungen, mit einer gehörigen Portion Unverständnis, denn für ihn handelte es sich um einen reinen Gelehrtenstreit. Ob homoiousios oder homoousios, für den Kaiser war dies eine Nuance – nicht aber für die Kirche. Die Geschichtsschreibung kann nur mutmaßen, weshalb sich die Gegner des Arianismus auf breiter Front durchsetzten – es gibt nämlich keine offiziellen Protokolle vom Konzil, die hierauf eine neutrale Antwort gäben. Auf jeden Fall stimmten fast alle anwesenden Bischöfe am Ende für die sogenannte consubstantialis (= eines Wesens mit dem Vater), sogar heute noch findet man in katholischen Enzyklopädien den Begriff »Irrlehre« in Zusammenhang mit dem Arianismus.

Arius musste ins Exil gehen, durfte aber drei Jahre später aus der Verbannung wieder nach Hause zurückkehren. Im Osten wurden seine Lehren weitergeführt, wenngleich in einer abgemilderten Form. Arius starb aber plötzlich und unerwartet, und das kurz vor seiner endgültigen Rehabilitation. Die Gerüchte, sein Tod sei nicht natürlich eingetreten, konnten nie widerlegt werden. Der Kaiser stand den Arianern offenbar keinesfalls ablehnend gegenüber, denn als er im Sterben lag, rief er nach Bischof Eusebius von Nikomedia, einem Arianer. Erst im Jahre 381, auf dem Konzil von Konstantinopel, wurde der Glaube an die Dreieinigkeit Gottes zur verbindlichen Staatsreligion erklärt und der Arianismus als Ketzertum verdammt.

Im Zeitraum der Jahre 363/364 fand auch in Laodicea eine regionale Synode mit etwa 30 Geistlichen statt. Der eingedeutschte Name der Stadt lautet Laodikeia am Lykos, die Stadt im westlichen Anatolien (Ägäisregion) wurde im 12. Jahrhundert zerstört. Heute würde man ein Konzil wie dieses ein Arbeitstreffen nennen, denn die ganz großen Fragen wurden auf diesem Konzil entweder nicht erörtert oder vertagt. Allerdings findet sich zum Thema Engel ein hochinteressanter Beschluss in den Protokollen dieses Konzils: »Die Christen sollen nicht die Kirche Gottes verlassen und die Engel anrufen. So aber jemand [erkannt] wird als einer, der dieser versteckten Idolatrie [Bilderverehrung, Anm. Autor] ergeben ist, der soll verflucht sein, weil er unsern Herrn Jesus Christus, den Sohn Gottes, verlassen hat und zum Götzendienst übergegangen ist.«

Engelsanbetung als Götzendienst? Berichtet das Neue Testament nicht explizit davon, dass Engel die Diener Gottes sind? Den Teilnehmern des Konzils missfiel offenbar die Verbreitung eines aus dem Orient stammenden Michaelkultes. Mit dem Vordringen des Christentums in die Regionen des heutigen Nahen Ostens, der heutigen Türkei und Griechenlands verschwanden die alten, hellenistisch geprägten Religionen. Gerade im griechischen Glauben jedoch spielen Heldensagen wie die um Herkules oder Odysseus bedeutende Rollen. Einen ähnlichen Heldenkult findet man im Neuen Testament nicht. So entstand – quasi als ein Ersatz für die alten Heldengeschichten – ein neuer Kult, der mit dem neuen Glauben vereinbar schien: Ein Kult um den → Erzengel Michael. Dies führte zu dem Phänomen, dass an immer mehr Orten von Michaelerscheinungen berichtet wurde, so dass die Konzilteilnehmer offenbar wirklich fürchteten, der Michaelkult werde den Glauben an Jesus Christus als Messias gefährden. Schon Kaiser Konstantin I. baute Michael zu Ehren vor den Mauern von Byzanz eine Kirche (Michaelion). Ganz verbieten wollten die Kirchenvertreter die Verehrung der Engel nicht, denn, so ihre Überzeugung, als höhere Wesen verkündeten sie Gottes Wort, und sie zu verbannen hieße, die Worte Gottes zu entehren. So durften in den Kirchen weiterhin der Erzengel gedacht werden, ihre Anbetung außerhalb der Kirchen aber wurde als Götzendienst verstanden.

Noch rigoroser wurde die Verehrung von Engeln übrigens im Jahre 745 von Papst Zacharias auf der sogenannten Ad-Lateran-Synode geregelt: Um jegliche Anbetung unter Strafe zu stellen, wurde Uriel, der vierte, nicht im Neuen Testament genannte Erzengel, hochoffiziell zusammen mit weniger bedeutenden Engeln in die Hölle verbannt. Ehre, so Papst Zacharias, dürfe allein und ausschließlich Gott erwiesen werden. Engel anzubeten würde bedeuten, »sich auf die Fingerspitzen zu konzentrieren«, wie die Autorin Jeanne Ruland in »Das große Buch der Engel schreibt, »und nicht auf das Licht, auf das sie deuten«.

KONZIL VON SOSOPOL

Wann wurde die Angelologie aus der Taufe gehoben? Bei Danielle Trussoni in folgendem Zusammenhang: »Die Erste Angelologische Expedition, der allererste handfeste Versuch zur Entdeckung des Gefängnisses der Engel, kam zustande, als die Ehrwürdigen Väter auf Einladung ihrer thrakischen Brüder das Konzil von Sosopol veranstalteten.« Natürlich ist der Roman eine Fiktion, aber wenn sie das → Konzil von Nicäa erwähnt, das nun wahrlich für die Geschichte des Christentums eine entscheidende Rolle einnimmt, warum sollte es dann nicht auch ein Konzil von Sosopol gegeben haben? Das erste Konzil fand in Nicäa, dem heutigen İznik statt. Im Jahre 325 trafen sich dort Bischöfe, um immanente Glaubensfragen zu diskutieren. Sosopol, dessen Eigenschreibweise Созопол auch als Sozopol transliteriert werden kann, ist eine kleine Stadt in der Provinz Burgas an der bulgarischen Schwarzmeerküste. Sie kann auf eine bis ins 14. Jahrhundert vor Christus datierbare Geschichte zurückblicken. Gegründet wurde sie von → Thrakern, die bekanntlich gleichfalls in Danielle Trussonis Roman eine gewichtige Rolle spielen. Bereits im Jahre 330 entstand in Sosopol die erste christliche Kirche der Region. Hier haben sich auch Würdenträger getroffen. Nur eben nicht zu einem Konzil.

MÄCHTE

Im Paulusbrief an die Epheser werden sie genannt – die Mächte. Sie bilden den fünften Chor der zweiten Triade in den → drei Sphären der Engel. Ebenso wie die anderen Chöre der mittleren Triade, die → Herrschaften und die → Gewalten, erfahren sie bei Paulus ihre Nennung. Da heißt es im ersten Kapitel, Vers 15-21: »Darum auch ich, nachdem ich gehöret habe von dem Glauben bei euch an den Herrn Jesum und von eurer Liebe zu allen Heiligen, höre ich nicht auf, zu danken für euch, und gedenke euer in meinem Gebet, daß der Gott unsers Herrn Jesu Christi, der Vater der Herrlichkeit, gebe euch den Geist der Weisheit und der Offenbarung zu seiner selbst Erkenntnis und erleuchtete Augen eures Verständnisses, daß ihr erkennen möget, welche da sei die Hoffnung eurer Berufung, und welcher sei der Reichtum seines herrlichen

Erbes an seinen Heiligen, und welche da sei die überschwäng-
liche Größe seiner Kraft an uns, die wir glauben nach der
Wirkung seiner mächtigen Stärke, welche er gewirket hat in
Christo, da er ihn von den Toten auferwecket hat und gesetzt
zu seiner Rechten im Himmel über alle Fürstentümer, Gewalt, Macht, Herrschaft und alles, was genannt mag werden,
nicht allein in dieser Welt, sondern auch in der zukünftigen.
Und hat alle Dinge unter seine Füße getan und hat ihn gesetzt
zum Haupt der Gemeinde über alles, welche da ist sein Leib,
nämlich die Fülle des, der alles in allen erfüllet.« So steht es in
der Lutherbibel von 1545. Man muss schon recht genau hin-
schauen, um den Hinweis nicht zu überlesen: → Fürstentümer, Gewalt, Macht, Herrschaft – diese Begriffe werden in
der Engelskunde als die Engelschöre gleichen Namens interpretiert. Demnach wäre Jesus das Zentrum der Engelswelt, so
zumindest sehen dies katholische Interpretationen, basierend
auf Matthäus, 25, 31: »Wenn der Menschensohn in seiner
Herrlichkeit kommt und alle Engel mit ihm …«
Jedoch: Schreibt Paulus hier überhaupt über Engel und benennt ihre Aufgaben? Oder handelt es sich nur um eine zufäl-
lige Anordnung von populären Begriffen, die, wenn man sie
hintereinander wegliest, als Engelschöre interpretiert werden
können? Sind Gewalt, Herrschaft, Macht und Fürstentümer
nicht nur leere menschliche Begrifflichkeiten, die ihren Wert
verlieren, jetzt, da der wahre Herrscher Jesus Christus erschienen ist? Wäre eine solche Interpretation des Paulusbrie-
fes nicht auch möglich?
Seit 1600 Jahren werden diese Begriffe anders gedeutet, zumindest in Teilen der christlichen Kirchen. Demnach stehen
diese Begriffe für Engel, und → Dionysius Areopagita hat aus
diesen Begriffen seine noch heute populäre Engelshierarchie
entworfen, in der sich die Mächte durch kühne Mannhaftig-

keit auszeichnen, und das in Tätigkeiten, »worin sie Gott gleichgeformt sind«. Bevor nun Missverständnisse auftreten: gleichgeformt bedeutet in diesem Fall, dass sie unermüdlich Gottes Willen vollziehen und den Menschen Gottes Nähe spüren lassen. Sie sind die spirituellen Mittler zwischen dem Himmelreich und der Welt der Menschen.

Auf einer spirituellen Ebene?

Tatsächlich finden sich im offiziellen Kanon der Bibel keine wirklichen Hinweise auf einen eigenen Chor, den man als die »Mächte« bezeichnen könnte. Es bleibt bei Allgemeinsätzen wie jenem aus dem Paulusbrief. Hinweise aber finden sich in → apokryphen Schriften wie etwa dem Buch Adam und Eva, das davon berichtet, dass die Mächte bei der Geburt des Kain eine Hilfestellung leisten.

Nach Dionysius Areopagita sind die Mächte jene Engel, die uns unsere menschliche Schwäche zu überwinden helfen. Der unermüdliche Kampf der Mächte für das Gute strahlt letztlich auf den Menschen zurück, und es liegt an den Menschen, diesen Schein mit etwas Gutem am Leben zu erhalten. Aber ist das nicht eine Definition, die auch für andere Engel wie etwa Herrschaften oder → Seraphim zutrifft?

Schon der → hl. Augustinus gab zu, dass die Systematik des Dionysius Areopagita mit Vorsicht zu genießen sei. In dem Buch »Die angeblichen Schriften des Areopagiten Dionysius« aus dem Jahre 1832 zitiert der deutsche Autor J. G. Veit Engelhardt den hl. Augustinus wie folgt: »Daß Thronen, Herrschaften, Fürstentümer, Mächte unter den himmlischen Geistern sind, glaube ich ganz fest; auch das, daß ein gewisser Unterschied [unter ihnen herrscht]; aber, verachte mich nun, den du für einen großen Lehrer hältst; welche es seyen, und ihren Unterschied weiß ich nicht (…) Sage mir doch erst, du kühnster Mensch, wie sich ein Thron von einer Herrschaft unterscheide, und dann forsche nach dem, was Christum angeht; sage mir, was ein Fürstenthum, was eine Kraft, was ein Engel ist, und dann forsche über den Schöpfer selbst nach.«

Als Fürsten der Mächte werden die → Erzengel Michael, Gabriel und Raphael genannt. Apokryphe Schriften nennen außerdem die Engel Bariel und Tarshish als Fürsten sowie Satanael, den gefallenen Engel, der in anderen Schriften allerdings als → Seraph bezeichnet wird.

MILTON, JOHN

Schwester Ludovica, mit 104 Jahren die älteste Nonne im Kloster der hl. → Rosa von Viterbo, erinnert sich in »Angelus« daran, wie sie Kinder unterrichtete und, da es keine Bücher gab, auf die sie hätte zurückgreifen können, John Miltons → »Das verlorene Paradies« auswendig gelernt habe. »Das verlorene Paradies« berichtet vom Sündenfall, der Versuchung von Adam und Eva durch Satan und ihrer Vertreibung aus dem Garten Eden und gilt als das bedeutendste Werk religiöser angelsächsischer Dichtkunst schlechthin. John Milton, der am 9. Dezember 1608 in London als Sohn eines Notars geboren wurde, brachte es jedoch wenig Glück. Für gerade einmal zehn Pfund verkaufte er die Rechte. 1667 wurde es veröffentlicht. Milton war zu diesem Zeitpunkt bereits schwerkrank und vollkommen verarmt. Sein Vater entstammte einem reichen katholischen Kaufmannsgeschlecht, allerdings wurde er von seiner Familie verstoßen, als er zum Protestantismus konvertierte. Miltons Vater betrachtete sich selbst als Puritaner, seine Erziehung war von Strenge und verordneter Gottesliebe gezeichnet. 1632 erwarb Milton an der Universität von Cambridge einen Magister der Philosophie, er galt als ungemein belesen. Er setzte sich mit Klassikern der Antike ebenso wie mit christlichen Werken intensiv auseinander. Dem Wunsch des Vaters, er möge Theologe werden, kam er aus zwei Gründen nicht nach: Auf der einen Seite verabscheute Milton jegliche Form von organisierter Religion, da sie den Menschen keine Wahrheiten, sondern lediglich Dogmen zu bieten habe, zum anderen haderte er mit dem Bildungssystem Englands, das es fast unmöglich machte, den Geist frei zu entfalten. Dagegen wollte er angehen.

Über seine Tätigkeit als eine Art freier Dozent, der Bürgerkinder unterrichtete, ist nicht viel bekannt, nur, dass er offenbar recht gut von dieser Arbeit leben konnte und dass er bei seinen Schülern, trotz puritanischer Strenge, durchaus beliebt war.

Milton hatte Freunde, die ihn dazu drängten, seine oft revolutionären Ideen niederzuschreiben. Er kam dieser Aufforderung schließlich nach, als die anglikanische Kirche ihre eher liberalen Strukturen zu ändern begann und sich strukturell wieder dem Katholizismus annäherte. Mit bemerkenswerten Schriften machte er die Obrigkeit auf sich aufmerksam, so dass auch seine Erziehungsschriften, die ein freies Lernen forderten, plötzlich zur Diskussion gelangten. Milton ist aus heutiger Sicht betrachtet sicher kein liberaler Freigeist gewesen. Eine Gleichberechtigung von Mann und Frau kam für ihn nicht in Frage, in Scheidungsfragen betrachtete er das Wort des Mannes als maßgeblich. Auf der anderen Seite ist John Milton der Vater der westlichen Pressefreiheit. Als die calvinistisch orientierten Presbyterianer die Oberhand im Parlament gewannen, forderten diese, Druckereien müssten für jede Druckschrift eine Genehmigung einholen. Obwohl

Milton als Puritaner selbst den Presbyterianern nahestand, wandte er sich mit Thesen gegen diese Zensur, die bis heute die Grundlage des britischen Presserechts darstellen. Die Presbyterianer konnten sich mit ihrem Anliegen daraufhin nicht durchsetzen.

Seinen Triumph vergaben sie ihm nicht. Während des englischen Bürgerkrieges in den 1640er Jahren, der mit der Hinrichtung des Königs endete und für kurze Zeit eine englische Republik unter dem Revolutionär Cromwell zur Folge hatte, dienten den Revolutionären oftmals sowohl die religiösen als auch die politischen Denkschriften Miltons als Legitimation für ihr Handeln. Nach dem Ende der Republik und der Wiedereinsetzung des Königs landete Milton im Gefängnis, und seine Bücher wurden verbrannt. Allein die Fürsprache einflussreicher Gönner bewahrte ihn möglicherweise vor dem Henker. Verarmt lebte er zunächst noch in seinem Haus in London, das beim großen Londoner Stadtbrand von 1666 vollständig in Flammen aufging.

Von der Öffentlichkeit vergessen, schrieb Milton, in vollkommener Isolation lebend, die Geschichte des verlorenen Paradieses (auch als Anspielung auf die verlorenen Ideale der Revolution, das Morden, die Hoffnungslosigkeit). Viele Kritiker warfen ihm vor, er sei ein Parteigänger Satans, da Satan in seinem Werk eine faszinierende, ja schillernde Persönlichkeit an den Tag legt – im Gegensatz zu Gott. Milton nahm diese Vorwürfe gelassen zur Kenntnis. Mit »Das wiedergewonnene Paradies« veröffentlichte er noch ein Werk über Jesus, seine letzte Arbeit, »Eine Streitschrift zur christlichen Lehre, alleinig verfasst anhand der heiligen Schriften«, ist eine generelle Glaubensstreitschrift, die er, schwer erkrankt, mit Hilfe eines Sekretärs verfasste. Milton starb am 8. November 1674.

NEPHILIM

Wie bereits des Öfteren erwähnt, sind die Nephilim die Kinder von Engeln und Menschenfrauen. In der Bibel ist es Mose, der im sechsten Kapitel des 1. Buches von diesem Vorfall berichtet. Nachdem die Engel sahen, wie schön die Menschenfrauen waren, berichtet Mose, kamen einige von ihnen auf die Erde hinab.

Luther übersetzte die entsprechenden Verse 4 und 7 in der »Ausgabe letzte Hand« von 1545 wie folgt:

»ES waren auch zu den zeiten Tyrannen auff Erden / Denn da die kinder Gottes die töchter der Menschen beschlieffen vnd jnen Kinder zeugeten / wurden dar aus gewaltige in der Welt vnd berhümbte Leute. DA aber der HERR sahe / Das der Menschen bosheit gros war auff Erden / vnd alles tichten vnd trachten jres Hertzen nur böse war jmer dar / Da rewet es jn / das er die Menschen gemacht hatte auff Erden / vnd es bekümert jn in seinem Hertzen / vnd sprach / Jch wil die Menschen / die ich geschaffen habe vertilgen / von der Erden / von den Menschen an bis auff das Vieh / vnd bis auff das Gewürme / vnd bis auff die Vogel vnter dem Himel / Denn es rewet mich / das ich sie gemacht habe.«

Diese Riesen sind die Nephilim. Nephilim leitet sich offenbar aus dem Wort »naphal« ab, was »fallen« bedeutet. Die Nephilim wären also die Gefallenen. Der Begriff erscheint in hebräischen Schriften, unter anderem in Kommentaren zum 1. Buch Mose, und wird daher auf die Gewaltigen übertragen.

In der lateinischen Fassung der Bibel, der Vulgata, werden sie Gigantes genannt.

Betrachtet man das 1. Buch Mose, nicht aus der Perspektive eines gläubigen Menschen, eines Theologen, eines Bibelgelehrten, sondern mit den Augen eines Herausgebers von Spannungsromanen, dann ist nicht zu übersehen, dass das betreffende Bibelzitat dramaturgisch in sich nicht schlüssig ist und der Autor hier einen nicht nachvollziehbaren Gedankensprung vollzogen hat. Und zwar folgendermaßen:

1. Feststellung 1: Aus den Kindern der Engel werden die Gewaltigen,
2. Feststellung 2: Die Menschen sind boshaft.

Was hat das eine mit dem anderen zu tun? Der Herausgeber von Spannungsromanen würde dem Autor nun sagen: »Ich verstehe, was du mir sagen willst, ich weiß, worauf du hinaus möchtest, aber die beiden Feststellungen für sich betrachtet stehen dennoch in keinem Zusammenhang miteinander.« In einem Spannungsroman entstünde dieser Zusammenhang erst durch die Verknüpfung beider Festellungen, etwa durch einen Satz wie: »Die Kinder der Engel brachten Unheil über die Welt und verseuchten die Herzen der Menschen mit Boshaftigkeit.«

Letztlich basiert der gesamte Nephilimmythos auf den Schriften des → Enoch. Das → Buch Enoch gibt detailliert Auskunft über das Wirken der Engel, die mit den Frauen der Menschen Kinder zeugen, es berichtet von dem Unglück, dass ihre Kinder über die Menschheit bringen, und es beschreibt die → Sintflut als Gottes Antwort auf das Treiben der Nephilim (alles weitere dazu ausführlich im Kapitel über das → Buch Enoch).

Im Roman »Angelus« überstehen die Nephilim die Sintflut, da einer von ihnen einen Sohn des → Noah tötet, dessen Aussehen annimmt und sein Geschlecht auf diese drastische Weise am Leben erhält. Jedoch weder im 1. Buch Mose noch in den Schriften des Enoch finden sich direkte Hinweise darauf, dass ein Nephil die Sintflut übersteht. Die Nephilim werden vom Erdball getilgt, während ihre Engelsväter die Ewige Verdammnis für ihr Tun zu ertragen haben. Bibelforscher interpretieren jedoch in das 4. Buch Mose einen Hinweis auf das Überleben einiger Nephilim hinein. Als Mose Kundschafter ausschickt, die das Land Kanaan erkunden sollen, heißt es im Kapitel 13, Vers 22: »Sie gingen auch hinauf ins Mittagsland und kamen bis (…) Hebron; da waren Ahiman, Sesai und Thalmai, die Kinder Enaks. Hebron aber war sieben Jahre gebaut vor Zoan in Ägypten.«

All die genannten Völker also berufen sich auf einen Stammvater, der, je nach Bibelübersetzung als Enak oder Anak bezeichnet wird – seine Nachfahren werden in der Regel Anakiter, auch → Anakim, genannt. Die Anakiter als Nachfahren der Nephilim beziehungsweise eines Nephils – nämlich Enaks?

Viel ist über die Anakim – oder Anakiter – nicht bekannt. Es heißt im 4. Buch Mose, 13, 28-29: »… und wir sahen auch Enaks Kinder daselbst. So wohnen die Amalekiter (= Anakiter) im Lande gegen Mittag, die Hethiter und Jebusiter und Amoriter wohnen auf dem Gebirge, die Kanaaniter aber wohnen am Meer und um den Jordan.«

Was diesen beiden Versen folgt, gehört nicht unbedingt zu den Bibelstellen, die im christlichen Religionsunterricht gerne zitiert werden. Kaleb, der Sohn Jephunnes aus dem Stamme Juda, macht nämlich den Vorschlag, die Kinder Enaks anzugreifen und sich mit Gewalt ihr Land zu nehmen. »Laßt uns hinaufziehen und das Land einnehmen; denn wir können es überwältigen.« Und eines muss man klar sagen: Mose widerspricht ihm nicht! Es sind die anderen Kundschafter, die seinen Vorschlag ablehnen. Nicht etwa, weil sie friedliche Kameraden wären, deren gelebter Pazifismus den Vorschlägen Kalebs widerspräche. Sie wägen vielmehr ihre Chancen ab und kommen zu dem Entschluss, dass sie gegen die Kinder Enaks keine Chance haben: »Wir vermögen nicht hinaufzuziehen gegen das Volk; denn sie sind uns zu stark«, heißt es im Vers 31, und die Verse 32 und 33 fahren fort: »Das Land, dadurch wir gegangen sind, es zu erkunden, frißt seine Einwohner, und alles Volk, das wir darin sahen, sind Leute von großer Länge. Wir sahen auch Riesen daselbst, Enaks Kinder von den Riesen; und wir waren vor unsern Augen wie Heuschrecken, und also waren wir auch vor ihren Augen.«

Im Buch Enoch heißt es über die Riesen: »Diese verschlangen allen Erwerb der Menschen, bis es unmöglich wurde, sie zu ernähren. Da wandten sie sich gegen Menschen, um sie zu essen, und begannen zu verletzen Vögel, Tiere, Gewürm und Fische, ihr Fleisch zu essen eins nach dem andern und zu trinken ihr Blut.«

Das Land, das seine Einwohner frisst = die Riesen, die sich gegen die Menschen wandten, um sie zu essen. Dieser Zusammenhang ist ersichtlich, ergibt sich allerdings nur, wenn man das nicht zur Bibel gehörende Buch Enoch als Vergleichsliteratur der Interpretation zugrunde legt.

Der geheimnisvolle Stammvater Enak, vermuten Altertumsforscher, ist möglicherweise identisch mit dem sumerischen Gott En-Ki, der in Ea eine Entsprechung in der akkadischen und babylonischen Mythologie findet, in einigen Übersetzungen wird er auch Enkidu genannt. Ea wird im Gilgameschepos, das um 2600 zwischen Euphrat und Tigris entstand, eine besondere Position zuteil: Er haucht dem ersten Menschen den Atem ein, er ist aber auch jener Gott, der die Sintflut über die Menschen hereinbrechen lässt, jedoch einen Menschen und dessen Familie verschont. Da heißt es: »Die Götter hatten sich versammelt, und sie beschlossen, über die sündige Welt eine Sintflut kommen zu lassen ... Sprach der Gott Ea zu Utnapischti: Zerstöre dein Haus, und baue stattdessen ein Schiff, kümmere dich nicht um deinen Besitz, sei froh wenn du dein Leben retten kannst. In das Schiff aber nimm allerlei Lebewesen mit« (zitiert nach Otto Holzapfel: »Lexikon der abendländischen Mythologie«).

NOAH UND SEINE SÖHNE

Noah ist der letzte der sogenannten Patriarchen der Bibel, er ist der erste Ackerbauer, den das Alte Testament erwähnt, und auch der erste Winzer. Als Gott die Sintflut über seine Schöpfung hereinbrechen ließ, um das Böse, das seine Schöpfung verunreinigte, von der Erde zu tilgen, gab er Noah den Auftrag, eine Arche zu bauen. Noah nahm von jeder Tiergattung ein Paar auf seine Arche, verstaute Vorräte im Schiffsrumpf und bat seine Söhne sowie deren Frauen und Kinder auf sein Schiff, um mit ihm die Sintflut zu überstehen. 40 Tage und Nächte wütete das Unwetter, bis am siebzehnten Tag des Tischri, des siebten Monats, die Arche auf dem Berg Ararat in der heutigen Türkei auf Grund lief.

Kehrte Noah nach der Katastrophe ins Zweistromland, das Land zwischen Euphrat und Tigris, zurück? Man weiß es nicht genau. Wenn es überhaupt einen Noah gegeben hat, woran gezweifelt werden darf. Dass es zu einem Ereignis gekommen ist, das von Geschichtsschreibern später als Sintflut bezeichnet wurde, ist jedoch nicht ausgeschlossen. Denn: In der am Euphrat gelegenen Stadt Ur im heutigen Irak bohrten Archäologen 1928 einen Schacht. In etwa drei Meter Tiefe stießen sie auf eine dicke Schlammschicht. Zunächst glaubten sie, dies sei möglicherweise das alte Flussbett des Euphrats. Im Laufe der Jahrtausende war das Flussbett etwas schmaler geworden, der Pegel etwas gesunken – glaubten die Archäologen und maßen ihrer Entdeckung zunächst keine allzu große Bedeutung bei. Wer auf die Idee kam weiterzugraben, ist ebenso wenig überliefert wie die Überlegung, die die Archäologen vorantrieb. Mit der Entdeckung der Schlammschicht waren sie »am Grund« angekommen, nach dem Lehrbuch der Archäologie hätten sie den Schacht nun katalogisieren und die Arbeiten abschließen können. Doch sie gruben weiter und fanden unter der dicken Schlammschicht Spuren einer Zivilisation. Sie fanden solche Dinge wie Steinwerkzeuge, Keramikarbeiten und Teller. All diese Gegenstände waren älter als die bis dahin ältesten Fundstücke, die sie rund um Ur katalogisiert hatten. Nach weiteren Grabungen stand schließlich fest, dass das Tal von einer fürchterlichen Katastrophe heimgesucht worden war, welche die Zivilisation, die hier lebte, fortgerissen hat. Ist dies die Katastrophe, die wir heute als Sintflut bezeichnen? Wenn ja – was löste sie aus? Wann fand sie statt? Wie viele Menschenleben forderte sie? Kam sie plötzlich und riss alles Leben mit sich? Oder kündigte sie sich an, wie das Alte Testament berichtet – und ließ tatsächlich Menschen Zeit, sich auf sie vorzubereiten, wie einem Mann namens Noah?

Kennt nicht auch das Gilgameschepos eine große Flut? Auch der sumerische Etanamythos, der etwa 2400 Jahre vor Chris-

241

tus entstand, berichtet von einer gigantischen Flutkatastrophe.

Die Bibel deutet die Sintflut als Ende eines Prozess und als einen Neuanfang. Dieser Neuanfang geht mit der Erkenntnis einher, dass alle Menschen dieses Planeten auf einen gemeinsamen Ursprung zurückblicken können – alle Menschen sind direkte Nachfahren Noahs.

Ob man die Bibel Wort für Wort als wahrhaftig betrachtet und demnach davon ausgeht, dass jedes Wort der Wahrheit Gottes entspricht – oder aber als ein Buch, das mit Symbolen, Metaphern und Gleichnissen eine Botschaft verkündet: Die Rückführung des Menschen auf einen gemeinsamen Ursprung soll vermitteln, alle Menschen sind gleich. Ob weiß, ob schwarz – in allen Adern fließt das gleiche Blut.

Einen maßgeblichen Anteil an dieser simplen und doch wahrhaftigen Erkenntnis tragen die Söhne des Noah, Sem, Ham und Japheth, der Jüngste. Das 1. Buch Mose verfolgt den Weg der Söhne ab dem zehnten Kapitel, der Schwerpunkt liegt dabei auf Sem, aus dessen Linie schließlich Abraham hervorgeht, der Urvater des Judentums und damit auch des Christentums und des Islams.

Der Begriff Semit leitet sich aus dem Namen Sem ab. Die Nachfahren Sems breiteten sich vor allem im heutigen Nahen Osten aus, in Staaten wie Israel, Jordanien, Saudi-Arabien, Irak und auch in Syrien, und in einer kleinen Minderheit im heutigen Iran. Sein Bruder Ham gilt als Urvater der Afrikaner, Japheth als jener Sohn, der Europa besiedelte.

Wer religiösen Schriften skeptisch gegenübersteht, wird diesen Worten wahrscheinlich höchstens eine sinnbildliche Wahrheit zugestehen: jene Wahrheit, nach der sich der Mensch auf seine gemeinschaftlichen Wurzeln besinnen soll. Jenseits der biblischen Schriften aber zeigen archäologische Forschun-

gen klar auf, dass die Kultur des Zweistromlands einen unge-
heuren Einfluss auf die kulturelle Entwicklung im gesamten
Mittelmeerraum ausgeübt hat. Ja selbst ins heutige Spanien
führen Spuren, die auf einen Austausch mit den Kulturen Mesopotamiens hinweisen.

Stammen unsere Vorfahren, wie das 1. Buch Mose nahelegt,
tatsächlich aus dem Zweistromland? Lag hier jener Ort, den
die Bibel das Paradies nennt? Oder liegen die Wurzeln der
Menschheit in Afrika, wie Genetiker eher vermuten?

Die heutige Gentechnik eröffnet der Wissenschaft ganz neue
Erkenntnismöglichkeiten. Wer stammt von wem ab? Woher
kamen welche Völker? Wer ist mit wem wirklich eng ver-
wandt, wer nur verschwägert? Die Wissenschaft steht trotz
aller Erkenntnisse, die sie in den letzten zwanzig Jahren sam-
meln konnte, noch am Anfang ihrer Arbeit. Tausende Jahre
menschlicher Kulturgeschichte lassen sich auch mit Hilfe von
DNA-Tests nicht so ohne weiteres neu schreiben.

PSEUDEPIGRAPHIE

Der Begriff taucht mehrfach im Roman von Danielle Trussoni auf. Pseudepigraphen werden Schriften genannt, die
fälschlicherweise einem bekannten Verfasser zugeordnet werden, obwohl sie in Wahrheit von einer anderen Person verfasst wurden. Der falsche Autor benutzt dabei bewusst den
fremden Namen für seine Schriften. Wie im Fall des → Dionysius Areopagita: Der echte Dionysius Areopagita lebte im
ersten Jahrhundert nach Christus, die Schriften des Dionysius
Areopagita aber wurden erst im 5. Jahrhundert verfasst. Au-

toren wie der falsche Dionysius Areopagita werden daher in der wissenschaftlichen Literatur mit dem Begriff »Pseudo« (= Pseudo-Dionysius-Areopagita) versehen.
Weitere Informationen siehe → Apokryphen.

QUMRAN

Danielle Trussoni erwähnt die sogenannten Qumran-Rollen in Bezug auf die Schriften des → Enoch. 1947 wurden sie von einem beduinischen Hirten namens Muhammed edh-Dhib durch einen Zufall entdeckt, indem er einen Stein in eine kleine Höhle warf. Er suchte, wie er selbst sagte, eine Ziege, und als er den Zugang zu der Höhle entdeckte, wollte er schlicht und ergreifend wissen, wie tief sie wohl sein mochte. Ob sich die Geschichte der Entdeckung des möglicherweise bedeutendsten archäologischen Schatzes der Nachkriegszeit tatsächlich so abgespielt hat, wird von vielen Wissenschaftlern heute bezweifelt. Letztlich aber ist es egal, denn die Schriftrollen vom Toten Meer verblüffen und faszinieren seit über 50 Jahren Gelehrte und Laien gleichermaßen.
Angefangen hat alles in einer Höhle nahe der Ruinenstätte Khirbet Qumran. Daher werden die Fundstücke im Volksmund auch Qumran-Rollen genannt; streng genommen ist dieser Ausdruck falsch, da die 15000 Fragmente und zirka 850 Rollen letztlich in elf verschiedenen Höhlen über einen Zeitraum von neun Jahren hinweg gefunden, katalogisiert und geborgen worden sind. Daher lautet der korrekte Terminus »Schriftrollen vom Toten Meer«.

Seit Jahrzehnten streiten sich Theologen, Historiker und Archäologen über die korrekte Herkunftsbestimmung der Rollen. Bereits 1957 erschien in Deutschland das erste populärwissenschaftliche Buch zu diesem Thema von John M. Allegro: »Die Botschaft vom Toten Meer. Das Geheimnis der Schriftrollen«. Das Buch berichtet von einer Qumran-Sekte und stellt die Vermutung auf, das Volk der Essener habe hier gewirkt. Die Schriften werden indirekt als geheime Schriften dargestellt, die vermutlich vor der offiziellen Kirche in Sicherheit haben gebracht werden müssen.

Viele dieser Vorstellungen haben die Zeiten überdauert. Zur Legendenbildung hat mit Sicherheit auch der Weltbestseller »Verschlußsache Jesus« von Michael Baigent und Richard Leight beigetragen, die in ihrem Buch darstellen, wie sich der Jesus der Qumran-Rollen vom Jesus der Kirchen unterscheidet. Allerdings: Die Forschung hat inzwischen viele Thesen der genannten Bücher widerlegen können, auch die Essenertheorie ist umstritten. Nach über 50 Jahren Forschung wurden inzwischen alle Texte übersetzt, die Fragen aber sind dennoch nicht weniger geworden.

Was man mit Sicherheit sagen kann, ist, dass alle Tonkrüge, in denen die Rollen entdeckt wurden, der hellenistischen und römischen Zeit entstammen; die Unterschiede in der Fertigung sind minimal, daher entstammen sie allesamt etwa einer Epoche. Die Leder-, Papyrus- und Stoffreste, auf denen geschrieben wurde, datieren auf die Zeit von 250 vor bis 70 nach Christus, wobei ein Schwerpunkt in der Zeit zwischen 100 vor und 30 nach Christus ausgemacht werden konnte. Dies ist insofern relevant, da ein Teil der Texte zu einer Zeit entstand, in der Jesus in Palästina wirkte.

Etwa 200 der Fundstücke enthalten biblische Texte, davon 76 Toratexte. Sie wurden in Hebräisch oder Aramäisch verfasst.

Manche von ihnen decken sich inhaltlich weitestgehend mit den Texten der Bibel, andere unterscheiden sich gewaltig.

Ein Beispiel für einen Text, dessen Inhalt sich von christlichen Lehren deutlich unterscheidet, ist der des »Messias des Himmels und der Erde«. »Dieser Text ist einer der schönsten und bedeutendsten des Qumran-Korpus«, schreiben Robert Eisenman und Michael Wise in ihrem Sachbuch »Jesus und die Urchristen – Die Qumran-Rollen entschlüsselt«. Eisenman, ein Theologieprofessor, und Wise, ein Lehrstuhlinhaber für alte nahöstliche Sprachen, verfassten ihr Werk als eine Antwort auf die Verschwörungsgeschichten á la »Verschlußsache Jesus«, die sie zwar kritisieren, aber auch dafür loben, dass sie das Thema medienwirksam in die Öffentlichkeit getragen haben. So machen sie schon im Vorwort darauf aufmerksam, dass nicht etwa Druck von kirchlicher Seite die Veröffentlichung vieler Texte lange verzögert habe, sondern eine ganze Reihe von Problemen, die bei der Übersetzung entstanden. Probleme, die selbst knapp 20 Jahre nach der Entstehung ihres Buches nicht alle ausgeräumt werden konnten, auch wenn heute alle Texte zumindest auf Englisch vorliegen. Die Tatsache, dass einige Texte inzwischen mehrfach übersetzt wurden, zeigt auf, wie schwierig und nicht immer unumstritten die Arbeit an den Fundstücken ist.

Dass die Schriftrollen sehr wohl Inhalte transportieren, die gängigen theologischen Lehrmeinungen nicht entsprechen, verhehlen die Autoren keineswegs. Und »Der Messias des Himmels und der Erde« ist eine solche den gängigen theologischen Lehrmeinungen widersprechende Schrift, da sie mehrfach von »Messiassen« in der Mehrzahl spricht, die Gottes Wort verkünden werden.

Danielle Trussoni lässt die Qumran-Rollen aufgrund der aramäischer Enoch-Schriften nicht unerwähnt, die in den Höhlen am Toten Meer entdeckt wurden. Inhaltlich allerdings bieten diese keine revolutionären Neuinterpretationen des Enochmythos, sondern eher eine Reihe von Ergänzungen.

ROSA VON VITERBO

»Kurz nach ihrem dritten Geburtstag hatten die Engel angefangen, flüsternd zu ihr zu sprechen und sie zu drängen, ihre Botschaft all denen zu verkünden, die sie hören wollten«, beschreibt Danielle Trussoni das Schicksal der aus Italien stammenden heiligen Rosa, die die Namensgeberin jenes Klosters ist, in dem Trussonis Heldin Schwester Evangeline in der Nähe von New York lebt und wirkt.

Doch dies ist nur der Einstieg in Danielle Trussonis Beschreibung der aufregenden Vita Rosas von Viterbo. Als junge Frau habe Rosa in einem heidnischen Dorf, so berichtet die Autorin, die Güte Gottes verkündet, wofür sie nur wenig Applaus erhielt. Stattdessen bezichtigten sie die Bewohner des Dorfes der Hexerei, stellten sie auf einen Scheiterhaufen und zündeten diesen an. Als sie jedoch den Flammen übergeben wurde, gab sich Rosa ihrem Schicksal hin und sprach ein letztes Mal mit den Engeln. Diese konnten ihr Leben zwar auch nicht retten, aber zumindest hielten sie die Flammen von ihrem Körper fern. So starb Rosa zwar auf dem Scheiterhaufen, die Unversehrtheit ihres Körpers aber wurde als ein Wunder betrachtet, weshalb ihr Leichnam noch Jahrhunderte später – vollkommen unversehrt – Jahr für Jahr in einer Prozession durch die Straßen ihrer Heimatstadt Viterbo getragen wurde.

Rosa von Viterbo ist zwar eine historisch-reale Person, die Flammengeschichte aber ist kaum mehr als eine Legende.

Wann genau Rosa von Viterbo geboren wurde, ist nicht bekannt. Die meisten historischen Quellen nennen 1233 als Jahr ihrer Geburt, im Heiligenverzeichnis Martyrologium Romanum aus dem Jahre 1584 wird 1235 als Geburtsjahr aufgeführt. Was auf den ersten Blick nach einer Marginalie aussieht, relativiert sich im Hinblick auf ihr Todesdatum: Rosa von Viterbo starb am 6. März 1252. Ihr Leben währte kaum mehr als rund 18 Jahre, dennoch erlangte sie weit über die Grenzen ihrer Heimatstadt hinaus Bekanntheit.

Über ihre Eltern und ihr familiäres Umfeld ist so gut wie nichts bekannt, nur dass sie in ärmsten Verhältnissen aufwuchs. Der Legende nach erlebte sie bereits als ein kleines Mädchen ein Erweckungserlebnis: Angeblich erschien ihr während einer schweren Krankheit die Jungfrau Maria. Je nach Quelle war sie zu diesem Zeitpunkt sieben oder acht Jahre alt.

Die Begegnung mit der Jungfrau Maria machte aus Rosa eine Virgo consecrata, eine (Gott) Geweihte Jungfrau. Das kleine Mädchen wurde nach ihrer Gesundung dem Bischof vorgestellt, und für die Menschen ihrer Zeit bestand kein Zweifel darin, dass Rosa ihr Überleben allein der Barmherzigkeit der Maria zu verdanken habe. Den Riten der katholischen Kirche entsprechend gelobte das Mädchen, ihr Schicksal als Virgo consecrata anzunehmen und nach den Regeln einer Geweihten Jungfrau zu leben und ihr Dasein der Buße, der Barmherzigkeit und dem Gebet zu widmen.

Nicht nur ihr Bericht über ihre Begegnung mit der Jungfrau Maria machte Rosa in der gesamten Region Latium bekannt, auch ihr Wissen um die Evangelien beeindruckte die Menschen. Vermutlich würde man ein Mädchen wie Rosa heute als hochbegabt bezeichnen, ihre Zeitgenossen sahen in ihr jedoch eine Mystikerin, die die Fähigkeit besaß, »Gott zu schauen« – ein Glaube, der auf dem Matthäuszitat 5,8 basiert: »Selig, die ein reines Herz haben, denn sie werden Gott schauen.«

Einher mit dem Gelübde, ihr Leben Gott zu widmen, lebte sie fortan in strengster Askese, begleitet von schwerer Selbstkasteiung. Quellen aus Viterbo lassen darauf schließen, dass sie sich tatsächlich ab ihrem achten Lebensjahr zu kasteien begann und sich Bußübungen von solcher Strenge auferlegte, dass diese ihrem Körper über die Jahre hinweg schwerste Schädigungen zufügten. Heute unvorstellbar, begegneten ihr die Menschen ihrer Zeit mit höchster Achtung für die Qualen, die sie erlitt.

Im Alter von – vermutlich – zwölf oder fünfzehn Jahren trat sie als Tertiarierin dem sogenannten Dritten Orden des → Franz von Assisi bei. Tertiarier sind Personen, die zwar einem Orden angehören, aber nicht in eine Klostergemeinschaft als Nonnen oder Mönche aufgenommen werden. Nach modernem Verständnis bleiben sie demnach Laien (→ Franziskaner).

Etwa zur gleichen Zeit eskalierte ein seit Jahren schwelender Streit zwischen Papst Innozenz IV. und dem aus dem Hause der Staufer stammenden römisch-deutschen Kaiser Friedrich II., den der Schweizer Kulturhistoriker und Mitbegründer der modernen Renaissanceforschung Jacob Burckhardt einst den ersten modernen Menschen auf dem Thron nannte. Kurz gesagt: Friedrich missfiel der päpstliche Einfluss auf seine weltlichen Staatsgeschäfte. Der Einfluss des Kirchenoberhaupts beschnitt seine eigene Macht. Nach Jahren, in denen er mit Hilfe der Diplomatie den Einfluss des Heiligen Stuhls zu beschneiden versuchte, ließ es Friedrich schließlich auf einen offenen Machtkampf mit dem Papst ankommen.

Das Castrum Viterbii (= Viterbo) diente zu dieser Zeit als

päpstliche Residenz außerhalb Roms. Als der Kaiser den Papst nun massiv in seiner Residenz – unter anderem durch die Anwesenheit von Soldaten – bedrängte, um seinen Forderungen Nachdruck zu verleihen, nahm die junge Rosa Stellung für den Papst. Mit anderen Worten: Sie nutzte ihre große Popularität bei den Menschen ihrer Stadt, um diese gegen den Kaiser aufzuwiegeln.

Um die Aufwieglerin zum Schweigen zu bringen, ließ der Kaiser sie verhaften. Aufgrund ihres Status als Geweihte Jungfrau verbannte er sie allerdings nur in das wenige Kilometer entfernt liegende Soriano nel Cimino. 1250, nach dem Tod von Friedrich II., durfte Rosa in ihre Heimatstadt in der Region Latium zurückkehren.

Wieder daheim, bat sie um Aufnahme in den Klarissenorden. Diese von → Clara von Assisi nach dem Vorbild des Franziskanerordens von Franz von Assisi gegründete Gemeinschaft aber verweigerte Rosa die Aufnahme. Obwohl die Klarissen dem von Franz von Assisi gepredigten »Privileg der Armut« folgten und ein spärliches, allein gottgefälliges Leben für die Allgemeinheit führten, verweigerten sie Rosa offenbar die Aufnahme mit dem Argument, sie stamme aus viel zu armen Verhältnissen! Nach der dritten und letzten Absage zog sich Rosa in ihr Elternhaus zurück, wo sie am 6. März 1252 verstarb. In der Legende, und der bis heute offiziellen Geschichtsschreibung der Stadt Viterbo, starb sie aus Gram über die verweigerte Aufnahme in den Orden, in Wahrheit ist sie vermutlich eher ein Opfer ihrer ständigen Selbstkasteiung geworden.

Papst Innozenz IV. vergaß seine Unterstützerin nicht und leitete noch im gleichen Jahr das Verfahren zur Heiligsprechung der jungen Rosa ein. Nun gibt es bei Heiligsprechungen ein Problem: Um eine Person heiligsprechen zu dürfen, bedarf es eines besonderen Martyriums, das die Person erleiden musste – oder Wunder, die auf sie zurückgeführt werden. Solche Wunder aber konnte selbst Rosa, der immerhin die Jungfrau Maria erschienen sein soll, nicht vorweisen. Dass sie dem Papst in einem politisch heiklen Moment zur Seite stand, reichte für eine Heiligsprechung nicht aus. Indem der Papst jedoch das Verfahren einläutete, entstanden Legenden über das Wirken von Rosa. Und vermutlich entstand aus dieser Situation heraus auch die von Danielle Trussoni zitierte Legende, nach der Rosa den Flammen des Scheiterhaufens widerstand und die in Italien wie folgt erzählt wird: Nach ihrer Rückkehr aus der Verbannung um 1251 erfuhr sie in Viterbo, dass ganz in der Nähe der Stadt, in Vitorchiano, die Menschen unter dem Einfluss einer heidnischen Hexe stünden. Sofort machte sich Rosa auf den Weg nach Vitorchiano, wo sie nicht nur die Menschen in den Schoß der Kirche zurückzuführen gedachte: Sie sprach auch mit der Magierin. Um Gottes Macht zu demonstrieren, begab sich Rosa ohne Furcht zu einem Scheiterhaufen. Drei Stunden versuchten die Flammen Rosa zu verbrennen, doch Rosa widerstand den Flammen und brach die Macht der Hexe. Der Legende nach starb Rosa also nicht auf dem Scheiterhaufen. Dieses Detail hat Danielle Trussoni für ihre Romanhandlung abgewandelt.

Aus reiner Dankbarkeit agierte Papst Innozenz IV. sicher nicht. Rosa war eine Berühmtheit im Kirchenstaat, ein einfaches Mädchen aus einfachsten, ärmlichsten Verhältnissen, das einem Kaiser die Stirn zu bieten gewagt hatte. Ihre angedachte Heiligsprechung war demnach politisch motiviert, über den Tod hinaus sollte sie die Sache des Papstes vertreten, das heißt, er instrumentalisierte das Mädchen. Zur Heiligsprechung kam es allerdings nicht, denn Innozenz IV. starb 1254, vor dem Abschluss des Verfahrens.

Dennoch hielten die Menschen von Viterbo das Andenken an Rosa aufrecht. 1258 wurden Rosas Gebeine in die neu errichtete Kirche des Klarissenordens überführt, die passenderweise den Namen Santa Maria del Rosa erhielt.

Die Nachfolger von Innozenz IV. interessierten sich für Rosa nicht mehr, jenseits von Viterbo fiel sie dem Vergessen anheim – bis Papst Kalixt III. sie 1457 schließlich heiligsprach. Prekär an dieser Heiligsprechung ist die Tatsache, dass das Verfahren, das zur Heiligsprechung geführt hat, de facto nie ordentlich abgeschlossen worden ist. Dass dem Papst, der auch das Todesurteil gegen Jeanne d'Arc aufhob – wenngleich natürlich nur posthum – ein Lapsus unterlaufen ist, ist nicht anzunehmen, Kalixt III. war Jurist und mit kirchenrechtlichen Fragen bestens vertraut. Welche Gründe ihn zu diesem Schritt bewogen, darüber lässt sich nur spekulieren.

Ist Rosa demnach tatsächlich eine Heilige – oder ist sie es nicht?

In Viterbo dürfte diese Antwort eindeutig ausfallen. In ihrer Heimatstadt ist Santa Rosa, wie sie von den Einheimischen genannt wird, auf jeden Fall bis heute präsent. Sie ist die Schutzpatronin der 60 000-Einwohner-Stadt, in der übrigens die italienischen Goldreserven lagern. Jedes Jahr am 3. September um 21 Uhr startet der Umzug der »Macchina di Santa Rosa«, die ein dreißig Meter hoher und fünf Tonnen schwerer Turm ist, der von einhundert Freiwilligen, »facchini« genannt, auf den Schultern durch die Stadt getragen wird. Mit dieser Prozession wird an die Überführung der Gebeine der heiligen Rosa an einem 4. September gedacht. Die Feierlichkeiten ziehen sich Jahr für Jahr über jeweils drei Tage. 1922 proklamierte Papst Benedict XV. Rosa zur Schutzpatronin der katholischen Mädchen in Italien.

SERAPHIM

Der Seraph singt das Loblied Gottes. »Kadosh, Kadosh« –
»Heilig, Heilig ist der Gott, der Herr Zebaoth, alle Lande
sind seiner Ehre voll«. Er ist der oberste aller Engel, eben weil
er ununterbrochen das Loblied Gottes singt. Der Prophet
Jesaja berichtet von einer Begegnung mit den Seraphim, im
Kapitel 6 heißt es in den Versen 1-7: »Im Todesjahr des Königs Usija sah ich den Herrn. Er saß auf einem hohen und
erhabenen Thron. Der Saum seines Gewandes füllte den Tempel aus. Seraphim standen über ihm. Jeder hatte sechs Flügel:
Mit zwei Flügeln bedeckten sie ihr Gesicht, mit zwei bedeckten sie ihre Füße und mit zwei flogen sie. Sie riefen einander
zu: Heilig, heilig, heilig ist der Herr der Heere. Von seiner
Herrlichkeit ist die ganze Erde erfüllt. Die Türschwellen beb-
ten bei ihrem lauten Ruf und der Tempel füllte sich mit Rauch.
Da sagte ich: Weh mir, ich bin verloren. Denn ich bin ein
Mann mit unreinen Lippen und lebe mitten in einem Volk mit
unreinen Lippen und meine Augen haben den König, den
Herrn der Heere, gesehen. Da flog einer der Seraphim zu mir;
er trug in seiner Hand eine glühende Kohle, die er mit einer
Zange vom Altar genommen hatte. Er berührte damit meinen
Mund und sagte: Das hier hat deine Lippen berührt: Deine
Schuld ist getilgt, deine Sünde gesühnt.«
Es entwickelte sich im Laufe der Jahrhunderte der Glauben,
die Seraphim umkreisen Gottes Thron. Im Gegensatz zu den
→ Cherubim, die als Wächter des himmlischen Thronwagens
fungieren und beispielsweise den Baum des Lebens bewach-
sen sollen – also ganz eindeutig definierte Aufgaben überneh-
men –, sind die Seraphim weit weniger klar definiert. Sie sind,

so steht es in diversen Legenden nachzulesen, Wesen aus reinem Licht und reinen Gedanken. Sie sind in ihrer reinen, von Gott erschaffenen Form stofflos, nicht fassbar, sie entziehen sich in diesem Zustand der menschlichen Erkenntnis, denn der menschliche Geist ist nicht in der Lage zu verstehen, was oder wen er zu sehen bekommt. Aus diesem Grund, heißt es, nähmen sie, wenn sie denn einem Menschen erscheinen, eine Form an, die der Mensch zu verstehen in der Lage ist: mit sechs Flügeln und – je nach Darstellung – vier Köpfen. So die Überlieferungen. Die Darstellungen aber variieren – nicht nur in der Kunst – gewaltig; Jesaja beispielsweise beschreibt sie als dem Menschen ähnlich.

Vor allem im Engelsglauben des Mittelalters spielten die Seraphim eine wichtige Rolle. Sie galten vielleicht nicht gerade als arrogant in der Vorstellung der Menschen, sehr wohl aber als entrückt. Ihre Hingabe an Gott, ihr totale Anbetung macht sie für andere Dinge unnahbar. Sie alleine erkennen Gott, sie alleine sind in der Lage, seine Gedanken zu fassen. Das sichert ihnen denn auch den obersten Rang der Engelshierarchie. Mögen die Cherubim Gott noch so nahe stehen, mögen sie jene Engel sein, denen er möglicherweise das meiste Vertrauen schenkt, die Seraphim allein kommen dem Verständnis der Frage »Was ist Gott« am nächsten. Das zumindest geht aus der christlichen Engelshierarchie des → Dionysius Areopagita hervor. Anders sieht dies in der → jüdischen Engelshierarchie aus, in der die Seraphim nur einen mittleren Platz einnehmen. Einen hohen Stellenwert nehmen die Seraphim hingegen in New-Age- und in esoterischen Glaubensansichten ein: Kein anderer Engel wird als ähnlich transzendentales Wesen beschrieben wie die Seraphim. Ihre Daseinsform als pure Energie macht sie für neue Religionen besonders interessant. In der Heiligenverehrung des Katholizismus tauchen Seraphim immer wieder im Zusammenhang mit Stigmatisierungen auf. So soll → Franz von Assisi von einem Seraph stigmatisiert worden sein.

SINTFLUT

Im Roman »Angelus« wird die Sintflut von Gott ausgelöst, um die → Nephilim von der Bildfläche zu tilgen (siehe hierzu → Enoch / → Buch Enoch / → Noah und seine Söhne).

Nicht nur die Bibel berichtet von einer Sintflut, die über die Erde schwappte und Tod und Verwüstung mit sich brachte. Berichte über eine Sintflut überliefern viele Kulturen – und zwar Kulturen, die in keinerlei Verbindung miteinander standen. Das chinesische Altertum kennt eine Geschichte über eine Überschwemmung, deren Fluten bis unter den Himmel reichten. Eine ganz ähnliche Flut beschreiben Sagen der Aborigines aus Australien und indianischer Völker in Nordamerika.

Hat es also so etwas wie eine Sintflut tatsächlich gegeben? Eine Katastrophe von globalen Ausmaßen? Handelt es sich um Hirngespinste, um Urängste, die in Sagen und Legenden ihren Niederschlag gefunden haben? Oder möglicherweise wirklich um Naturkatastrophen, die tatsächlich stattgefunden haben, aber zu ganz unterschiedlichen Zeiten? Was daran nun Glaube, Mythos oder Wahrheit ist, lässt sich wohl schwer herausfinden.

SÖHNE GOTTES

IM WIDERSPRUCH ZUR GÖTTLICHEN LEHRE?

Es steht im 1. Buch Mose, Kapitel 6, geschrieben und stellt einen Passage dar, die all dem widerspricht, was Kinder im Religionsunterricht in ihrer Schule, im Kommunions- oder im Katechumenenunterricht über das Wesen Gottes lernen mögen. Im 1. Buch berichtet Mose den Gläubigen, je nach Übersetzung, von den Kindern beziehungsweise Söhnen Gottes, die auf die Erde hinabsteigen.

Jesus Christus als der alleinige Sohn Gottes, das lehrt die Dreifaltigkeitslehre. Gott Vater, Gott Sohn, Heiliger Geist. Und dennoch finden sich Söhne Gottes in der redigierten Fassung der Lutherbibel von 1912. Dort werden die Verse des sechsten Kapitels wie folgt übersetzt:

»Da sich aber die Menschen begannen zu mehren auf Erden und ihnen Töchter geboren wurden, da sahen die Kinder Gottes nach den Töchtern der Menschen, wie sie schön waren, und nahmen zu Weibern, welche sie wollten. Da sprach der Herr: Die Menschen wollen sich von meinem Geist nicht mehr strafen lassen; denn sie sind Fleisch. Ich will ihnen noch Frist geben hundertundzwanzig Jahre. Es waren auch zu den Zeiten Tyrannen auf Erden; denn da die Kinder Gottes zu den Töchtern der Menschen eingingen und sie ihnen Kinder gebaren, wurden daraus Gewaltige in der Welt und berühmte Männer. Da aber der Herr sah, daß der Menschen Bosheit groß war auf Erden und alles Dichten und Trachten ihres Herzens nur böse war immerdar, da reute es ihn, daß er die Menschen gemacht hatte auf Erden, und es bekümmerte ihn in seinem Herzen, und er sprach: Ich will die Menschen, die ich gemacht habe, vertilgen von der Erde, vom Menschen an bis auf das Vieh und bis auf das Gewürm und bis auf die Vögel unter dem Himmel; denn es reut mich, daß ich sie gemacht habe. Aber Noah fand Gnade vor dem Herrn.«

Die Kinder Gottes – in der Übersetzung von 1984 wird explizit von Söhnen berichtet – sind Engel. So kann man es in vielen verschiedenen Quellen nachlesen. Aber wenn sie Engel sind, warum schreibt Mose dann nicht beispielsweise über die → Cherubim, die er im dritten Buch klar und deutlich als solche benennt? Oder von den Ma'lachim (→ Eine kleine Geschichte der Engelskunde)? Warum nennt er sie die Kinder Gottes?

Die Beweisführung derer, die die Söhne Gottes als Engel betrachten, belegt ihre Argumentation zumeist mit einem weiteren Bibelzitat, in diesem Fall aus dem Buch Hiob: Im zweiten Kapitel der Vorsprache Satans bei Gott und Hiobs Bewährung nach dem Verlust seiner Gesundheit steht zu lesen: »Es begab sich aber des Tages, da die Kinder Gottes kamen und traten vor den Herrn, daß der Satan auch unter ihnen kam und vor den Herrn trat. Da sprach der Herr zu dem Satan: Wo kommst du her? Der Satan antwortete dem Herrn und sprach: Ich habe das Land umher durchzogen. Der Herr sprach zu dem Satan: Hast du nicht acht auf meinen Knecht Hiob gehabt? Denn es ist seinesgleichen im Lande nicht, schlecht und recht, gottesfürchtig und meidet das Böse und hält noch fest an seiner Frömmigkeit; du aber hast mich bewogen, daß ich ihn ohne Ursache verderbt habe. Der Satan antwortete dem Herrn und sprach: Haut für Haut; und alles was ein Mann hat, läßt er für sein Leben.«

Satan, der Verführer, nicht unbedingt der Höllenfürst des christlichen Satansverständnisses, ist eines der als Kinder

Gottes bezeichneten Wesen, die in diesem Kapitel des Buches Hiob auftreten (»… Kinder Gottes kamen …, daß der Satan auch unter ihnen kam«). Dass ausgerechnet Satan, der Anklageengel, den Beweis für die Engelstheorie darstellt, ist, im christlichen Satansverständnis, sicher nicht ohne Ironie, aber durchaus schlüssig.

Während die Worte von Mose, aber auch die von Hiob durchaus Platz für Interpretationen lassen – auch Hiob schreibt schließlich und endlich von den Söhnen Gottes, auch an ihm sei posthum die Frage gestellt, warum er diese Wortwahl bevorzugt –, so lässt das → apokryphe → Buch Enoch bezüglich der Identität der Gottessöhne keinen Zweifel aufkommen.

Basierend auf der deutschen Übersetzung von 1833 heißt es da im siebten Kapitel: »Es geschah, nachdem die Menschenkinder sich gemehrt hatten in diesen Tagen, daß ihnen herrliche und schöne Töchter geboren wurden. Und als die Engel, die Söhne des Himmels, sie erblickten, erbrannten sie in Liebe zu ihnen und sprachen zueinander: Kommt, laßt uns für uns Weiber auswählen aus der Nachkommenschaft der Menschen und laßt uns Kinder zeugen.«

DIE ASTRONAUTENGÖTTER UND IHRE MENSCHLICHEN HYBRIDENKINDER

Danielle Trussoni bezieht sich, vor allem mit ihrer Ausgangssituation, nicht nur auf das Buch Enoch, deren Geschichte sie mit ihrer Fiktion zu einem aufregenden Roman verarbeitet hat, sie nimmt auch einen Mythos in ihre Erzählung auf, der Forscher seit Jahrzehnten mit Faszination erfüllt. Vor allem solche Forscher, die in den Grenzwissenschaften ihr Betätigungsfeld suchen und die die Schilderungen des Mose ganz

anders interpretieren als jene Wissenschaftler, die aus einem kirchlichen, theologischen Umfeld stammen. Für sie steht fest, dass Mose im 1. Buch von einer Begegnung mit Außerirdischen berichtet und dass Mose allein aus der Perspektive seines Erfahrungshorizonts heraus betrachtet die Wörter fehlten, um den von ihm geschilderten Zwischenfall korrekt zu schildern. Seit Jahrzehnten macht diese Theorie im Umfeld der Grenzwissenschaften im Allgemeinen und der Ufologie im Besonderen die Runde. Verlässt sie diese Zirkel, erntet sie im besten Fall Heiterkeit, im schlechtesten Fall Kopfschütteln. Jedoch: keine Regel ohne Ausnahme! Und die Ausnahme trägt in diesem Fall den Namen Erich von Däniken. Der hat vor allem in den frühen 1970er Jahren mit Thesen wie diesen weltweit 62 Millionen Bücher verkauft und die Verlage, für die er arbeitete, sehr glücklich mit seinen unterhaltsamen Schriften gemacht. »Die Götter waren Astronauten: Eine zeitgemäße Betrachtung alter Überlieferungen« lautet beispielsweise der Titel eines seiner vielen Bücher. Die Präastronautik, so lautet der Fachbegriff für diese Theorien, ist jedoch kein Forschungsfeld, dass von Däniken als erster Autor betreten hätte. Bereits in den 1940er Jahren wagten sich die Franzosen Louis Pauwels und Jacques Bergier mit ihren Thesen von außerirdischen Besuchern, die als Götter verehrt wurden, an die Öffentlichkeit. Auch längst vergessene britische Autoren wie Brinsley le Poer Trench, John Mitchell und Raymond Drake schlugen in diese Kerbe. Nur fanden sie in er Öffentlichkeit weit weniger Gehör als von Däniken, dessen unterhaltsamer Schreibstil ganz einfach viel mehr Menschen erreichte als die eher drögen Schriften der genannten Franzosen und Briten.
Doch ist die Idee, Außerirdische hätte in die kulturelle Entwicklung der Menschheit eingegriffen, nicht ziemlich weit

hergeholt? Vielleicht, gab der britische Autor Raymond Drake schon in den 50er Jahren zu. Andererseits verwies er auf eine Reihe von vor allem religiösen Texten, die in seinen Augen eindeutig über den Besuch außerirdischer Astronauten Auskunft geben. Man müsse, erklärte er, in diesen Texten das Wort Gott nur durch den Begriff »außerirdischen Besucher« ergänzen.

Ein gerne zitiertes Bibelzitat in diesem Zusammenhang findet sich gleichfalls im 1. Buch Mose, allerdings im Vers 26. Da heißt es: »Und Gott sprach: Lasset uns Menschen machen, ein Bild, das uns gleich sei, die da herrschen über die Vögel unter dem Himmel und über das Vieh und über alle Tiere des Feldes und über alles Gewürm, das auf Erden kriecht. Und Gott schuf den Menschen zu seinem Bilde, zum Bilde Gottes schuf er ihn; Und schuf sie als Mann und Weib.« Ein jeder, der schon einmal in der Bibel gelesen hat, kennt diese Textstelle. Der Mensch sei geformt nach dem Ebenbild Gottes, des einzigen Gottes. Einzigen Gottes? Warum heißt es dann »... Lasset uns Menschen machen, ein Bild, das uns gleich sei ...« Uns?

Doch Vorsicht: Die Fußangeln liegen oft in den Übersetzungen. Diejenigen, die in dieses Zitat die Existenz mehrerer Götter interpretieren, führen als Beweis den hebräischen Begriff Elohim an. Streng genommen heißt das tatsächlich – Götter. Allerdings gibt es keine Singularform von diesem Wort. Wenn im Alten Testament von Gott gesprochen wird, steht in den hebräischen Texten daher zumeist Jahwe, Elohim ist streng genommen ein verallgemeinernder Begriff.

Nun mag man von dieser Theorie halten, was man will: Auffällig sind doch die Parallelen in den Erzählungen der griechischen Antike und der Bibel. Die Göttersöhne der Bibel zeugten mit den Frauen Riesen, die sich als Helden hervortaten.

Zeus zeugte Herkules, dessen glorreiche Taten bis heute Stoff für allerlei Geschichten liefern.

Erstaunlich ist die Tatsache, dass es in den verschiedensten Kulturen, vollkommen unabhängig voneinander, Schilderungen gibt, in denen von Göttern (oder ihren Söhnen) berichtet wird, die vom Himmel kamen und die Menschen in handwerkliche Techniken oder auch Naturwissenschaften einwiesen. Enoch beschreibt dies so: »Überdies lehrte Azaziel die Menschen Schwerter machen und Messer, Schilde, Brustharnische, die Verfertigung von Spiegeln und die Bereitung von Armbändern und Schmuck, den Gebrauch der Schminke, die Verschönerung der Augenbrauen, (den Gebrauch der) Steine von jeglicher köstlichen und auserlesenen Gattung und von allen Arten der Farbe, so daß die Welt verändert wurde. (…) Amazarak lehrte alle die Zauberer und Wurzelteiler; (…) Barkajal die Beobachter der Sterne; Akibeel die Zeichen, Tamiel lehrte Astronomie, und Asaradel lehrte die Bewegung des Mondes.«

Eine ganz ähnliche Geschichte wird aus Wales überliefert: Die Legende der Braddas berichtet von Hu, einem Gott, der vom Himmel herabkam und den Menschen erklärte, wie das Land zu bestellen und wie das Feuer nutzbar zu machen sei. Die Babylonier wiederum kannten eine fischschwänzige, nicht menschliche Rasse, die ihre Vorfahren in allen Künsten und Wissenschaften unterrichtete. Eine ähnliche Erzählung findet sich wiederum in der griechischen Mythologie: Da sind es die Telchinen, amphibienartige Götter, die eines Tages aus den Tiefen des Meeres auftauchten und den Menschen das Handwerk der Metallurgie beibrachten. Mensch/Fisch-Hybridengötter finden sich auch in den Legenden der Dogo aus Westafrika wieder. Nommo wurden diese Götter genannt, die mit rotierendem Fahrzeug vom Himmel kamen. Im Gegensatz zu den Griechen, die bekanntlich daran glaubten, ihre Götter seien auf dem Olymp beheimatet, stand für die Dogo fest, dass ihre Götter definitiv von den Sternen kamen. Um genau zu sein, kamen sie von einem Planeten nahe einem Stern, der heute Sirius B genannt wird und auf den Astronomen gerne ihre Radioteleskope richten, da sie von ihm einige höchst seltsame Signale empfangen haben.

Die neuseeländischen Maori kennen wiederum eine Legende, die von der Verbindung zwischen einem Menschen und einem Gott berichtet: Eines Tages kamen Wesen aus dem Himmelsland auf die Erde. Die Menschen hatten vor ihnen Angst, denn sie wirkten fremdartig und bedrohlich. Es kam zu einem Kampf, in dessen Verlauf ein Prinz des Himmelslandes von den Menschen gefangen genommen wurde. Betrachteten ihn die Menschen zuerst als Gefangenen, erkannten sie sehr schnell, dass von ihm keine Gefahr ausging. Obwohl sein Volk über ungemeine Fähigkeiten verfügte, immerhin kamen sie aus den Wolken zur Erde hinunter, schien er an allem, was die Menschen taten, interessiert und davon teilweise sogar fasziniert zu sein. So erlaubten ihm die Maori schließlich, sich als freier Mann unter ihnen zu bewegen. Eines Tages verliebte er sich in die Tochter des Häuptlings und nahm sie zur Frau. Die Besucher aus dem Himmelsland aber hatten ihren Kameraden nicht vergessen, fährt die Sage fort. Eine Tages kehrten sie auf die Erde zurück, doch der Prinz beschützte die Menschen vor ihrem Zorn. Als die Fremden verstanden, dass es sich bei dem Kampf und der Gefangennahme des Prinzen offenbar um ein Missverständnis gehandelt hatte, legten die Fremden ihre Waffen nieder. Um in Zukunft ähnliche Missverständnisse zu vermeiden, nahmen die Besucher aus dem Himmelsland Abordnungen der Maori mit in ihre Heimat, um sie in verschiedensten handwerklichen Techniken zu schulen, auf denen schließlich der größte Teil der Maorikultur basieren sollte.

Außerirdische Besucher, die einen Pendelverkehr zwischen ihrer Welt und der Erde einrichteten? Und Menschen, die ins Reich der Außerirdischen fliegen und dort zur Erkenntnis gelangen?

SPRACHE DER ENGEL

»Sie wusste, dass Engel stofflos waren, ätherisch, leuchtend, aber dass sie trotzdem eine menschliche Sprache sprachen – Hebräisch nach Auffassung der jüdischen Gelehrten, Lateinisch oder Griechisch nach Ansicht der Christen.« Eine Antwort zu finden auf die Frage, welche Sprache die Engel sprechen, ist kaum möglich, auch für Danielle Trussonis Protagonistin Evangeline.

Der hl. → Thomas von Aquin schreibt in seiner »Summa theologica« dazu: »Das äußere Sprechen, das mit der Stimme geschieht, ist für uns notwendig wegen des Hindernisses des Körpers. Darum kommt dies dem Engel nicht zu, sondern nur das innere Sprechen; dazu gehört nicht nur die innere Geburt des Wortes im Sprechen mit sich selbst, sondern auch die Hinordnung [des Wortes] durch den Willen zur Offenbarung an einen andern. So aufgefasst, wird in übertragenem Sinne die Kraft des Engels, wodurch er seinen Gedanken offenbart, ›Zunge der Engel‹ genannt.«

John Dee, Mathematiker am Hofe von Elisabeth I., entwickelte Henochisch, eine magische Sprache, die angeblich das Kommunizieren mit Engeln ermöglichen sollte. Er erhielt sie von einem Rechtsgelehrten namens Edward Kelley zitiert, einem anerkannten Medium des späten 16. Jahrhunderts. Zu dieser Sprache gehören auch Engelsrufe und Pentagramme, sie fand Einzug in die Lehre verschiedener okkultistischer Orden des späten 19. Jahrhunderts.

THOMAS VON AQUIN

»Thomas von Aquin glaubte, am letzten Tag seien die Engel gefallen«, heißt es in Danielle Trussonis Roman »Angelus«. Wie kaum ein anderer Philosoph und Mönch prägte der etwa 1225 geborene Tommaso d'Aquino das theologische Denken des späten Mittelalters. Auf Schloss Roccasecca bei Aquino, etwa 120 Kilometer östlich von Rom, kam er zur Welt. Sein Vater war ein Landfürst, Thomas wuchs in einem – auf die Zeit bezogen – relativen Reichtum auf, und als siebter Sohn wurden an ihn keine besonderen Erwartungen gestellt, er konnte sich vergleichsweise frei entfalten. Da er als Kind, wie es der Tradition entsprach, zur Ausbildung in ein Kloster geschickt wurde, kam er bereits frühzeitig mit den Schriften der griechischen Gelehrten in Berührung. Gegen den Willen der Familie entschloss er sich zum Eintritt in das Kloster. Die Geschichte seines Eintritts könnte einem Roman entstammen: Da er sich von seinem Entschluss nicht abbringen ließ, wurde er über ein Jahr in einem Turm gefangen gehalten – damit er wieder zur Vernunft käme. Selbst als man ihm ein Mädchen vorbeischickte, dass ihm bei der »Vernunftsfindung« helfen sollte, blieb er stur.
Schließlich setzte er sich durch und studierte von 1248 bis

1252 in Köln und machte sich sehr bald als Philosoph einen Namen. Seine Ansichten erregten Aufmerksamkeit, im Guten wie im Schlechten. Er fand Gönner, die seine Arbeit unterstützten und sie finanziell förderten, aber auch Neider, die in dem hochintelligenten Kirchenmann eine Gefahr sahen. Seine Ansichten in Bezug auf Machtverteilung, Kirche und Staat entsprachen nicht immer den Ansichten der Mächtigen. So schrieb er in mehreren Aufsätzen, der Mensch sei ein Wesen der Gesellschaft und des Staates, also ein soziales Wesen mit Pflichten – aber auch den entsprechenden Rechten. Thomas von Aquin stützte seine Ansichten auf die Tatsache, dass Gott die Menschen alle gleich erschaffen habe, Päpste und Kaiser demnach die Pflicht besaßen, den Menschen ein Vorbild zu sein. Ideen, die Thomas von Aquin als Staatsrechtler bereits im 13. Jahrhundert verfasste, sind heute Teil der Verfassungen konstitutioneller Monarchien wie etwa in den Niederlanden oder Spanien: in Staaten, in denen Könige zwar wichtige Funktionen auch im politischen Leben übernehmen, in denen die Macht aber dennoch vom Volk ausgeht.

Thomas von Aquin, so wird überliefert, diktierte oftmals drei bis vier Sekretären gleichzeitig seine Ideen. Seine literarische Hinterlassenschaft füllt eine Bibliothek, Sekundärliteratur nicht eingerechnet. Als Philosoph war er ein Anhänger des Aristoteles und der Scholastik (siehe auch das Kapitel »Scholastik« im Text → Eine kleine Geschichte der Engelskunde).

In seinem Hauptwerk, der »Summa theologica«, setzt er sich ausführlich mit der Engel- und Dämonenlehre auseinander. Seiner Ansicht nach sind die Engel vor der Schöpfung der Welt entstanden. Er beschäftigt sich ausführlich mit ihrem Sein in seinen Ansichten über die Erschaffung der Welt und stützt sich dabei auf die Idee hierarchisch organisierter Himmelschöre. Dies entspricht der von ihm aufgestellten These eines wohlorganisierten Staatsrechts, das gleichfalls nicht einfach aus dem Nichts entsteht, sondern Teil einer Hierarchie ist: Naturrecht – göttliches Recht – Kirchenrecht – Staatsrecht. Da das göttliche Recht niemals dem Naturrecht widerspricht – es ist schließlich von Gott erschaffen worden –, dürfen auch das Kirchen- und das Staatsrecht nicht dem Naturrecht widersprechen, denn dies wäre ein Widerspruch zu Gott. Fast ungeheuerlich muss zu Lebzeiten des Thomas von Aquin der aus diesem Anspruch abgeleitete Gedanke gewesen sein, dass vor Gott alle Menschen gleich sind – was wiederum bedeutet, dass auch vor dem Gesetz alle Menschen gleich sein müssen, da dieses Gesetz letzten Endes nicht dem göttlichen Gesetz widersprechen darf. Ob Religion, Herkunft, Hautfarbe, all das spielte in den Gedanken des Thomas von Aquin keine Rolle.

Die Gleichheit aller Menschen? Dieser Traum wurde bis heute nicht erfüllt.

Interessant ist, dass ein Mann wie Thomas von Aquin gleichzeitig die Willensfreiheit des Menschen betonte – sprich: Jeder Mensch ist für seine Handlungen selbst verantwortlich.

Die Brillanz seiner Schriften hat Philosophen, Theologen und Naturwissenschaftler gleichfalls über die Jahrhunderte hinweg fasziniert, in der Engelskunde gilt Thomas von Aquin als einer der bedeutendsten Theoretiker seines Fachs.

Thomas von Aquin starb am 7. März 1274 unter, wie es modern heißt, ungeklärten Umständen. Auf dem Weg zum Zweiten Konzil von Lyon erlag er während einer Rast im Kloster Fossanova offenbar einer Herzattacke. Einem Gerücht zufolge wurde er von einem Arzt vergiftet, der damit König Karl I. von Anjou gefällig sein wollte. Demnach hat der König zwar den Mord nicht in Auftrag gegeben, aber auch eine Untersuchung lag nicht in seinem Interesse. Als Hintergrund für den möglichen Mord wird ein Zwist zwischen dem König und den Grafen von Aquino angenommen, zu deren Geschlecht auch Thomas von Aquin zählte. Ein vakant gewordener Kardinalsrang sollte mit einem Mitglied des Hauses von Aquino besetzt werden, gegen den ausdrücklichen Willen des Königs. Dieser glaubte, Thomas müsste den Papst nur darum bitten, einen Aquino auf den Kardinalsstuhl zu erheben, und der Papst käme diesem Wunsch aufgrund Thomas' Einflusses auf den Heiligen Stuhl sofort nach. Mit dem Tod Thomas' von Aquin jedoch verlor das Haus Aquino seinen prominentesten Fürsprecher.

THRONE

Die erste der → drei Sphären der Engel, die obere Triade, wird von den → Seraphim angeführt, ihnen folgen die → Cherubim. Doch die erste Triade kennt noch eine dritte, eher unbekannte Engelsgattung: die Throne oder *thronoi* (griechisch: »erhabene Gestalten«). Wie dieses kleine Kapitel allerdings aufzeigen wird, ist es alles andere als einfach, für den Begriff Throne eine genaue Herkunftsbestimmung aufzustellen. Tatsächlich sind durchaus verschiedene Ableitungen möglich. Das macht eine Auseinandersetzung mit den Thronen äußerst problematisch.

Im Gegensatz zu den Cherubim und Seraphim, die den Menschen in Form körperlicher Wesen erscheinen können, lässt sich eine solche Form bei den Thronen nicht festmachen. Bei Hesekiel werden sie beschrieben, die vorliegende Lutherübersetzung des Kapitels 1 (13-19) bezeichnet die Throne allerdings als Räder: »Und die Tiere waren anzusehen wie feurige Kohlen, die da brennen, und wie Fackeln; und das Feuer fuhr hin zwischen den Tieren und gab einen Glanz von sich, und aus dem Feuer gingen Blitze. Die Tiere aber liefen hin und her wie der Blitz. Als ich die Tiere so sah, siehe, da stand ein Rad auf der Erde bei den vier Tieren und war anzusehen wie vier Räder. Und die Räder waren wie Türkis und waren alle vier eins wie das andere, und sie waren anzusehen, als wäre ein Rad im andern. Wenn sie gehen wollten, konnten sie nach allen ihren vier Seiten gehen und sie mußten nicht herumlenken, wenn sie gingen. Ihre Felgen und Höhe waren schrecklich; und ihre Felgen waren voller Augen um und um an allen vier Rädern. Auch wenn die vier Tiere gingen, so gingen die Räder auch neben ihnen; und wenn die Tiere sich von der Erde emporhoben, so hoben sich die Räder auch empor.«

Auch die englische oder die spanische Übersetzung helfen kaum weiter, um zu verstehen, was Hesekiel hier eigentlich genau für Wesen beschreibt. Wenn die Cherubim Gotteswagen ziehen, sind die Throne seine Räder? Sie sind aus Feuer? Voller Augen?

Die → jüdische Engelshierarchie kennt eine Engelsgattung namens Ophanim, die Vieläugigen, die in vielen Interpretationen mit den Thronen gleichgesetzt werden. So besitzen die Throne zumindest im jüdischen Engelsglauben ein Gesicht.

Die verschiedenen Begriffe sind auf verschiedene Übersetzungen zurückzuführen. In der hebräischen Urschrift wird das Wort Galgal benutzt, was Wagenrad, aber auch Pupille bedeuten kann. Wenn die Cherubim nun wie gesagt Gottes Himmelswagen ziehen – sind die Throne dann die Personifizierung des Wagens, und leitet sich daraus ihr Name ab? Im Lateinischen zumindest sind sie die Throni, was zu Deutsch

»die erhabenen Sitze« heißt. Die Interpretation dieses Bibelzitats ist in viele Richtungen möglich. In der Engelshierarchie des → Dionysius Areopagita auf jeden Fall werden die Throne zu einem eigenen, aufgrund ihrer Nähe zu Gott bedeutenden Chor stilisiert.

Vor allem in den 1970er Jahren sahen viele Ufo-Gläubige in Hesekiels Bericht eine Bestätigung dafür, dass bereits das Alte Testament die Bestätigung für Ufo-Sichtungen liefert. Tatsächlich – wenn man sich viele sogenannte Ufo-Sichtungen anschaut, sind diese ebenso unscharf, überblendet und seltsam wie das Hesekielzitat. Seine Beschreibung gleicht tatsächlich Augenzeugenberichten, die von ungewöhnlich hellen, gleißenden Himmelskörpern berichten. Es sollte daher niemanden verwundern, dass Anhänger von Ufo-Sichtungen auch in einem Buch wie der Bibel nach Zeugnissen suchen, die ihre Sicht der Dinge beweist. Und wer, wenn nicht Hesekiel, wäre besser geeignet, ihnen die entsprechenden Hinweise zu liefern (→ Engelsberichte nach Mose, Hesekiel und Lukas).

Einige Ausrichtungen der neuzeitlichen Esoterik, vor allem solche, die sich mit der Kabbala, der mystischen Tradition des Judentums, verbunden fühlen, sehen in den Thronen die Engel der Intelligenz, des Verstands und der Gedanken. Sie sollen einen großen Einfluss auf die Lebensenergie der Menschen ausüben. An ihrer Spitze stehen zwei Engel namens Tzaphiel und Oriphiel.

Dabei sollte aber keineswegs vergessen werden, dass Engelskunde keine Naturwissenschaft ist. So entstand im 13. Jahrhundert zum Beispiel im heutigen Spanien das Sefer Raziel HaMalakh, das Buch von Raziel dem Engel, das ein kabbalistisches Zauberbuch ist, nach dem Raziel der oberste Engel der Throne sein könnte. Aber auch nur könnte, da besagter

Raziel auch mit den Cherubim in Verbindung gebracht wird und auch mit dem Chor der Erelim, der in der → jüdischen Engelshierarchie Erwähnung finden. Dies nur als Hinweis und Erinnerung daran, dass unterschiedliche Quellen vollkommen unterschiedliche Ansichten, Interpretationen und Namen enthalten können.

Weitere Berichte über Throne finden sich in → apokryphen Schriften.

VERLORENE PARADIES, DAS

Es ist das imposanteste Werk religiöser angelsächsischer Dichtkunst: → John Miltons »Paradise Lost«.

»Bist Du nicht der Verräther jener Engel, / Der jüngst zuerst den Himmelsfrieden brach / Und Treue, welche nie zuvor gebrochen, / Und der mit stolzen Waffen sich empörend / Der Himmelssöhne dritten Theil bewog / Sich wider den Allmächt'gen zu verschwören, / Für welchen Frevel Du sowol, wie sie, / Von Gott verstoßen wurden und verdammt, / Die Ewigkeit in Qual und Pein zu leben? / Und Du zählst selbst Dich zu den Himmelsgeistern, / Verdammter Du der Hölle, bietest Trotz, / Hier wo ich König bin, und Dir zum Aerger / Dein Herr und König! Falscher Flüchtling Du, / Zurück zur Qual und eile schnell beflügelt, / Damit ich nicht mit Geißeln von Scorpionen / Dich Zaudernden verfolgen muß, und wenn / Dich dieser Speer berührt, ergreift Dich Angst / Und ungewohntes Weh, wie nie Du fühltest …«

Adolf Böttger, ein heute vergessener Poet des 19. Jahrhunderts, der immerhin die Vorlage zu Robert Schumanns »Frühlingssinfonie« schuf, übersetzte nicht nur die Werke Lord Byrons ins Deutsche, von ihm stammt auch die möglicherweise bis heute intensivste Übersetzung von »Paradise Lost«, da er als romantischer Poet dem Inhalt des Werkes emotional gewissermaßen am nächsten kam.

In Miltons Werk rebelliert Satan gegen Gott, doch er und sein Gefolge werden in die Hölle verbannt. Aus der Not eine Tugend machend, errichten die gefallenen Engel das Pandämonium, eine Heimat der gefallenen Engel. Der Mensch, der als Gottes Lieblingsgeschöpf gilt, soll unter der Liebe Gottes leiden. Daher begibt sich Satan auf den Weg zu den Menschen, um sie zu verführen. Doch sein erster Versuch, Eva für den verbotenen Apfel im Paradies zu interessieren, schlägt fehl. Gott erkennt den Plan der gefallenen Engel und sendet den → Erzengel Raphael ins Paradies. Der aber kann die sich anbahnende Katastrophe nicht verhindern, denn in Gestalt der Schlange gelingt es Satan, Eva zur Sünde zu animieren. Sie isst den Apfel vom Baum der Erkenntnis – und auch Adam kostet von ihm, aus Liebe zu Eva. Nun haben sie gegen das einzige Verbot verstoßen, dem sogleich ein zweiter »Sündenfall« folgt. Adam schläft mit Eva. Es erscheint der → Erzengel Michael, der Adam und Eva aus dem Paradies ausschließt. Michael aber erlaubt Adam einen Blick in die Zukunft, während Eva in einem Traum erfährt, dass das verlorene Paradies nicht auf ewig verloren bleiben muss. Sie verlassen das Paradies, das hinter ihnen nicht verschlossen wird, wie es die christliche Mystik lehrt, sondern von einem Flammenball erfasst und vernichtet wird.

Im gesamten Werk treten folgende Personen auf: Adam und Eva, Gott, Jesus, der Beelzebub (der höchste General des Pandämoniums), die Erzengel → Uriel, → Gabriel, Michael und Raphael, eine größere Anzahl gefallener Engel, unter ihnen

Mammon, Arien, Azazel und Belial, die Sünde (Satans Tochter), der Tod (Satan Sohn), das Chaos. Auffällig ist die vielschichtige Persönlichkeit, die Satan an den Tag legt. Er ist Verführer und Verlorener, ein Ankläger und Richter in einer Person und ein Poet des Grauens.

WÄCHTER

Wächter ist ein alternativer Begriff für die → Söhne Gottes. Er entstammt weder dem Buch Mose noch dem pseudepigraphischen 1. → Buch Enoch, sondern dem weniger bekannten slawischen Henochbuch, das auch 2. Buch Enoch genannt wird. Das kirchenslawische Wort für Wächter lautet übrigens – Grigori – so wie der Nachname von Danielle Trussonis Oberschurken.

Alle weiteren Informationen siehe → Söhne Gottes, → Buch Enoch und → Nephilim.

ZWEITES VATIKANISCHES KONZIL

»Aber in den Jahren nach dem Zweiten Vatikanischen Konzil mit seinen Reformen war [die Zahl der Nonnen] so dramatisch geschrumpft, dass Nonnen aus Philomenas Generation – die jüngeren Nonnen nannten sie die ›Älteren Schwestern‹ – erst sehr viel später im Leben von ihren Pflichten zurücktreten konnten«, denkt Schwester Evangeline und sinniert über den Zustand ihres Klosters. Immer wieder thematisiert Danielle Trussoni in ihrem Roman das Verschwinden des Klosterlebens in der Gegenwart. Die Nonnen in ihrem Roman sind in der Regel in einem Alter, in dem Frauen jenseits der Klostermauern längst in den Ruhestand gegangen wären. Allein Schwester Evangeline stellt eine nennenswerte Ausnahme dar.

Die *Aachener Zeitung* berichtete im Dezember 2008 über die anstehende Schließung eines Karmelitinnenklosters, das zuletzt vierzehn Schwestern ein Zuhause bot. Der Altersdurchschnitt der Ordensfrauen lag zuletzt bei 76 Jahren, wobei die jüngste Ordensschwester 37 Jahre alt war, die älteste jedoch 94. Mit zwei schwerstkranken Frauen in ihren Reihen ließ sich der Betrieb des Klosters nicht mehr aufrechterhalten. Ende 2008 wurde es aufgelöst, die Nonnen zogen in ein Franziskannerinnenkloster (siehe → Franziskaner). Ein ähnliches Schicksal erlitt eine Einrichtung der Töchter des Heiligen Kreuzes in Düsseldorf, gleichfalls im Jahre 2008. Obwohl die Töchter des Heiligen Kreuzes in Düsseldorf ein vergleichsweise weltliches Leben führten und in sozialen Berufen arbeiteten, gelang es ihnen nicht mehr, Nachwuchs für die eigene Arbeit in Deutschland zu rekrutieren. Als sie mit der Abwicklung ihres Hauses, des Theresienhospitals, in Düsseldorf begannen, betrug das Durchschnittsalter der Nonnen 76,5 Jahre. In Deutschland wird der Orden in absehbarer Zukunft vermutlich aussterben, allein in Kamerun, Pakistan und Indien wird er wohl fortbestehen, dort nämlich klagt kaum ein Orden über eklatante Nachwuchsprobleme.

Trägt etwa das Zweite Vatikanische Konzil die Schuld daran, dass ein Leben als Nonne in einem Kloster heute nicht mehr als erstrebenswert gilt? Tatsächlich wurde das Zweite Vatikanische Konzil von Papst Johannes XXIII. 1962 einberufen, um dem Glauben in einer sich verändernden Welt eine Zukunft zu bereiten. Vaticanum II wurde es in Anspielung an das erste Konzil von 1869/70 genannt. Das gesamte Konzil sollte sich vom 11. Oktober 1962 bis zum 8. Dezember 1965 über drei Jahre hinweg ziehen. Als Johannes XXIII. 1963 starb, wurde das Konzil von seinem Nachfolger Paul VI. fortgeführt.

Viele Gründe mögen Papst Johannes XXIII. dazu bewogen haben, dieses Konzil einzuberufen. In seiner Eröffnungsansprache wies er darauf hin, dass es die sich verändernde Welt notwendig mache, die Kirche zu modernisieren. Er vollzog eine explizite Trennung zwischen dem Glauben, der nicht zur Diskussion stand, und der Kirche als Verkünderin desselben. Im Gegensatz zu vielen konservativen Geistlichen sah der Papst die Notwendigkeit, die Kirche den Gegebenheiten der Gegenwart anzupassen. Er sah nicht nur einen Bedeutungsverlust auf die Kirche als Institution zukommen, er sah die Kirche diesem Prozess längst ausgesetzt! Aus diesem Grund sah er die Notwendigkeit gekommen, die Kirche in einen Reformprozess zu führen. Ausdrücklich wurden zu diesem Zweiten Konzil daher auch Vertreter anderer christlicher Glaubensgemeinschaften als Gäste eingeladen. Er meine es ernst mit der Ökumene, ließ der Papst verlauten. Er suchte den Dialog der Christen untereinander. Bis zum Zweiten Vatikanischen Konzil erhob Rom quasi einen christlichen Alleinvertretungsanspruch für sich. Dies machte Gespräche mit den orthodoxen Kirchen schwierig und mit protestantischen Kirchen unmöglich. Warum wurde dieser Alleinvertretungsanspruch gestellt?

Der Vatikan berief sich auf das Neue Testament, um ganz genau zu sein auf ein Zitat des Matthäusevangeliums. Dort spricht Jesus zu Petrus (16, 18-19): »Du bist Petrus, der Fels, und auf diesen Fels werde ich meine Kirche bauen … Ich werde dir die Schlüssel des Himmelreiches geben; was du auf Erden binden wirst, das wird auch im Himmel gebunden sein, und was du auf Erden lösen wirst, das wird auch im Himmel gelöst sein.« Wenn der Apostel Petrus also der Gründer der katholischen Kirche ist, sind seine Nachfolger die Stellvertreter Christi auf Erden.

Papst Johannes XXIII. korrigierte die Auffassung zwar nicht, aber jenseits von Rom unterschied man sehr wohl zwischen dem Papst und dem Menschen auf dem Heiligen Stuhl. Und der Mensch genoss auch unter Angehörigen anderer christlicher Religionsgemeinschaften einen tadellosen Ruf. Vor allem erkannte er den massiven Bedeutungsverlust der Kirchen. Wir denken heute oft, der Bedeutungsverlust der Kirchen in Europa sei ein relativ neues Phänomen, und daher wird er oft wie ein Tsunami dargestellt, der plötzlich aufgetaucht sei und über die Kirchen Westeuropas rase. Aber das stimmt nicht. Dieser Bedeutungsverlust ist kein Kind der 68er, des Mauerfalls oder welcher tiefgreifender Veränderungen der jüngeren Vergangenheit. Der Bedeutungsverlust, der heute so etwas wie seinen Höhepunkt erreicht hat, ist ein Prozess, der seit Jahrzehnten an den Fundamenten der christlichen Kirchen nagt. Erklären lässt er sich – unter anderem – am Beispiel industrieller Ballungsräume. Zum Beispiel im Ruhrgebiet: Mit dem Zuzug von Arbeitern, die für den Bergbau und die Stahlindustrie benötigt wurden, zog Ende des 19., Anfang des 20. Jahrhunderts der Katholizismus ins Ruhrgebiet ein. Es entstanden Kirchen, es entstanden Gemeinden. Eigentlich eine Entwicklung, die die katholische Kirche hätte glücklich machen müssen. Aber weder der seit der Reformation dominierenden evangelischen Kirche noch der katholischen Kirche gelang es in dieser neuen industriellen Gesellschaft den Menschen, Antworten auf die drängendsten sozialen Fragen der Zeit zu geben: auf den Verlust von Heimat zum Beispiel oder die Unterdrückung der Arbeiter durch die herrschende politische Klasse. Wo Gewerkschaften und politische Gruppierungen den Arbeitern Antworten gaben, und mögen sie teils noch so falsch gewesen sein, beriefen sich die Kirchen auf Lehren aus vergangenen Zeiten, verlangten Demut, ja verteufelten jene, die Antworten gaben. Die SPD beispielsweise war niemals eine atheistische Partei, dennoch wurde sie als solche dargestellt, da ihre führenden Köpfe in christlicher Vergangenheitssymbolik keine Antworten auf die Fragen ihrer Gegenwart mehr zu finden vermochten. Nur: Die kirchlichen Lehren erreichten vor allem die Männer nicht mehr, die sechs Tage die Woche unter Tage schufteten. Schon in den 1920er Jahren warnten Studien der evangelischen Kirchen vor einer Kirche der Frauen und Kinder, der die Männer abhanden gekommen sind.

Die katholische Kirche erlebte ihren Gau während und nach dem Zweiten Weltkrieg. Vor allem in den Ballungsräumen der westlichen Industrieländer begab sie sich auf einen rasanten Sinkflug. Ihre zögerliche Haltung gegenüber den Nazis und Faschisten hatten viele Menschen nicht vergessen. Dazu gesellte sich die fortschreitende Emanzipation auch der Arbeiterschaft gegenüber der Institution Kirche, deren Lehren nicht mehr stillschweigend hingenommen wurden.

Es gibt viele Gründe für den Bedeutungsverlust. Und Papst Johannes XXIII. reagierte auf ihn. Der »gute Papst« wurde er genannt, wegen seiner Bescheidenheit. Vor allem hatte Angelo Giuseppe Roncalli, wie er mit bürgerlichem Namen hieß, viele Jahre in der Diaspora gelebt, in der moslemischen Türkei, im orthodoxen Bulgarien. Und er hatte als Diplomat Juden zur Flucht aus Ungarn verholfen. Er wusste um die Fehler seiner Kirche in der Vergangenheit, er erkannte ihre Probleme in der Gegenwart. Eines seiner großen Ziele – nicht zuletzt aufgrund seiner Diasporaerfahrungen – war die Realisierung einer Ökumene (darum auch die Einladung an andere christliche Kirchen). Aber er scheute sich nicht, auch andere Probleme zu benennen. Und in den verschiedenen Sitzungsperioden wurden viele Reformen durchgeführt. Dass der Heilige Stuhl tatsächlich an einer Modernisierung interessiert war, zeigt beispielsweise das Dekret Inter mirifica, mit dem sich die katholische Kirche modernen Kommunikationsmitteln öffnete, gleichzeitig für Pressefreiheit eintrat und die Entwicklung von Medienkompetenz von Katholiken forderte.

AKTE 3:
Ein Abstecher ins antike Griechenland

DIONYSOS

In der griechischen Mythologie ist Dionysos der Sohn von Göttervater Zeus und einer Prinzessin aus Theben namens Semele. Um Dionysos, der an sich mit ganz sympathischen Eigenschaften ausgestattet wurde (er gilt als Gott des Weines, der Trauben, der Fruchtbarkeit und der Ekstase), entwickelten sich verschiedene Kulte, die sich oft gegenseitig beeinflussten. Manche Stadtstaaten aber verboten die Kulte, in anderen Regionen gerieten sie in Vergessenheit – um Jahrzehnte später wiederentdeckt zu werden –, was oft dazu führte, dass sich die wiedererweckten Riten und Gebräuche von den ursprünglichen Riten und Gebräuchen oft stark unterschieden. Es gibt also nicht »den« Kult, sondern viele verschiedene Auslegungen seiner Verehrung. Wie und wo überhaupt ein erster Dionysuskult entstand, ist nicht bekannt.

Als Gott stand Dionysos nicht gerade für Strenge, sondern für Feste, für das schöne Leben, für die Freude schlechthin. Über Alexander dem Großen fand der Dionysoskult Verbreitung bis nach Indien, möglicherweise stammt der Kult als solcher gar nicht aus Griechenland, sondern aus Assyrien. In Theben wurde Dionysos alle drei Jahre gefeiert, mit viel Gesang und viel Wein. Hier standen die Frauen im Mittelpunkt der Festlichkeiten, in Athen wurde er mit Theateraufführungen gefeiert, auf der Insel Chios indes sollen ihm Menschenopfer dargebracht worden sein.

HADES

Mit dem Begriff Hades wird heute zumeist die griechische Unterwelt assoziiert. Hades ist aber auch der Name des Herrschers dieser Unterwelt. Als Sohn des Kronos ist er in der griechischen Mythologie ein Bruder von Zeus und Poseidon, er herrschte über die Seelen der Verstorbenen. Eine Rückkehr aus seinem Reich wurde für gewöhnlich ausgeschlossen, nur wenige kehrten je zurück. Herkules gelang die Rückkehr, → Orpheus durfte mit seiner Frau in die Welt der Lebenden zurückkehren, allerdings hielt er sich nicht an seine Abmachung mit Hades, weshalb sich seine Frau wieder in einen Geist verwandelte und er selbst einen unschönen Tod erfuhr.

Als Ort blieb der Hades keinem Menschen erspart. Allein einige wenige Auserwählte wurden in den Olymp aufgenommen, wie zum Beispiel Herkules. Als Geister verblieben die Menschen im Hades (ein Glaube, der bis heute in der abendländischen Kultur anzutreffen ist: Ein Verstorbener, der keine Ruhe findet, wandelt als Geist umher …). Obwohl die Griechen keine Hölle kannten, erwähnen diverse Geschichten, dass der Gott Hades für einige besonders üble Menschen besondere Qualen für die Ewigkeit vorhielt – diese üblen Seelen nämlich wanderten in den Tartaros.

Die Vorstellung an eine Unterwelt hat den christlichen Glauben nachhaltig beeinflusst. Und dies nicht nur in einem interpretatorischen Sinne. Der Tartaros findet in der griechischen Urfassung des 2. Petrusbriefes eine namentliche Erwähnung. Auch das → Buch Enoch beschreibt den Tartaros als jene Hölle, in der die Väter der → Nephilim darben. Es verwundert nicht, dass die Griechen keinen Hadeskult kannten. Obwohl der Gott Hades als Bruder des Zeus eine der höchsten Positionen des Olymps einnahm, verzichtete man auf seine Anbetung, nur wenige Hadesverehrungen wurden der Nachwelt überliefert.

HELLENISMUS IM FRÜHEN CHRISTENTUM

Die Geschichtsforschung datiert die Anfänge des Hellenismus auf das Jahr 336 vor Christus. Es ist das Jahr, in dem Alexander der Große in Makedonien die Macht übernahm und in seiner nur wenige Jahre währenden Regentschaft ein Imperium unvorstellbarer Größe erschuf. Bezieht man den Begriff Imperium allein auf die territoriale Ausdehnung eines Staatsgebildes, bestand das Alexanders des Großen nicht lang. Schon nach Alexanders Tod setzten erste Zersetzungserscheinungen ein, zerrieben sich seine Nachfolger in Machtkämpfen, und Teile des Reiches fielen vom Imperium ab. Dennoch veränderte Alexander die Welt, denn kein Volk, das unter griechischer Herrschaft gestanden hatte, und mochte diese Herrschaft noch so kurz ausgefallen sein, konnte sich den Einflüssen griechischer Philosophie, griechischer Wissenschaften und griechischer Mystik entziehen.

Als das frühe Christentum entstand, gebar es sich aus dem Judentum, einer monotheistischen Religion, deren Glaube an nur einen Gott sich eklatant vom Glauben der anderen Völker (im Mittelmeerraum) unterschied. Um das Wort Jesu von Nazareth und den Glauben an nur einen Gott den Menschen jenseits der eigenen Glaubenswelt zu vermitteln, bedienten sich vor allem griechisch sprechende Frühchristen eines hellenistisch geprägten Gedankens: Der Mensch Jesus wird zum Menschen und Gott; ist der »Sohn Gottes« in seiner ursprünglichen Bedeutung eher eine spirituelle Definition, die uns Jesu Nähe zu Gott zu erklären versucht, setzt nun eine Definition ein, die diese spirituelle in eine tatsächliche Nähe verwandelt. Aus dem spirituellen (= unfassbaren) wird der leibliche (= körperliche) Sohn Gottes.

Wer des Altgriechischen mächtig ist, wird im Neuen Testament immer wieder den Begriff → Hades entdecken. Der wurde von Luther (und dann auch Übersetzern anderer Sprachen) zumeist mit dem Begriff »Hölle« übersetzt, der bestimmte Assoziationen im Leser weckt. Heute geht man in neueren Übersetzungen dazu über, eher von einem Totenreich zu sprechen, sofern Hades und nicht das hebräische Gehenna im Text genannt wird. Hades ist nicht zwingend ein Begriff, der Gut und Böse klar trennt, sondern ein Wort, das eine eher neutrale Perspektive einnimmt.

Auch in Bezug auf die Evangelisten ist es nicht uninteressant, einen Blick auf ihre Herkunft zu werfen. Es streiten sich die Gelehrten, wer die Männer waren, die heute als Evangelisten verehrt werden und deren Schriften in die Bibel aufgenommen wurden. Zumindest für Lukas liegt eine recht detaillierte Überlieferung seiner Person vor: Demnach soll er in Antiochia in der heutigen Türkei als Kind einer griechischen Familie das Licht der Welt erblickt haben. Missioniert vom Apostel Paulus, gehörte er, so die Geschichte, zu den ersten Heidenchristen des ersten Jahrhunderts; er folgte Paulus unter anderem nach Makedonien und lebte darüber hinaus viele Jahre in Philippi nahe der thrakischen Grenze. Um den Menschen – den Griechen – Jesus nahezubringen, orientierte er sich an griechischen Göttersagen und übertrug diese auf die Geschichte von Jesus Christus, indem er Jesus als vollkommenen Sohn Gottes darstellte. »Lukas scheint eher hellenistisch orientiert gewesen zu sein«, schreibt zum Beispiel der bekannte Regisseur Paul Verhoeven in seinem bemerkenswerten Sachbuch »Jesus – Die Geschichte eines Menschen«: »Er schreibt ein wenig literarischer [als Matthäus und Markus]. Aber er ist manchmal sehr naiv und viel eher bereit, Unsinn zu glauben.« Oder weniger direkt gesagt: Er schmückt seine Geschichten etwas mehr aus, und gibt ihnen eine etwas straffere Dramaturgie als die anderen Evangelisten.

ORPHEUS

Im Gegensatz zu anderen Figuren der griechischen Sagenwelten gehört Orpheus zu jener Handvoll mystischer Gestalten, die vermutlich auf einer realen Persönlichkeit basieren. In → Thrakien muss dieser Mensch geboren worden sein, dort entstand der Kult um Orpheus, den sich auch Danielle Trussoni bemächtigt: Seine Leier, auch Lyra genannt, soll den im → Hades gefangenen Engeln etwas Trost spenden, und indem der → Erzengel Gabriel ihnen aus Barmherzigkeit die Leier zukommen lässt, nimmt das Unglück seinen Lauf.

Die Idee entstammt der Phantasie der Autorin, jedoch steht sie auf einem soliden Fundament: Nach Orpheus ist nämlich die Orphik benannt, die sich im 7. vorchristlichen Jahrhundert von Thrakien aus über ganz Griechenland ausbreitete. Die Orphik besagt, der Mensch habe von → Dionysos Göttliches und Gutes erhalten, von den Titanen, den Vätern der

Götter, Böses und Verwerfliches. Nur durch ein gutes, reines Leben sei es möglich, dass die Seele – nach mehreren Wiedergeburten – ein glückseliges Leben im Jenseits führen kann. Dieser Jenseitsglaube ist dem Christentum nun wirklich nicht fremd, denn die Vorstellung des Jenseits als ein Paradies deckt sich durchaus mit christlichen Vorstellungswelten. Dieser Glaube hat die Thraker über Jahrhunderte hinweg stark beeinflusst, selbst als andere Glaubensvorstellungen die Oberhand gewannen, blieb der Gedanke an ein Paradies ebenso erhalten wie die Vorstellung an eine Jungfrauengeburt, das schier unerreichbare Ideal eines reines Lebens. Aus historischen Schriften geht daher auch hervor, dass sich das Christentum ungewöhnlich schnell in Thrakien ausbreiten konnte – offenbar begünstigt durch die Ideen der Orphik.

Der mystische Orpheus wird als ein berühmter Sänger beschrieben, der als Sohn einer Muse mit seiner Musik die Menschen zu verzaubern verstand. Nach dem Tod seiner Frau Eurydike, einer Nymphe, verstummte sein Gesang: Bis er sich entschloss, den Tod zu überwinden. Mit seiner Musik stimmte er den greisen Toten-Fährmann Charon gnädig, der ihn über den Totenfluss Styx führte. Auch den dreiköpfigen Höllenhund Kerberos konnte er mit seiner Musik umschmeicheln. So gelangte er in die Unterwelt, und Hades, der Herrscher der Unterwelt, sowie dessen Gattin Persephone schlugen dem mutigen Sänger ein Geschäft vor: Er dürfe Eurydike mitnehmen, aber nur unter der Bedingung, sie nicht anzuschauen, bevor sie die Oberfläche erreichten. Orpheus ging darauf ein, doch er hielt sich nicht an die Abmachung. Eurydike verwandelte sich noch im gleichen Augenblick wieder in einen Geist und wurde in die Unterwelt hinabgerissen, während Orpheus von den Mänaden, weiblichen Jüngerinnen des Dionysos, in Stücke gerissen wurde. Sein Kopf landete in einem Fluss namens Hebrus. Den Namen seiner Geliebten rufend, trieb sein Kopf zur Insel Lesbos und ward nie wieder gesehen.

In frühen Begräbnisstätten von Urchristen im heutigen Italien wurden Wandgemälde entdeckt, die Orpheus darstellen. Dass er für eine Liebe den Tod herausforderte, scheint die frühen Christen beeindruckt zu haben.

PROMETHEUS

»Die Prometheus-Statue im Rockefeller Center« – auf der Suche nach der Leier wird der Blick der Evangeline auf ebendiese Statue gelenkt. Mehrfach wird der Name Prometheus in »Angelus« genannt. Prometheus, ein Titan und dennoch kein Gott, ist eine der faszinierendsten Figuren der griechischen Mythologie. Er ist der Vater der Menschheit, ein liebender Vater, der, als die Götter auf die Menschen aufmerksam wurden und deren Anbetung verlangten, durch eine List den Menschen vor dem Zugriff der Götter schützen wollte. Es misslang, und der Mensch musste dafür büßen. Unter anderem dadurch, dass Zeus ihnen das Feuer nahm. Prometheus aber widersetzte sich den Göttern und gab den Menschen das Feuer zurück. Für seinen Verrat an den Göttern wurde er verbannt – und an einen Felsen über einen Abgrund gefesselt. Jeden Tag kam der Adler Ethos zu ihm und fraß überdies ein Stück seiner Leber. Eine schmerzhafte Strafe, denn Prometheus litt unter den Schmerzen, konnte aber nicht sterben. Erst Herkules befreite den Titan vom Felsen, Zeus jedoch verlangte von Prometheus, fortan einen Stein als Zeichen seiner Schuld zu tragen, an dem er noch immer gefesselt war.

AKTE 4:
Vom Rockefeller Center nach Thrakien

BOËTHIUS

Zweimal wird sein Name in »Angelus« genannt. Das erste Kapitel nach dem Prolog wird mit einem Zitat seines Werkes »Die Tröstung der Philosophie« eingeleitet. »Euch auch drohet ein gleiches Los, / die ihr hoch in das Reich des Lichts / dringt mit strebendem Forschergeist: / Euch auch, wenn ihr besiegt den Blick / kehrt zur höllischen Nacht zurück, / geht verloren des Sieges Preis, / wenn ihr den Hades erblicket!«

Anicius Manlius Severinus Boëthius kam irgendwann zwischen 475 und 480 in Rom zur Welt und starb zwischen 524 und 526 in Pavia. Die Geschichte- und Literaturforschung nennt ihn gleichermaßen den letzten christlichen Philosophen von Bedeutung, der der Spätantike zugerechnet wird. Er war aber auch ein bedeutender Politiker und Konsul. Während eines Streits zwischen Ostgoten und Römern geriet er als Römer ins Visier des mächtigen Ostgotenkönigs Theoderich, der nur auf einen Vorwand wartete, den redegewandten Philosophen mundtot machen zu können. Ein Prozess gegen einen Senator namens Albinus bot ihm dazu die Gelegenheit. Boëthius fungierte als dessen Fürsprecher, was die Ostgoten als Verrat betrachteten. Boëthius wurde wegen Verrats verhaftet, angeklagt und hingerichtet.

Die »Consolatio Philosophiae«, sein Hauptwerk »Die Tröstung der Philosophie«, entstand offenbar kurz vor seinem Tod. Ob er zu dieser Zeit bereits unter Arrest stand oder ob er »Die Tröstung der Philosophie« noch als freier Mann verfasste, ist umstritten.

Boëthius sinnierte in seinem Werk – das noch heute regelmäßig neu verlegt und kommentiert wird – über Ansichten wie die, dass die Ewigkeit nicht nur auf die Zeit bezogen werden könne, sondern ein viel komplexeres Gebilde darstelle: In allem, was existiere, existiere auch die Ewigkeit! Kritisch befasste er sich mit der Vorsehung der im Mittelalter weitverbreiteten Ansicht, das Leben sei vorherbestimmt und der Mensch Teil einer Ordnung, die er zu akzeptieren habe. Obschon der Philosoph die Vorsehung in seinen Texten nicht in Frage stellte, glaubte er an den freien Willen und die Individualität eines jeden Menschen: Der Mensch erschafft sich seine eigene Vorsehung.

Obwohl sein Werk auch in kirchlichen Kreisen viele Freunde fand und bis heute findet, ist Boëthius' eigener Glaube umstritten. Nicht wenige Historiker und Literaten erkennen in seinen Worten eine Abkehr vom christlichen Glauben; die Tatsache, dass er sich fast ausschließlich griechischer Gedankenmodelle in seiner Argumentation bediente, deutet auf diese Abkehr vom Glauben hin.

DILUVIANISCH

»Das Spezialgebiet unserer beiden prominentesten Professoren war die antediluvianische Geographie, eine kleine, aber wichtige Abteilung der angelischen Archäologie«, erinnert sich die alte Nonne Celestine in »Angelus« an ihre Ausbildung zur Engelskundlerin.

Antedilu-was?

In heutigen Lexika findet man dieses Wort meist mit einem Vermerk auf den Begriff Pleistozän. Das ist das Eiszeitalter, früher Diluvium genannt. In alten Lexika, wie etwa dem heu-

te gemeinfreien Brockhaus aus dem Jahre 1911, steht zu lesen: »Diluvĭum (lat.), Überschwemmung, Wasserflut; in der Geologie die Ablagerungen der Eiszeit (s. d.), die der Gegenwart (dem Alluvium) unmittelbar vorausgegangene Periode, (…). Erste sichere Spuren des Menschen (ältere Steinzeit).«
Wasserflut? Gibt man den Begriff Diluvium bei Wikipedia an, erhält man einen Verweis auf die → Sintflut.
Sintflut = Wasserflut. Eine angelische antediluvianische Geographie beschreibt also eine Engelskunde, die sich mit der Zeit der Sintflut auseinandersetzt.

DJAWOLSKO GARIO

Wo befindet sich der Eingang zum → Hades, dem Ort, an dem die Engel nach ihrem Fall verbannt wurden? Danielle Trussoni lokalisiert ihn in den Rhodopen und kennt gar den Namen der Höhle: Djawolsko Gario.
Einst gehörten die Rhodopen zu → Thrakien, waren also Teil dessen, was im Altertum Griechenland genannt wurde. Aber allerlei Machtverschiebungen, Eroberungen und Kriege haben dazu geführt, dass der Teufelsrachen – nichts anderes heißt Djawolsko Gario übersetzt – eben nicht im heutigen Griechenland zu finden ist, sondern in einer Region, die heute Trigradsko Shdrelo heißt und sich in Bulgarien befindet. Die Grenze zu Griechenland ist relativ nah, antike Siedlungen in der Umgebung können auf das 6. Jahrhundert vor Christus zurückdatiert werden.
Danielle Trussoni beschreibt die Höhle als einen kaum zu erreichenden Ort, ja ein gut verstecktes Geheimnis. Die insge-

samt achtzehn unterirdischen Wasserfälle, die die Höhle so einmalig machen, sind inzwischen aber recht problemlos für Besucher zu erreichen, ja die gesamte Höhle wurde elektrifiziert und gilt als Touristenattraktion. Die Höhle steht als Naturphänomen unter besonderem Schutz.

GOLDENES ZEITALTER

In den USA werden die Goldenen Zwanziger auch das Goldene Zeitalter genannt. Es ist das Zeitalter, in dem Familien wie die Rockefellers oder Vanderbilts endgültig Legenden wurden. Dass ausgerechnet diese Familien zu dieser Zeit längst den »alten« amerikanischen Geldadel repräsentieren und in den 1920er Jahren ihren bereits enormen Reichtum »nur« exorbitant mehrten, sei nur als Fußnote erwähnt.

Zwischen den Goldenen Zwanzigern in Deutschland und jenen der USA besteht ein großer Unterschied. In Deutschland erlebten Kunst und Kultur in den Jahren etwa von 1924 bis 1929 eine einmalige Blütezeit. Das deutsche Kino galt als Maßstab fürs Weltkino, junge Regisseure wie Hitchcock kamen nach Deutschland, um hier das Filmemachen zu erlernen, Hollywood holte Männer wie Murnau oder von Sternberg über den Atlantik, damit sie den Amerikanern das anspruchsvolle Filmemachen beibrachten. Auch in der (populären) Musik erlebte Deutschland eine Blütezeit, die Literatur und die bildende Kunst lebten ihre Freiheit in der ersten Demokratie auf deutschen Boden genüsslich aus, in Sachen Architektur erlebte Deutschland eine weltweit beachtete Blüte (Bauhaus). Jenseits dieser intellektuellen Zirkel jedoch, auf gesamtgesellschaftlicher Ebene, stagnierte Deutschland: die Wirtschaft lahmte, politische Extremisten lieferten sich Straßenschlachten, die Demokratie stand auf wackeligen Füßen. Was folgte, ist bekannt.

In den USA sahen die 1920er etwas anders aus. Aufgrund des Ersten Weltkriegs waren die USA zu einer Weltmacht aufgestiegen, in den USA entwickelte sich eine Mittelschicht. Das Fließband ermöglichte die Massenproduktion von Autos, was Autos wiederum günstiger machte – und deren Verkauf anheizte. Andere Industrien folgten diesem Beispiel. Besonders die Geldwirtschaft wuchs rasant. Sie vergab großzügig Kredite, unter anderem an Firmengründer, aber auch Konsumkredite. Davon profitierten auch die Börsen. Die Firma RCA beispielsweise stellte als erstes Unternehmen Radios für Privathaushalte her. Das kleine Unternehmen erkannte die Macht des neuen Mediums und investierte in die Technik. Mit Erfolg, das Unternehmen wuchs rasant. Um 1925 kostete eine Aktie des Unternehmens fünf Dollar. 1929 bezahlte man für eine Aktie etwa 500!

Das Problem an alldem war allerdings, dass sich der wachsende Wohlstand der USA über Pump und viel Börsenphantasie finanzierte. Man lieh den Menschen Geld, damit diese den Konsum ankurbelten. Nur drifteten die Erträge der Realwirtschaft und der Geldwirtschaft immer weiter auseinander. Wer eine gute Idee hatte, konnte an der Wall Street innerhalb von Monaten vom Büroboten zum Millionär aufsteigen. Das Märchen vom Tellerwäscher zum Millionär – es wurde im Goldenen Zeitalter geboren. Vor allem, da es kein Märchen bleiben musste, denn das Geld lag auf der Straße. Nur wer in Aktien investierte, konnte an diesem Wohlstand partizipieren. Über Jahre hinweg funktionierte dieses System, und in der Zeit taten Milliardäre wie die Rockefellers durchaus Gutes mit ihrem Geld. Sie schenkten Städten wie New York Museen, und sie gründeten Stiftungen, die es Kindern aus armen Familien erlaubte zu studieren.

Das Goldene Zeitalter verdankt seinen Namen aber auch dem kollektiven Vollrausch, den die USA erlebten. Religiöse Eiferer hatten ein Alkoholverbot, die Prohibition, durchgesetzt. Damit sollte Amerika moralisch rein werden. Tatsächlich aber ist in der amerikanischen Geschichte vermutlich zu keinem Zeitpunkt mehr Alkohol getrunken worden als in den 1920er Jahren. Flüsterbars galten als schick, und gerade weil es verboten war, machte es Spaß; gerade weil die Eiferer Partys als obszön betrachteten – wurde gefeiert! Und die Mafia, die bis Anfang der 1920er Jahre eine unbedeutende kleine Schlägerbande darstellte, profitierte von der Prohibition und erlebte ihren großen Moment.

Und dann kam der 29. Oktober 1929, der Tag, an dem das Goldene Zeitalter endete.

Eine außer Kontrolle geratene Geldwirtschaft, Konsumkredite, die niemand mehr zurückzahlen konnte, ein Auseinanderdriften von Geld- und Realwirtschaft – gab es da nicht eine Wirtschaftskrise, die 2008 ihren Anfang in den USA nahm? Mit faulen Krediten, Bankenpleiten und Rettungspaketen?

All das hat es schon einmal gegeben. In den 1920er Jahren, in denen die USA einen erstaunlichen Aufschwung erfuhren. Bis am 29. Oktober 1929 die Börsenblase auf einmal platzte und die Weltwirtschaftskrise die Phantasie der Finanzjongleure mit der bitteren Realität konfrontierte. Dem Goldenen Zeitalter folgte die Weltwirtschaftskrise mit Millionen über Millionen Arbeitslosen, neuer (alter) Armut und einem weiteren Weltkrieg.

Allein der Name dieser Epoche überdauerte die Zeiten. Das Goldene Zeitalter dagegen klingt eher zynisch.

LONDONER FROSTWINTER
VON 1814

Danielle Trussonis Finsterling Percival erinnert sich an einen Winter im Jahre 1814, als er in London, noch im Vollbesitz seiner körperlichen Verfassung, über die zugefrorene Themse flanierte. London und Nebel – das ergibt ein klares Bild. Unzählige Kriminalromane haben dieses Bild kultiviert, keine deutsche Edgar-Wallace-Verfilmung wäre ohne den obligatorischen Londoner Nebel ausgekommen. Dass der Londoner Nebel eigentlich kein natürlicher Nebel war, sondern Smog – und dass er seit 1956 nur mehr in Geschichtsbüchern zu finden ist, auch wenn erst eine Katastrophe in den Jahren 1952/53 mit etwa 12 000 Toten die englische Hauptstadt heimsuchen musste, um endlich etwas gegen die enorme Luftverschmutzung zu unternehmen, tut dem Klischeebild keinen Abbruch. Aber eine zugefrorene Themse?

Doch tatsächlich gab es diesen Frostwinter von 1814 – inklusive der zugefrorenen Themse. Seit dem 15. Jahrhundert hatte es sich eingebürgert, auf dem zugefrorenen Fluss Jahrmärkte abzuhalten, um das seltene Ereignis zu feiern. Tatsächlich vergingen oftmals Jahrzehnte zwischen den Jahrmärkten. Dem Frostwinter von 1435 folgte der nächste Winter, der kalt genug war, erst 1506. Zum letzten Mal fror die Themse tatsächlich im Jahre 1814 in London zu. Seit 2003 erinnert kurz vor Weihnachten eines jeden Jahres der Bankside River Market an die Frostwinter von einst, die der Vergangenheit angehören. Dies hat zwei Gründe: Das Klima ist schlicht und ergreifend milder geworden. Die Londoner Winter werden einfach nicht mehr so kalt wie noch vor 200 Jahren. Der Mensch hat mit dieser Klimaänderung ausnahmsweise einmal nichts zu tun. Von Menschenhand allerdings wurde das Flussbett der Themse verengt, was sich auf die Fließgeschwindigkeit ausgewirkt hat. Floss die Themse 1814 noch eher gemächlich durch ihr Bett, rast sie heute direkt durch die Hauptstadt des britischen Königreiches. Selbst in einem extrem kalten Winter verhindert dies ihr mögliches Zufrieren.

MAGISCHE QUADRATE

Bei der Lösung des Rätsels in »Angelus« helfen Evangeline magische Quadrate auf die richtige Fährte. Magischen Quadraten wird oft etwas – genau – Magisches nachgesagt. Kann man Geheimnisse in ihnen verbergen? »Die [Engels-]Heraufbeschwörung durch Formeln ist ein extrem gefährliches Unternehmen, das für das Medium oft tödlich endet und nur als allerletzte Möglichkeit betrachtet werden darf, Engelswesen hervorzurufen.« So heißt es bei Danielle Trussoni.

In China sollen magische Quadrate, so berichtet es Konfuzius, um 2200 vor Christus erstmals entwickelt worden sein. Am Wahrheitsgehalt dieser Überlieferung darf jedoch gezweifelt werden, wahrscheinlich entstanden die ersten magischen Quadrate erst um das 4. Jahrhundert vor Christus. Die alten Griechen kannten das magische Quadrat mit Sicherheit; archäologische Grabungen in der Nähe von Manchester belegen, dass die Römer magische Quadrate im Gepäck transportierten. Zum Zeitvertreib? Oder als Hilfsmittel für Rituale? Mathematisch betrachtet, sind magische Quadrate kleine Logikmeisterstücke. Die Summen aller Spalten, aller Zeilen und der beiden Diagonalen müssen identisch sein. Dies nennt man eine magische Bedingung. Aus wie vielen Kästchen das Quadrat besteht, ist egal.

Aufgrund ihrer rätselhaften Logik faszinieren sie seit Jahrtausenden die Menschen. Danielle Trussoni erwähnt ein von Albrecht Dürer erschaffenes magisches Quadrat. Dieses Quadrat nennt sich Melencolia I und ist auf einem Kupferstich Dürers zu finden. Die Summe der vier Eckfelder beträgt 34, in der Mitte der letzten Zeile erscheint die Jahreszahl 1514. Dies ist das Jahr des Kupferstiches und vermutlich sind es die Zahlen (in den Quadraten sind es die 15 und 14), von denen aus Dürer sein Quadrat errechnet hat.

Das bedeutendste Quadrat ist vermutlich das Sator-Rotas-Quadrat. Das ist kein Zahlen-, sondern ein Buchstabenquadrat.

S A T O R
A R E P O
T E N E T
O P E R A
R O T A S

Was damit gemeint ist, weiß niemand genau. Dennoch genießt es in okkulten Zirkeln bis heute große Bedeutung, obschon niemand sagen kann, wer es verfasst hat oder wann, warum, wieso und weshalb. Möglicherweise ist es aus genau diesem Grund so interessant.

Umstritten ist die Übersetzung.

Sator = Sämann / Arepo = ? / Tenet = hält o. führt / Opera = mühen o. arbeiten / Rotas = Räder.

Wenn Arepo ein Name sein sollte, ergäbe sich ein Sinn aus der Anordnung, von dem jedoch keinerlei Magie ausgeht. Dabei glaubte man einst, das Quadrat sei wahrlich magisch. Noch im 18. Jahrhundert existierte in Sachsen eine amtliche Anordnung, Teller mit der Formel bereitzuhalten, die im Falle eines Feuers ins selbige geworfen werden sollten. Es ist müßig zu erwähnen, dass nicht ein Fall überliefert ist, in dem der Wurf eines Quadrats ein Feuer gelöscht hätte.

MILTON (HUDSON RIVER)

Das Kloster der hl. → Rosa von Viterbo befindet sich im Roman der Danielle Trussoni in Milton, New York. Manch ein interessierter Leser wird vermuten, der Ort sei als Anspielung auf die Person → John Miltons, des Verfassers von → Das verlorene Paradies, dem großen Engelsepos der Neuzeit schlechthin, zu verstehen. Denn Hand aufs Herz: Wer von uns hat schon einmal von Milton im Hudson River Valley gehört? Es liegt auf der Hand: Danielle Trussoni hat den Spielort nicht zufällig ausgewählt. Aber eine Fiktion ist er nicht. Milton ist eine nicht selbständige Ortschaft im Ulster County im Staate New York, im Nordosten der Stadt Marlborough am rechten Ufer des Hudson River. Die von Milton aus betrachtet nächste größere Stadt ist das beschauliche, zumindest einmal im Roman kurz erwähnte Poughkeepsie, bis nach New York City sind es etwa 130 Kilometer.

ROCKEFELLER, ABIGAIL ALDRICH

Sie war die schillerndste, unscheinbarste Matriarchin des amerikanischen Adels im 20. Jahrhundert – wobei dies natürlich ein Widerspruch ist! Man kann keine schillernde Persönlichkeit sein und dabei gleichsam unscheinbar bleiben! Sicher ist dieser Einwand berechtigt, aber dennoch trifft auf Abby Aldrich Rockefeller genau dieser Widerspruch zu. Sie gilt als die vielleicht einflussreichste Kunstmäzenin, die die Vereinigten Staaten jemals hervorgebracht hat. Wenn sich New York heute als das Zentrum moderner Kunst verstehen darf, ist dies ein Verdienst der eher unscheinbaren Abigail Aldrich Rockefeller, die jenseits ihres Engagements als Kunstfreundin und Wohltäterin ein fast erschreckend normales Leben führte – bedenkt man, dass ihr Ehemann als einer der reichsten Männer der Welt galt und der Begriff Rockefeller noch heute mit Macht und Reichtum gleichgesetzt wird, auch wenn die Familie ihren Einfluss eingebüßt haben mag.

Als Abigail Green Aldrich wurde sie am 26. Oktober 1874 in Providence, Rhode Island, geboren. Sie war die Tochter eines bekannten Senators namens Nelson Wilmarth Aldrich, der als Vorsitzender des Finanzausschusses über einen maßgeblichen Einfluss in Washington verfügte. Ihre Mutter war Abby Pearce Truman Chapman. Von Seiten ihrer Mutter bestand eine direkte verwandtschaftliche Beziehung zu den ersten britischen Siedlern in den USA: Den Puritanern, die mit der Mayflower am 21. November 1620 vor dem heutigen New England vor Anker gingen. Die Nachfahren dieser ersten Siedler stellen so etwas wie den amerikanischen Uradel dar, Abby Aldrich Rockefeller gehörte demnach sowohl vom materiellen wie auch vom finanziellen Status her zu ebendiesem amerikanischen Adel. Zeit ihres Lebens galt ihre jüngere, fast taube Schwester Lucy Aldrich als ihre engste Beraterin, vermutlich weckte die sehr belesene Lucy in ihrer Schwester das Interesse an der Kunst.

In »Angelus« finanziert Abigail Aldrich Rockefeller die Engelsexpedition während des Zweiten Weltkrieges, und sie ist es, die dem Kloster der hl. → Rosa von Viterbo nach deren Zerstörung wieder auf die Beine hilft, sie wird von den Nonnen fast als Heilige betrachtet, zur Überraschung der Hauptfigur Evangeline, die bemerkt, Abigail Aldrich Rockefeller sei keine Katholikin gewesen. Tatsächlich war sie Protestantin, wie der gesamte amerikanische »Adel« dieser Zeit. Abigail Aldrich Rockefeller galt allerdings als eine der ersten prominenten Unterstützerinnen des ökumenischen Gedankens. Ihr Kindermädchen war eine Quäkerin, sie selbst studierte, unter anderem Deutsch und Französisch, und kam während des Studiums mit den Schriften der Aufklärer in Berührung, die sie faszinierten. Sie studierte darüber hinaus Geschichte sowie Sport und interessanterweise Tanz. Als junge Frau reiste sie durch Europa und Asien, wobei ihre Sprachkenntnisse ihr dabei halfen, einen weitaus tieferen Einblick in die Geschichte fremder Völker zu erlangen als anderen reichen Amerikanern, die sicher auch gerne durch die Welt reisten, aber selten über entsprechende Sprachkenntnisse verfügten.

1894 lernte sie John Davison Rockefeller jr. kennen, den Sohn des Industriellen John D. Rockefeller, dessen Vorfahren einst als arme Leute aus Deutschland in die USA ausgewandert waren. John senior erlangte durch die Gründung des Ölkonzern Standard Oil den Ruf, der reichste Mann der Welt zu sein. Ob dies stimmt, darüber kann man sich streiten, denn andere amerikanische Familien – und diverse Monarchen – waren sicher nicht ärmer als die Rockefellers, aber die Rockefellers investierten Millionen in Kunst und Kultur – und ließen die Öffentlichkeit an ihren Errungenschaften teilhaben. Im Gegensatz zum modernen Kapitalisten, der nur in Kunst investiert, wenn diese fette Rendite erwirtschaftet, betrachteten die Rockefellers ihr Mäzenatentum als Dienst an der Allgemeinheit getreu dem Motto: Auf die eine Milliarde mehr oder weniger kommt es nicht an.

John D. Rockefeller jr. und Abigail Aldrich heirateten am 9. Oktober 1901 vor den vermutlich 1000 einflussreichsten Industriellen, Politikern und Künstlern, die das junge Jahrhundert aufzubieten hatte. Ihnen wurde eine Tochter und fünf Söhne geboren.

Ob Henri Matisse, Pablo Picasso, Paul Cézanne: Wer einen Namen in der Welt der modernen Kunst besaß, war mit der Familie Rockefeller bekannt; mit anderen Kunstliebhabern initiierte die Grande Dame der Kunstförderung die Einrichtung des heute weltbekannten Museum of Modern Art, zu dessen Gründungsdirektor sie Alfred Barr bestimmte, einen seinerzeit gerade einmal 27-jährigen Kunsthistoriker (→ Rockefellers Spuren in New York). Abigail Aldrich Rockefeller unterstützte die Nominierung des jungen Mannes, da dieser beispielsweise über exzellente Kontakte nach Deutschland verfügte: In Dessau hatte er das deutsche Bauhaus studiert, und zu seinen Freunden gehörten Architektur- und Kunstgrößen wie Walter Gropius, Ludwig Mies van der Rohe oder Paul Klee. Barr gilt als erster Kunsthistoriker von Rang, der das Lichtspiel ausdrücklich als Kunstform benannte und im Museum of Modern Art auch dem Kino seinen Platz einräumte. Er stellte die Architektur als Kunstform den klassischen bildenden Künsten gleich und reservierte der Fotografie, darunter auch der journalistischen Fotografie, ihren Platz.

Abby Aldrich Rockefeller weihte das Museum kurz nach dem Börsencrash von 1929 ein. Während an der Wall Street eine Spekulationsblase platzte, die die ganze Welt erschütterte, blieben die Rockefellers gelassen. Allerdings teilte ihr Mann zu dieser Zeit längst nicht mehr ihre Passion, er schränkte sie jedoch auch nicht ein. Aber er legte seinen Arbeitsschwerpunkt auf die Rockefeller Foundation, die Stipendien vergab, Hilfsprojekte förderte und soziale Einrichtungen unterstützte und deren Vermögen heute auf über drei Milliarden Dollar geschätzt wird.

Bei alledem blieb Abigail Aldrich Rockefeller bescheiden. Sie gehörte zwar dem Kuratorium des Museums in einer hohen Position an, doch ihre leitende Position war eher repräsentativer Art, das Tagesgeschäft überließ sie anderen. Sie investierte stattdessen viel Zeit und Geld in karitative Arbeiten und unterstützte mit besonderer Begeisterung den YWCA, den Christlichen Verein Junger Frauen – nicht nur weil dieser sich aktiv für junge, benachteiligte Frauen einsetzte, sondern weil er darüber hinaus streng ökumenisch agierte, eine Eigenschaft, die Abigail Aldrich Rockefeller, wie bereits erwähnt, sehr schätzte. Über ihre tatsächlichen religiösen Ansichten ist wenig bekannt. Sie lebte ihren persönlichen Glauben privat.

Abigail Aldrich Rockefeller verstarb 73-jährig am 5. April 1948.

ROCKEFELLERS SPUREN
IN NEW YORK

1. CLOISTERS

Die Idee, ein Museum für mittelalterliche Kunst in New York City zu initiieren, geht auf den Bildhauer und Kunstsammler George Grey Barnard (1863–1938) zurück. Der besaß eine ganze Reihe von bedeutenden Kunstwerken aus vorwiegend französischen Klöstern, nur fehlte es ihm an einer Möglichkeit, diese der Öffentlichkeit zugänglich zu machen. Zunächst eröffnete er ein kleines Privatmuseum an der Fort Washington Avenue, das er – nach einigen Umbenennungen – The Cloisters nannte. Schließlich gingen die Werke für 600 000 Dollar in den Besitz des Metropolitan Museum of Art über, dank John D. Rockefeller, der dieses Geld spendete und – ganz nebenher – auch noch das Gelände für einen Museumneubau zur Verfügung stellte. Dieses Gelände ist Teil des heutigen Fort Tryon Park am Hudson River. Eine Anekdote am Rande: Da Rockefeller verhindern wollte, dass das freie Gelände auf der gegenüberliebenden Uferseite bebaut würde und den Blick vom Fort Tryon Park aus verschandelte, kaufte er auch noch dieses Gelände, das heute ein Naturschutzgebiet mitten in New York darstellt.

1938 wurde das heutige Museum schließlich eröffnet. Der Schwerpunkt der Sammlungen liegt in der Zeit des 12. bis 15. Jahrhundert. Fast alle Säulen, Arkadengänge, Gobelins etc. sind europäische Originale oder zumindest nach Originalplänen erschaffene Werke. Ein Stück europäisches Mittelalter – mitten in New York City.

2. MUSEUM OF MODERN ART – MOMA

Danielle Trussoni schreibt in ihrem Roman über das Museum of Modern Art, dass es ohne → Abigail Aldrich Rockefeller niemals entstanden wäre. Es gab zwar eine Reihe von Gründern, allesamt Kunstfreunde, die der modernen Kunst in einer pulsierenden Weltmetropole wie New York eine Heimat schenken wollten, aber ohne die persönlichen Kontakte einer Abigail Aldrich Rockefeller und ohne die Kunstwerke im Besitz der Familie wäre das Museum in der Form, wie wir es heute kennen, vermutlich nie entstanden. Es verfügt nicht nur über die größte und einflussreichste Sammlung moderner und zeitgenössischer Kunst: Ohne das Wirken ihres Gründungsdirektors Alfred Hamilton Barr jr. würde das Kunstverständnis heute ein anderes sein (mehr dazu siehe → Abigail Aldrich Rockefeller).

3. RIVERSIDE CHURCH

Die größte Glockenspielglocke hängt nicht in Rom, Paris oder anderen Kathedralenstädten, sondern in New York. 18 500 Kilogramm wiegt sie und ist Teil eines 74 Glocken umfassenden Spiels. Auch diese Kirche wäre ohne den Einsatz der Familie Rockefeller niemals entstanden. John D. Rockefeller nämlich schickte die Architekten Henry C. Pelton und Charles Collens nach Spanien und Frankreich, damit diese sich von den dortigen Kathedralen inspirieren lassen konnten. Ganz klar: In New York sollte eine Kirche entstehen, die den europäischen Vorbildern nicht nur gerecht werden sollte, man sollte sie in einem Atemzug mit ihnen nennen. Inspiration fanden die Architekten vor allen in der französischen Stadt

Chartres, deren Kathedrale Notre-Dame de Chartres aus dem 12. Jahrhundert als Vorbild für ihre Kirche dienen sollte.

Der Turm ihrer Kirche sollte sich 120 Meter über den Erdboden erheben, natürlich schenkte Rockefeller der Kirche auch eine Orgel und stiftete nebenher drei Kunstwerke des deutschen Heinrich Ferdinand Hofmann. Darunter befand sich sein 1890 entstandenes Gemälde »Christus in Gethsemane«, das den betenden Jesus zeigt und heute als das meistkopierte Bild der Welt gilt.

John D. Rockefeller empfand Sympathie für die Social-Gospel-Bewegung, einer protestantisch geprägten Vereinigung, die sich selbst Themen wie Sozialarbeit und Armutsbekämpfung auf die Fahnen geschrieben hat. Bürgerrechtler wie Martin Luther King oder Jesse Jackson standen bzw. stehen dieser Bewegung nahe, die bereits um die Wende vom 19. zum 20. Jahrhundert für die Ökumene eintrat. Rockefeller unterstützte dieses Movement nicht nur finanziell, er sorgte auch dafür, dass seine Vertreter in der Kirche in New York eine Heimat fanden. Zusammen mit dem baptistischen Pfarrer Harry Emerson Fosdick brachte er das Projekt – spirituell – voran. Der Pfarrer stimmte mit Rockefeller darin überein, dass die Riverside Church auf jeden Fall überkonfessionell sein musste. Sie sollte aber auch die Kirche des Stadtviertels sein und für alle Menschen offen stehen – auch solchen, die organisierten Religionen skeptisch bis ablehnend gegenüberstehen. Die im neugotischen Stil erbaute Kirche gilt heute als ein Zentrum des amerikanischen Liberalismus, im Umfeld der Kirche hat sich ein reges – liberales – Leben entwickelt. Sie ist eine eigene, unabhängige, christliche Gemeinde, getragen wird sie dennoch zu gleichen Teilen von zwei amerikanischen Kirchen, der American Baptist Church und der United Church of Christ.

4. ROCKEFELLER CENTER

Noch eine Superlative aus dem Hause Rockefeller: Bekannt ist die Eisbahn des Centers, mitten in New York bietet sich hier Kufenfreunden die Möglichkeit, Runden auf dem Eis zu drehen. Die → Prometheus-Statue über dem Feld spielt auch in Danielle Trussonis Roman eine wichtige Rolle. Tatsächlich ist das Center nicht nur ein Einkaufsparadies. Und vor dem Gebäude wird nicht nur zu Weihnachten der bekannteste Weihnachtsbaum der Vereinigten Staaten aufgestellt: Es ist vor allem ein gigantischer Gebäudekomplex, der sich über drei Blocks erstreckt und aus einundzwanzig Hochhäusern besteht.

Eigentlich ging es John D. Rockefeller gar nicht darum, einen solchen Koloss zu erschaffen und mit ihm wahnwitzig viel Geld zu verdienen. Er hatte es schlicht und ergreifend nicht nötig. Eigentlich ging die Initiative von der Metropolitan Opera aus. Ein neues Gebäude sollte her, möglichst in einem Ensemble von Gebäuden, die sich architektonisch ergänzten. Die Idee überzeugte Rockefeller, denn in den 1920er Jahren herrschte in New York das Baufieber, Immobilien galten als zukunftssichere Investitionen, und es entstand etwas, das wir heute unter dem Begriff »Immobilienblase« kennen. Und als diese im Zuge des Schwarzen Donnerstags (in Europa Schwarzer Freitag genannt) am 24. Oktober 1929 platzte und die Weltwirtschaftskrise über die Welt hereinbrach, da schien auch dieses Bauprojekt vom Tisch, da die Oper – und mit ihr diverse andere Investoren – ausstieg. Das Projekt schien begraben, und mit ihm die Idee einer Komplexgestaltung. Zwar schossen in New York und anderen Großstädten die Wolkenkratzer wie Pilze aus dem Boden – aber stets für sich alleine, nie als Teil eines größeren Ensembles. So sah jedes Gebäude entsprechend anders aus, eine einheitliche Linie, wie sie in New York geplant war, gab es nicht.

Rockefeller zog das Projekt alleine durch, erst bemitleidet, dann belächelt, denn nach dem Crash musste dieses Projekt scheitern. Es scheiterte aber nicht, nach wenigen Jahren verdiente Rockefeller Geld mit dem Komplex.

SIGILL

Immer wieder deuten Evangeline Sigillen den Weg. Sigillen sind Symbole der Sigillenmagie, übersetzt bedeutet es ganz einfach »Bildchen« oder »Siegel«. Man versucht mit ihnen, Geistwesen, Engel, Dämonen oder andere Wesen der Zwischenwelten anzurufen.

THRAKIEN

Das, was einst als Thrakien bezeichnet wurde, verteilt sich heute auf drei Staaten. Der gesamte europäische Teil der Türkei zählt dazu, rund 23 400 Quadratkilometer erstreckt es sich auf griechischem Territorium, der größte Teil aber gehört heute zu Bulgarien. »Angelus« nimmt immer wieder Bezug auf die Kultur der Thraker, auch die Höhle → Djawolsko Gario, in der im Roman die gefallenen Engel eingekerkert wurden, befindet sich in Thrakien, um genau zu sein im Rhodopengebirge.

Um 450 vor Christus wird erstmals ein thrakisches Reich erwähnt, die Ursprünge liegen jedoch weiter zurück, lassen sich allerdings nicht genau benennen. Eine regelrechte Kolonisierung der später thrakischen Gebiete begann um 700 vor Christus. Thrakien genoss unter den Philosophen Griechenlands höchste Anerkennung, der Sage nach war Thrakien die Heimat des → Orpheus, → Dionysos und des Apollon.

Im Gegensatz zu anderen griechischen Staaten war Thrakien lange Zeit relativ dezentral organisiert, verschiedene Stämme unterstanden unterschiedlichen Königen. Überliefert sind die zahlreichen Handelsverbindungen der Thraker nicht nur zu Persern oder Ägyptern, also hochzivilisierten Völkern ihrer Zeit, sondern auch mit den Kelten bestand einer reger Handel.

ANHANG
Literatur / Quellen

Allegro, John M.: »Die Botschaft vom Toten Meer. Das Geheimnis der Schriftrollen«. Frankfurt 1957

Ankowitsch, Anko: »Dr. Ankowitschs Illustriertes Hausbuch«. Frankfurt 2006

Baigent, Michael / Leigh, Richard: »Verschlußsache Jesus«. München 1991

Bauks, M. / Koenen, K. (Hg.): »Das wissenschaftliche Bibellexikon im Internet«/ AT, 2007 ff. www.wibilex.de

Baur, Andreas / Plöger, Wilhelm (Hg.): »Botschaft des Glaubens – Ein katholischer Katechismus«. Donauwörth / Essen 1978

Becker, Renate / Forstner, Dorothea: »Neues Lexikon christlicher Symbole«. Innsbruck, Wien 1991

Boccarius, Peter: »Die geflügelten Boten Gottes«. In: »P.M. History« (12/2003)

www.pm-magazin.de/de/heftartikel/ganzer_artikel.asp?artikelid= 766

Bubeck, Mark: »The Rise of Fallen Angels«. Chicago 1995

Ceming, Katharina / Werlitz, Jürgen: »Die verbotenen Evangelien«. München 2007

Cotterell, Arthur: »Die Enzyklopädie der Mythologie.« Reichelsheim 1999

Cox, Simon: »Cracking the Da Vinci Code«. London 2004

Cases, José María: »Santa Rosa de Viterbo, Virgen, en Año Cristiano«. Madrid 1959

Däniken, Erich von: »Erinnerungen an die Zukunft«. Düsseldorf / München 1968

Däniken, Erich von: »Die Götter waren Astronauten: Eine zeitgemäße Betrachtung alter Überlieferungen«. München 2003

Darlap, Adolf / Rahner, Karl (Hg.): »Sacramentum Mundi – Theologisches Lexikon für die Praxis, Band I«. Freiburg 1967

Deissinger, Ernst / Priester, Sascha (Hg.): »Von Göttern, Engeln und Dämonen«. München 2006

Durschmied, Erik: »Hexen, Tod und Teufelswerk«. Bergisch-Gladbach 2001

Die Bibel. Vom Deutschen Evangelischen Kirchenausschuß 1912 genehmigter Text. Stuttgart 1961

Dion, Fortune: »Die mystische Kabbala«. Freiburg 1987

Dochhorn, Jan: »Die Apokalypse des Mose – Text, Übersetzung, Kommentar«. Tübingen 2005

Eisenmann, Robert / Wise, Michael: »Jesus und die Urchristen – Die Qumranrollen entschlüsselt«. München 1993

Engelhardt, J.G. Veit: »Die angeblichen Schriften des Areopagiten Dionysius«. Sulzbach 1823

Freze, Michael: »Patron Saints«. Huntington (Indiana) 1992

Gregorovius, Ferdinand: »Wanderjahre in Italien«. München 1856/57

Godwin, Malcolm: »Engel – Eine bedrohte Art«. München 1995

Gööck, Roland: »Die großen Rätsel unserer Welt«. Gütersloh 1969

Haehling, Raban von: »Griechische Mythologie und frühes Christentum. Die antiken Götter und der eine Gott«. Darmstadt 2005

Haughton, Brian: »Verlorenes Wissen, verbotene Wahrheit«. München 2007

Hoffmann, Andreas Gottlieb: »Die Apokalyptiker der älteren Zeit unter Juden und Christen in vollständiger Übersetzung mit fortlaufendem Kommentar, historisch kritischer Einleitung und Exkursen«. Jena 1833

Hofius, Otfried: »Neutestamentarische Studien«. Tübingen 2000

Holzapfel, Otto: »Lexikon der abendländischen Mythologie«. Freiburg 1993/2002

Keyes, Nelson B.: »Vom Paradies bis Golgatha«. Stuttgart, Zürich, Wien 1964

Klauck, Hans-Josef: »Die apokryphe Bibel: Ein anderer Zugang zum frühen Christentum«, Tübingen 2008

Köhler, Peter: »50 Klassiker – Heilige«. Hildesheim 2006

Krause, Gerhard / Müller, Gerhard (Hg.): »Theologische Realenzyklopädie Band IX«. Berlin, New York 1982

Krause, Gerhard / Müller, Gerhard (Hg.): »Theologische Realenzyklopädie Band XI«. Berlin, New York 1983

Kurtz, Johann Heinrich: »Die Ehen der Söhne Gottes mit den Töchtern der Menschen – Eine theologische Untersuchung«. Berlin 1857

Leipoldt, Johannes / Grundmann, Walter: »Umwelt des Urchristentums I«. Berlin 1971

Mens, Fenja: »Hexenjagd«. In: »National Geographic, 12/2006, S. 56 ff.«. Hamburg 2006

Mühlen, Karl-Heinz zur: »Reformatorisches Profil. Studien zum Weg Martin Luthers und der Reformation«. Göttingen 1997

Murray, Andrew: »Abide in Christ«. Uhrichsville 1985

Onfray, Michel: »Wir brauchen keinen Gott«. München 2006

Pfabigan, Alfred: »Die andere Bibel – Gottes verbotene Worte«. Frankfurt 1991/2004

Pinter, Christian: »Sommerliche Sphären«, In: »Wiener Zeitung« (12. Juli 2002) www.wienerzeitung.at/Desktopdefault.aspx?tabID=3946&alias=wzo&lexikon=Astronomie&letter=A&cob=4868

Platt, jr., Rutherford H.: »The Forgotten Books of Eden«. Oxford 1926

Roskoff, Gustav: »Geschichte des Teufels«. Wien 1869 (Nachdruck Stuttgart 1993)

Ruland, Jeanne: »Das große Buch der Engel«. 10. Auflage. Darmstadt 2009

Schäfer, Joachim (Hg.): »Ökumenisches Heiligenlexikon.« Stuttgart, 2008 – www.heiligenlexikon.de

Schippers, R., Weterman, J.A.M.: »Kleines Bibellexikon«. Stuttgart 1964

Schild, Thomas (Hg.): »Himmel, Hölle, Fegefeuer – Jenseitsvorstellungen und Sozialgeschichte im spätmittelalterlichen Dortmund.« Essen 1996

Schleiermacher, Friedrich: »Der christliche Glaube nach den Grundsätzen der evangelischen Kirche«. Berlin 1830

Schwindt, Rainer: »Das Weltbild des Epheserbriefes«. Tübingen 2002

Soldan, W.G.: »Geschichte der Hexenprozesse I«. Stuttgart 1879 (Neubearbeitung Heppe, H. / Essen 1986)

Spoto, Donald: »Jesus – der Mann aus Nazareth«. Hamburg / Wien 1999

Verhoeven, Paul: »Jesus – Die Geschichte eines Menschen«. München 2009

Wilde, A. de: »Das Buch Hiob: Eingeleitet, übersetzt und erläutert (Oudtestamentische Studien, Deel XXII)«. Leiden/NL 1981

Witte, Markus: »Die biblische Urgeschichte«. Berlin / New York 1998

INTERNETSEITEN

www.bibelcenter.de – Bibelstudien

www.bibelkommentare.de – Analysen und Kommentare verschiedener Theologen und Autoren

www.bibel-online.de – die Bibel in verschiedenen Übersetzungen (basierend auf Luther)

www.bibelwissenschaft.de – das wissenschaftliche Portal der Deutschen Bibelgesellschaft

bibleworld.in/ArtcileDetail.aspx?aid=14&type=4 – indische Website über Nephilim

www.himmelsboten.de/Engel/KirchL/KLehrtxs.htm – die Engellehre im Schrifttum durch die Geschichte

www.kathpedia.com – ein katholisches Wiki

www.kronosofia.dk/frames/side/biblioteket/enoch/enoch.html – das Buch Enoch online

www.uni-leipzig.de/~nt/asp/links.htm#aethHen – Arbeitshilfen für das Studium der Pseudepigraphen

www.wikipedia.de – die Einstiegsseite

Danielle Trussoni

ANGELUS

DER LETZTE KAMPF DER ENGEL
HAT BEGONNEN …

Seit Jahrtausenden wollen sie die Macht über die Welt, und dafür benutzen und töten sie jeden – die Nephilim, die Nachkommen jener Engel, die einst gegen Gott rebellierten. Ihr Sieg hängt von dem Besitz eines Musikinstruments ab, einer Leier.
An einem 24. Dezember sind sie ihrem Ziel ganz nahe. Doch ihre Widersacher, die Angelologen, die Anhänger der Boten Gottes, versuchen das Instrument vor ihnen in Sicherheit zu bringen. An ihrer Seite kämpft die junge Nonne Evangeline. Seit jeher trägt sie eine Kette mit einem goldenen Anhänger: einer Leier …

Droemer